中传学者文库编委会

主　任： 廖祥忠　张树庭
副主任： 蔺海波　李　众　刘守训　李新军　王　晖
　　　　　杨　懿　柴剑平

成　员（按姓氏笔画排序）：
　　　　王廷信　王栋晗　王晓红　王　雷　文春英
　　　　龙小农　付　龙　叶　龙　刘东建　刘剑波
　　　　任孟山　李怀亮　李　舒　张绍华　张　晶
　　　　张根兴　张毓强　林卫国　郑　月　金　炜
　　　　金雪涛　周建新　庞　亮　赵新利　徐红梅
　　　　贾秀清　高晓虹　隋　岩　喻　梅　熊澄宇

中传学者文库

1954-2024

主编／柴剑平
执行主编／龙小农
副主编／张毓强　周建新

媒介、话语与国际传播

陆佳怡自选集

陆佳怡　著

中国传媒大学出版社
·北京·

图书在版编目（CIP）数据

媒介、话语与国际传播：陆佳怡自选集 / 陆佳怡著 . -- 北京：中国传媒大学出版社，2024.8.

（中传学者文库 / 柴剑平主编）.

ISBN 978-7-5657-3734-3

Ⅰ . G206-53

中国国家版本馆 CIP 数据核字第 2024J9F610 号

媒介、话语与国际传播：陆佳怡自选集
MEIJIE、HUAYU YU GUOJI CHUANBO: LU JIAYI ZIXUANJI

著　　者	陆佳怡
责任编辑	于水莲
特约编辑	郑　鸣
封面设计	锋尚设计
责任印制	李志鹏
出版发行	中国传媒大学出版社
社　　址	北京市朝阳区定福庄东街 1 号　　**邮　编** 100024
电　　话	86-10-65450528　65450532　　**传　真** 65779405
网　　址	http://cucp.cuc.edu.cn
经　　销	全国新华书店
印　　刷	北京中科印刷有限公司
开　　本	710mm×1000mm　1/16
印　　张	16.25
字　　数	252 千字
版　　次	2024 年 8 月第 1 版
印　　次	2024 年 8 月第 1 次印刷
书　　号	ISBN 978-7-5657-3734-3/G・3734　　**定　价** 82.00 元

本社法律顾问：北京嘉润律师事务所　郭建平

总　序

　　媒介是人类社会交流和传播的基本工具。从口语时代到印刷时代，再经电子时代至今天的数智时代，媒介形态加速演变、融合程度深入发展，媒介已然成为现代社会运行的基础设施和操作系统。今天，人类已经迈入媒介社会，万物皆媒、人人皆媒，无媒介不社会、无传播不治理。今天，无论我们怎么用力于信息传播的研究、怎么重视信息传播人才的培养都不为过。

　　中国传媒大学（其前身为北京广播学院）作为新中国第一所信息传播类院校，自1954年创建伊始，即与媒介形态演变合律同拍、与国家发展同频共振，努力探索中国特色信息传播人才培养模式、构建中国信息传播类学科自主知识体系，执信息传播人才培养之牛耳、发信息传播研究之先声，被誉为"中国广播电视及传媒人才摇篮""信息传播领域知名学府"。

　　追溯中传肇始发轫之起源、瞩望中传砥砺跨越之未来，可谓创业维艰而其命维新。昔日中传因广播而起，因电视而兴，因网络而盛，今天和未来必乘风破浪、蓄势而上，因人工智能而强。在这期间，每一种媒介兴起，中传均吸引一批志于学、问于道、勤于术的

学者汇聚于此，切磋学术、传道授业，立时代之潮头，回应社会需求，成为学界翘楚、行业中坚，遂有今日中传学术研究之森然气象，已历七秩而弦歌不断，将传百世亦风华正茂。

自新时代以来，中传坚守为党育人、为国育才初心，励精图治、勠力前行，秉承"系统治理、创新图强、交叉融合、特色发展"的办学理念，牢牢把握高等教育发展大势、传媒业态发展趋势，瞄准"智能传媒"和"国际一流"两大主攻方向，以世界为坐标、以未来为向度，完成了全面布局和系统升级，正在蹄疾步稳、高质量推动学校从传统高等教育向未来高等教育跨越、从传统传媒教育向智能传媒教育跨越、从国内一流向世界一流跨越，全力建设中国特色、世界一流传媒大学。

中国特色、世界一流，在于有大先生扎根中国大地，汇聚古今、融通中外；在于有大先生执教黉门，学高为师、身正为范；在于有大先生躬耕杏坛，敦品积学、启智润心。习近平总书记更强调，高校教师要立志成为大先生，在教书育人和科研创新上不断创造新业绩。中传广大教师素来以做大先生为毕生职志，努力成为新时代"经师"与"人师"的统一者，做真学问、立高品行，践履"立德树人"使命。

2024岁在甲辰，欣逢中传建校70华诞，学校特邀约部分学者钩玄勒要、增删批阅，遴选已公开刊发的论文汇编成集，出版"中传学者文库"，意在呈现学校在学科建设、科学研究、服务行业实践等方面的最新成果，赓续中传文脉，谱写时代新声。

文库汇聚老中青三代学者，资深学者渊渟岳峙、阐幽抉微；中年学者沉潜蓄势、厚积薄发；青年学者踌躇满志、未来可期。文库与五十周年校庆所出版的"北广学者文库"相承接，大致可勾勒中传知识生产薪火相传、三代辉映之概貌，反映中传在构建中国特色新闻传播类、传媒艺术类、传媒技术类学科体系、学术体系和话语体系方面的耕耘与收获，窥见中国特色信息传播类学科知识体系构建的发展脉络与轨迹。

这一构建过程，虽筚路蓝缕，却步履铿锵；虽垦荒拓野，亦四方辐辏。一批肇始于中传，交叉融合、具有中国特色的学科，如播音主持艺术学、广播电视艺术学、传媒艺术学、数字媒体艺术学、政治传播学等，从涓涓细流汇入滔滔江河，从中传走向全国，展现了中传学者构建中国自主知识体系的学术想象力和创新力。文库展示的虽然是历史，实则是呈现今天；看似是总结过去，实则是召唤未来。与其说这套文库的出版，是对既有学术成果的展示，毋宁说是对未来学术创新的邀约。

回首过往，七秩芳华。我们深知，唯有将马克思主义基本原理与中华优秀传统文化相结合，才能推动中华学术创造性转化和创新性发展，推动中国自主知识体系的构建。我们深知，唯有准确把握媒介形态演变的脉动、深刻认知媒介形态变革所产生的影响，才能推动中国信息传播类学科自主知识体系的构建与时俱进。

展望未来，星辰大海。我们深知，以人工智能为代表的产业和科技革命正迅疾而来，媒介生态正在加速重构，教育形态正在全面重塑，大学之使命与价值正在被重新定义；我们深知，唯有"胸怀国之大者"、面向世界科技前沿、面向经济主战场、面向国家重大需求，才能确保中传始终屹立于中国乃至世界传媒教育发展之潮头。

如何应对人工智能带来的深刻变革，对中传而言是一场要么"冲顶"、要么"灭顶"的"兴亡之战"。我们坚信，不管前方是雄关漫道，还是荆棘满途，唯有勇敢直面"教育强国，中传何为？"这一核

心命题，奋力书写"智能传媒教育，中传师生有为！"的精彩答卷，才能化危为机，奋力开创人工智能时代中传智能传媒教育新纪元。

功不唐捐，芳华七秩；风帆正举，赓续创新。

是为序。

第十四届全国政协委员，中国传媒大学党委书记、教授、博士生导师

前 言

本书集纳了作者近十年来在公共外交、国际传播与数字新闻学三个研究领域的主要研究成果，共计19篇中文论文，分设三部分。

第一部分"媒体、外交与公共外交"尝试从媒体外交视角丰富现有的公共外交研究，为"讲好中国故事、传播好中国声音"提供话语实践路径。在学理层面，相关论文从历史和理论维度阐明了媒体外交的概念流变、历史沿革与研究路径，基于传播机制，厘清外交、公共外交与媒体外交三者之间的关系，尝试建立媒体外交的研究框架。在应用层面，相关论文以美国和俄罗斯媒体就叙利亚化武事件展开的媒介化协商为例，论证了媒介化协商是媒体外交在解决国际争端中的具体应用，有关中菲主要英文媒体对"南海仲裁案"的比较研究，也是对媒介化协商的延伸思考。此外，相关论文还关注了2019年引发热议的李子柒个案，在讨论李子柒视频如何引发海外公众的共情与认同、发挥公共外交效应的同时，建议将中国独特的传统文化资源应用于公共外交实践之中。

第二部分"主体、路径与国际传播"关注了国际传播实践中的文本隐喻间互动、媒介话语和媒介化仪式等议题，为加强国际传播能力建设与体系构建提供可能的研究路径。在2013—2017年联合国气候变化大会中公开发言的隐喻互动研究中，论文将巴赫金的对话理论引入传播的对话研究之中，在方法层面引入批判性隐喻分析，解构国际传播场域中的对话过程与意义，由此评估和反思国际传播

效果。批判性隐喻分析方法相继应用于《中国日报》和南非《邮政卫报》对金砖国家峰会英文报道的比较分析，以及世界银行在社交媒体平台及其官网发布的有关中国脱贫攻坚的公开讲话和相关报道研究，论文从不同隐喻指涉的双边关系、身份认同，以及中国脱贫攻坚话语嵌入全球治理话语体系的程度评估中国方案的国际传播效果，提出中国深度参与全球治理的可能性路径。国际社交媒体空间的脱贫攻坚媒介话语和作为话语的"中国方案"是本部分中媒介话语研究的重点，相关论文分别设计了官方媒体、商业媒体和自媒体构成的多维话语主体矩阵分析框架，以及政策话语、学术话语和日常话语三维分析框架，基于个案分析提出面向未来的国际传播策略，并对国际传播研究本土化问题进行思考。

第三部分"文本、话语与数字叙事"多视角论述了数字媒介语境下新闻叙事的文本和话语之变，《人民日报》及其微博账号是主要研究对象。对《人民日报》改革开放40年间有关"消除贫困"报道的研究，从考察具有中国新闻实践特色的典型报道中呈现中国社会的变迁。对《人民日报》改革开放40年间读者来信专栏的比较研究，发现话语主体的离场与进场、话语表征的凸显与遮蔽是改革开放带来的社会阶层分化与多样化的映射，而读者来信组稿编辑方式变化的背后是时代变迁之下党报从舆论监督到舆论引导的媒介理念的转变。对《人民日报》微博中"烈士回家"报道的数字叙事分析，发现数字媒介语境下主流媒体采用空间串联和并置方式，借媒介化仪式、主体符号表达等方式，形成公众话语与主流媒体的媒介话语在情感态度上的贴近与共识，增强了国家认同。本部分中有专门的论文对新媒体环境下公民新闻的透明性叙事展开分析，论文从叙述者、叙述声音和叙事时空三个维度论证公民新闻的透明性，这是对数字媒介语境下新闻生产由客观性原则转向自证的透明性原则的前沿性理论探索。

目　录

一、媒体、外交与公共外交

媒体外交：概念、历史与研究路径 ……………………………… 003
媒体外交：一种传播学视角的解读 ……………………………… 013
媒体外交视野下的国际争端
　　——以美俄媒体对叙利亚"化武"事件的媒介化协商为例 ……… 028
对话与对抗
　　——媒体外交视野下的"南海仲裁案" ……………………… 045
媒体外交视野下的"南海仲裁案"
　　——以中菲美日媒体的报道为例 ……………………………… 060
个体叙事与情感连接
　　——新公共外交视阈下的李子柒个案分析 …………………… 068

二、主体、路径与国际传播

哀思与力量
　　——作为媒介化仪式的"全国哀悼日"之国际传播 ………… 081
主体与策略
　　——国际社交媒体空间的脱贫攻坚媒介话语 ………………… 094

金砖国家峰会的国际传播
　　——基于中国和南非媒体视角的考察（2009—2021） ········ 102
全球治理视域下的脱贫攻坚
　　——世界银行媒介文本的隐喻分析 ························ 111
呈现与影响
　　——中国驻欧盟使团的社交媒体公共外交效果初析 ········ 122
答案还是路径
　　——"中国方案"的国际新闻图景 ························ 132
对话与独白
　　——联合国气候变化大会美欧中公开发言的隐喻互动 ······ 142
如何做好碳达峰、碳中和中国方案的国际传播 ················ 157
关于"中国方案"话语国际传播策略的思考 ···················· 166

三、文本、话语与数字叙事

"消除贫困"典型报道中的社会变迁
　　——以《人民日报》相关报道（1978—2017）为例 ········ 179
共现、凸显与遮蔽
　　——基于对《人民日报》1978年和2018年读者来信的考察 ····· 191
零度控制与镜像场景
　　——公民新闻的透明性叙事 ······························ 208
主流媒体的数字叙事创新
　　——以《人民日报》微博"烈士回家"报道为例 ············ 231

一、媒体、外交与公共外交

媒体外交：概念、历史与研究路径[*]

2017年6月，美国公共外交研究智库——南加大公共外交研究中心网站主页刊登了一篇题为《停止创造"新外交"》(*Stop inventing "new diplomacies"*)[①]的文章。该文指出："新外交无疑对获取学术资助和学术发表有益，但是这些概念本身通常令人费解。"该文同时指出："导致这一状况的主要原因在于没有将广义上外交战略的工具与外交议题进行区分。"

浏览国内外主要文献数据库，各种"新"外交名词屡见不鲜，近年来不断出现于报章与学术刊物的"媒体外交"一词也名列其中。那么，媒体外交是否属于这篇文章所提到的现象，它是一种被创造出来的"新"的外交样式吗？它究竟是广义上外交战略的工具之一，还是外交议题本身？为了回答以上问题，本文旨在从概念、历史与研究路径三个方面作出解读。

一、英文语境中的媒体外交概念辨析

中文语境下的"媒体外交"一词来源于 media diplomacy 这个英文概念，笔者曾撰文详述过国外学者对 media diplomacy 这个概念的解读[②]，在此不再赘述。综观国外学者的相关研究文献，数量不多，从时间点来说，主要出现于

---

[*] 文章原载于《公共外交季刊》2018年第4期，收入本书时，略有删改。
[①] SHAUN R. Stop inventing "new diplomacies" [EB/OL]. (2017-06-21) [2018-01-15]. https://www.uscpublicdiplomacy.org/blog/stop-inventing-new-diplomacies.
[②] 陆佳怡. 媒体外交：一种传播学视角的解读 [J]. 国际新闻界, 2015, 37 (04): 92-105.

20世纪80年代美苏争霸的冷战后期和9·11事件之后。

在20世纪80年代的几篇早期文献中，学者们并没有为媒体外交作出明确的定义，主要是基于20世纪80年代初里根政府重拾"对抗"战略的背景，叙述并论证了以卫星电视为代表的大众媒体日益介入、影响国际政治进程的事实。① 佩洛西·卡尔（Patricia A.Karl）和约提卡·拉玛普拉萨（Jyotika Ramaprasad）分别以1979—1981年的伊朗人质危机为例，论证在突发性外交事件中，官方外交渠道中断，卫星电视不仅成为公众了解事件进程的主要渠道，更是事件利益攸关方传递、获取信息的主要渠道，一定程度上成为传统外交渠道的补充。

这几篇早期文献，一方面承认了大众媒体日益成为传统外交手段的替代手段这一事实；另一方面，也透露出学者们对于运用大众媒体、传统外交手段式微的担忧。比如，佩洛西·卡尔指出"媒体与外交的结合并非神圣的联姻"，最大的问题在于其"公信力（credibility）"。②

2001年9·11事件及其对中东局势的影响成为学者再次关注媒体外交的时代背景。值得注意的是，以色列学者成为这一研究主题的主要贡献者，最具代表性的就是伊坦·吉阿博（Eytan Gilboa）。

具有国际政治与传播学双重学术背景的吉阿博首先承认大众传播介入并影响对外政策的制定与实施这一事实，但同时认为，"国际关系学者和传播学者尚未就这一日益重要的研究主题展开系统全面的交叉研究"。紧接着，他从辨析媒体外交与另一个更早出现的概念——公共外交之间的关系入手，尝试明确媒体外交的内涵。他从语境、时间范围、目标、方法和媒介手段五个方面对两者进行比较，提出："媒体外交属于公共外交。公共外交适用于更为宏

---

① KARLPA. Media diplomacy［J］. Proceedings of the academy of political science，1982，34（4）：143-152；JYOTIKA R. Media diplomacy：in search of a definition［J］. International communication gazette，1983（31）：69-78；YOEL C. Media diplomacy：the foreign office in the mass communications age［M］. London：Frank Cass，1986：14-15.

② KARLPA. Media diplomacy［J］. Proceedings of the academy of political science，1982，34（4）：143-152.

大的意识形态冲突语境,而媒体外交应用于具体的谈判协商语境;公共外交是长期行为,而媒体外交是短期行为。基于语境与时间范围的不同,公共外交一般采用多种手段来塑造良好的国家形象,营造适于自身发展的国际环境,而媒体外交主要通过大众媒体来寻求具体冲突问题的解决路径。"①

为了进一步明确媒体外交概念,吉阿博在之后的研究中尝试给媒体外交下定义,即媒体外交是"在特殊情况下,政策制定者运用大众媒体传递信号,向国家政府和非国家政府行为主体施加压力,旨在建立信任、推动谈判协商,以及动员公众支持达成协议";在具体实践中,媒体外交体现为"各类常规和特殊的媒体活动,比如新闻发布会、采访、泄密、冲突双方首脑和调停者的到访,以及壮观的媒介事件"。②

从吉阿博对媒体外交的定义可以看出,首先,他想要探讨的是媒体(大众媒体)在对外政策制定与实施(即外交实践)中的地位与作用;从本质上来说,他仍然是从工具性(instrumental)角度探讨媒体与国家政府、对外决策和公众四者之间的关系,而且,他强调了国家政府在媒体外交实践中的主导地位。其次,他将媒体外交适用的语境从特殊的冲突协商拓展到了常规性媒体活动,丰富了媒体外交概念的内涵。吉阿博意识到互联网技术兴起与发展对媒体行业的影响,及其对对外政策制定与实施的影响,但并未就此对媒体外交概念进行修订。

在此之后的相关研究中,罗伯特·恩特曼(Robert M.Entman)提出"媒介化公共外交(mediated public diplomacy)"概念,将研究对象更加聚焦于"总统及其对外政策机构",探讨其如何影响并控制本国对外政策在国外媒体上的框架。③虽然恩特曼自称"媒介化公共外交"区别于"公共外交"与

---

① EYTAN G. Media diplomacy: conceptual divergence and applications [J]. The harvard international journal of press/politics, 1998, 3(3): 62.
② EYTAN G. Media diplomacy: conceptual divergence and applications [J]. The harvard international journal of press/politics, 1998, 3(3): 62; EYTAN G. Global communication and foreign policy [J]. Journal of communication, 2002, 52(4): 741.
③ ROBERT M E. Theorizing mediated public diplomacy: the U.S. case [J]. The international journal of press/politics, 2008, 13(2): 89.

"媒体外交",但究其本质,"媒介化公共外交"仍然是在探讨媒体与国家政府、对外决策和公众四者之间的关系,只不过恩特曼通过"递进式网络激活(cascading network activation)"模型来探讨媒体在对外政策制定与实施过程中的地位与作用,将研究重点引入效果层面。韩裔学者林小俊(Young Joon Lim)将研究对象进一步聚焦,以美国为例,探讨在国际冲突语境下,官方与精英群体如何自上而下地推动议题成为媒体关注的焦点;与此同时,舆论如何推动非政府行为主体以人道主义方式介入议题,进而解决冲突。[1]

综上,在英文语境中,媒体介入并影响国际政治进程是媒体外交研究的前提,学者们并未对媒体外交概念形成统一的定义,但是在他们的研究中,媒体、国家政府、对外决策与公众是四个主要要素。吉阿博探索性地将媒体外交研究的语境由冲突延伸至常态,恩特曼开始讨论媒体外交效果问题。这些学者对于互联网技术发展对媒体外交的影响大都浅尝辄止。

二、中文语境中的媒体外交概念辨析

如上所述,中文语境中的"媒体外交"一词源于 media diplomacy。翻阅相关研究,发现鉴于对 media 一词的不同翻译,media diplomacy 在中文中分别对应"媒体外交""媒介外交"和"传媒外交"三种翻译。为了清晰地勾勒出中文语境中"媒体外交"概念的含义,笔者首先对 media 这个英文单词的中文翻译"媒体""媒介"和"传媒"进行辨析。

新闻传播学者杨保军尝试从新闻活动的"传播—收受"过程来区别"媒体"和"媒介"的不同。他认为,"媒介侧重于承载信息的实体,而媒体主要是指生产信息产品的组织或机构。在一般意义上可以说,媒体拥有媒介"[2]。因此,承载信息的实体——新闻传播媒介由两个要素构成,"一是一定的物质

---

[1] YOUNG J L. Conceptual models of media diplomacy: for the resolution of international communication [J]. International journal of communication research, 2017, 7 (1): 18.
[2] 杨保军. 新闻活动论 [M]. 北京:中国人民大学出版社,2006:257.

实体，二是以一定方式附着在实体上的信息符号"①。换句话说，media 由媒介（技术）形态——"硬媒介"和媒介符号——"软媒介"两个部分构成。

对于"传媒"与"媒体""媒介"的区别，有学者对国内4份期刊《新闻大学》《新闻与传播研究》《新闻记者》和《现代传播》在2008年发表的涉及"媒体""媒介"和"传媒"三个概念的650多篇文献进行了计量分析②。研究发现，"媒介"概念取向"介质"层面含义；"媒体"概念除了"介质"含义外，还包括"机构"的意思；"传媒"概念包含最广泛的含义，即代表整个传媒行业。

基于以上辨析，笔者采用"媒体"一词，它不仅指涉不同的媒介形态，以及基于这些媒介形态之上的符号系统，还包含组织或机构的含义。Media diplomacy 所对应的中文概念就是媒体外交。

国内的媒体外交研究大都出现于2001年之后，一定程度上受到了英文语境中媒体外交研究在9·11之后再次兴起的影响；2009年后，随着国家大力打造重点媒体的国际传播能力建设，提出"媒体走出去"战略，相关研究逐渐增多。

中文语境下，学者们主要从媒体传播的不同层面来解读媒体外交。有些学者从"作为媒介渠道"的媒体视角来解读媒体介入并影响外交进程，比如孙建平和谢奇峰认为，"传媒外交就是传媒通过参与外交决策、报道外交活动等手段，对外交施加影响以达到某种效果。"这种效果"有可能能促进外交进程"，带来"意想不到的外交突破"，也有可能产生不利影响，"扼杀某种外交成果"。③ 赵可金、赵鸿燕和林媛等学者也将媒体视为中介的信息渠道，本国政府和外国公众分别为传收信息的两端。而且，这种信息传递模式是"自上而下"、单向式的传播过程。④

---

① 杨保军. 新闻活动论［M］. 北京：中国人民大学出版社，2006：258.
② 张忠民，阳欣哲，张国良. 新闻传播学领域对"媒介"、"媒体"、"传媒"三词使用现状分析：以文献计量方法对四种专业核心期刊的研究［J］. 新闻记者，2010（12）：48-52.
③ 孙建平，谢奇峰. "传媒外交"初探［J］. 现代传播，2002（3）：70-72.
④ 赵可金. 媒体外交及其运作机制［J］. 世界经济与政治，2004（4）：21-26，4-5；赵鸿燕，林媛. 媒体外交在美国的表现和作用［J］. 现代传播（中国传媒大学学报），2008（2）：148-149.

有些学者从媒体传播的内容层面，探讨"如何说"，即媒体外交的话语修辞策略。① 还有学者提出，在新的传播语境下，媒体已经"由国际关系的观察者、记录者变成参与者和协助者"②，也就是说，媒体逐渐以行为主体身份参与外交进程，成为国际关系的重要组成部分。

值得一提的是，伴随着国内互联网技术应用的兴起与新媒体研究的升温，"新媒体"逐渐成为中文语境下媒体外交研究的高频词。从研究内容来看，学者们主要引介国外，特别是美国如何将新媒体技术，比如以 Twitter、Facebook 和 YouTube 为代表的社交媒体应用于传统的媒体外交活动之中。③ 他们讨论"个人化""双向化""去中心化"的社交媒体让更多行为主体能够参与到媒体外交之中，增强了对话功能，提升了互动性，但与此同时也为对外决策提出了挑战。④

综上，中文语境下的媒体外交研究主要受到9·11事件后英文语境中媒体外交研究再次兴起的影响。"作为媒介渠道"的媒体视角、媒体传播的内容视角和作为"参与者和协助者"的媒体视角是这些学者解读媒体介入并影响对外决策的主要路径。这些学者在深入分析社交媒体特性的基础上，论及互联网技术对媒体外交的影响，但主要还是基于"媒介渠道"层面。

三、历史语境中的媒体外交

基于对英文和中文语境中媒体外交概念的辨析，可以发现，媒体外交概念被提出，是在冷战时期，这无法直接回答"媒体外交究竟是不是一种新的外交样式"这一问题。但如果将媒体外交这一概念转化成媒体与外交之间的

---

① 赵鸿燕，李金慧．政治修辞：媒体外交的传播智慧——基于言语行为理论的框架分析［J］．国际新闻界，2010（3）：56-60；赵楠，宋燕．媒体外交与国家形象构建：传播手段视角下的新媒体外交［J］．兰州大学学报（社会科学版），2012，40（6）：26-33．
② 任琳．公共外交、媒体与战争［J］．学理论，2011（16）：42-43．
③ 季萌．新媒体外交：理论·战略·案例［J］．对外传播，2009，（10）：49-50．
④ 董青岭，孙瑞蓬．新媒体外交：一场新的外交革命？［J］．国际观察，2012（5）：31-38；汪晓风．社交媒体在美国对华外交中的运用［J］．美国研究，2014，28（1）：47-62，6．

关系，就可以将这个问题放至外交历史语境之中讨论；与此同时，理解媒体含义的"媒介形态""符号系统"和"组织机构"三个层面又为考察历史语境中的媒体与外交之间的关系提供了分析视角。

大约公元前 2500 年的两河流域，苏美尔城邦拉格什（Lagash）国王派遣他的使者前往乌玛（Umma）城邦，命令乌玛城邦要么投降，要么面临覆灭。① 使者通过奔跑和口头传播成为那个时代的"人体无线电报"②，即媒介基础，而信使传达的国王的政令是其符号内容，这是人类早期外交实践中的媒体外交案例。

继语言之后，文字的出现进一步推进了早期外交实践的发展与规范化；更为重要的是，为后人留下了宝贵的外交文献。同样是在两河流域，基于农业生产、祭祀等需求而产生的楔形文字是手写传播时代最早应用于外交实践的媒介与符号系统。当时，刻有楔形文字的泥板成为信使出访所携带的早期"官方文书"，由此而形成的"楔形文字外交（cuneiform diplomacy）"呈现出了早期外交实践的规范化趋势。比如，信使成为城邦之间传递消息、联络与维系各城邦之间关系的重要枢纽，其所发挥的作用类似于现代外交体系下的外交官；包含"礼貌的言辞、沟通与协商伦理、基于传统形式和国际语言的通信系统、交换礼物"等内容的"外交礼仪"初步形成③。楔形文字外交本身也可被视为手写传播时代的媒体外交范例。在中国，春秋战国时期的大谋略家苏秦、张仪等以书信形式，向其所服务的诸侯君主传递新近发生、事关重大的信息，推动各诸侯国之间的博弈与兼并，这也是手写传播时代媒体外交的例证。

15 世纪中期，德国工匠约翰·古登堡发明的金属活字印刷术将人类带入印刷传播时代。欧洲统治者很早发现了印刷机在传递官方信息、扩大影响力

---

① RAYMOND C. Diplomacy through the ages [M] // PAULINE K, GEOFFREY W. Diplomacy in a globalizing world. New York：Oxford University Press，2013：16.
② 斯蒂芬斯.新闻的历史：第三版 [M].陈继静，译.北京：北京大学出版社，2014：15.
③ RAYMOND C. Diplomacy through the ages [M] // PAULINE K, GEOFFREY W. Diplomacy in a globalizing world. New York：Oxford University Press，2013：16.

方面的优势,并将其广泛应用于传递和发布战争、谈判等外交信息。在法国,15世纪末国王查理八世进军意大利期间,他的军事准备、获胜与溃败的消息都被印成了早期新闻印刷品——新闻书或小册子[①]。在米兰公国,自16世纪20年代起,"新闻书或小册子这种早期现代信息产品上就充斥着有关外交谈判的文章"[②],除此之外,"还运用'通告（avviso）'来传递'宣言'等声明,从而强化对领土的诉求,旨在为战争提供法律依据"[③]。这都是早期印刷传播阶段的媒体外交案例。当然,在这个阶段,语言和文字依旧在外交活动中发挥重要作用。比如,在15世纪,意大利城邦间互派的大使不仅需要口头传递国王旨意,协助和参与解决争端或结盟的谈判,还要定期将秘密搜集的有关驻在国的"情报信息"和从公开印刷发行的新闻书或小册子上搜集到的新闻信息,外加自己撰写的政治评论和分析,以书信形式汇报给国王[④]。但是,印刷机的出现,不仅仅在"媒介形态"上为外交活动增加了一条发布和收集信息的新渠道,而且本质上改变了口头传播和手写传播中媒介形态与符号内容之间的关系,进而为媒体与外交二者的关系增添了新的维度。

在口头传播与手写传播中,媒介形态与符号内容合二为一,即口头传播中,语言既是媒介又是内容;手写传播中,文字既是媒介又是内容。口头传播与手写传播在早期外交实践中,在"媒介形态"上充当渠道,与此同时完成"符号内容"层面的外交信息的传递与沟通。然而,自印刷传播阶段起,以印刷术等媒介技术为基础的媒介形态与符号内容开始分离,围绕印刷技术产生的一整套运行机制,比如新闻书的生产、报纸的生产,为组织化、规模

---

① 斯蒂芬斯.新闻的历史：第三版[M].陈继静,译.北京：北京大学出版社,2014：59.
② MASSIMO P. War news in early modern Milan: the birth and the shaping of printed news pamphlets [M] //JOAD R, NOAH M. News networks in early modern Europe. Leiden: Brill, 2016: 296.
③ MASSIMO P. War news in early modern Milan: the birth and the shaping of printed news pamphlets [M] //JOAD R, NOAH M. News networks in early modern Europe. Leiden: Brill, 2016: 297.
④ ANDREW P. Confidential correspondents, in the invention of news: how the world came to know about itself [M]. New Haven: Yale University Press, 2014: 97-99.

化和专业化的新闻传播事业奠定基础，涵盖媒介技术、新闻内容生产、专业新闻工作者等要素的媒体的"组织机构"含义开始显现。由此，媒体与外交活动之间产生了组织机构层面的联系。与此同时，伴随着古登堡印刷机所推动的西方现代化进程及至西方民主制度的建立，组织机构层面的媒体开始被视为一种独立于政府、为公众提供新闻报道、承担监督政府责任的专业机构，而冷战时期美国政府利用媒体大力开展或推进外交活动似乎有悖于这种媒体与政府之间的关系，这导致了在早期相关英文文献中，佩洛西·卡尔提出"媒体与外交"结合的公信力问题。回顾自20世纪80年代以来的英文文献，媒体、国家政府、对外决策与公众是解读媒体外交概念的四个主要要素，这里的媒体所指的就是组织机构层面的专业新闻生产机构。这些学者通过辨析四者之间的关系来解读媒体外交，其实质就是在讨论政府利用媒体展开外交活动的正当性问题。

因此，如果从媒体含义的"媒介形态""符号系统"和"组织机构"三个层面去考察历史语境中的媒体与外交之间的关系，可以发现，媒体是外交活动的固有要素之一，是传递外交信息、进行外交沟通的主要渠道，学者们所探讨的媒体外交并不是一种新的外交样式。但是，伴随着现代化进程与西方民主制度的建立，媒体作为独立于政府的专业新闻生产机构，如何与国家政府主导的外交活动产生组织机构层面的联系，成为自20世纪80年代以来英文语境中媒体外交研究的核心议题。

值得注意的是，与大部分西方国家不同的是，中国的媒体是事业属性，原本就是国家政府的一个部门或机构，所以在现有的中文文献中，有关媒体外交的讨论，弱化了组织机构层面的媒体与政府外交的主体间关系，更多是从"媒介形态"的渠道与"符号系统"的内容两个方面展开。

四、新兴媒体背景下的媒体外交研究路径

在现有的中英文文献中，在论及新兴媒体对媒体外交的影响时都谈论得较少，中文语境下的探讨主要限于新兴媒体作为媒介渠道对媒体外交的影响。

事实上，新兴媒体的出现打破了自印刷传播时代开启的组织化、专业化的媒体生产形态，组织机构层面的媒体开始向个人化、社会化方向转变，这直接导致了媒体外交实践的变化。比如，政府首脑、外交官等开始以个人身份出现在新兴媒体平台上，在 Twitter、Facebook 等社交媒体上开设个人实名账号，直接与全球公众实时互动；兼具"企业"和"媒体"双重属性的互联网企业日益成为媒体外交的参与者与推动者。这些新的变化背后所指向的是对新兴媒体环境下"媒体"概念再解读的迫切需要，要在"媒介形态""符号系统"与"组织机构"三个层面之外开辟新的诠释空间，在此基础上，重新考量与分析媒体与外交二者之间的关系。由此看出，新兴媒体背景下的媒体外交不仅依然是广义对外战略工具之一，而且本身成为亟待研究的议题。

基于以上讨论，笔者认为，可以尝试从"媒介化（mediatization）"视角深入解读"媒体"概念，不仅将媒体视为组织机构层面的社会机构，还将其视作动态变化的社会力量，日益深入其他社会机构的运作之中，媒体的"媒介形态"在制度化和技术化的过程中通过传播行动产生塑造力，进而影响和改变社会进程。①媒介化视角可以为"媒体"概念提供新的诠释空间，即伴随着媒介化进程，基于不同媒介形态形成的媒体逻辑逐渐内化为不同的价值观，并融入各自不同的生活方式中去②，基于互联网技术产生的新兴媒体的自身逻辑会影响并渗透进外交活动的各个层面，进而拓展媒体与外交二者之间的关系。比如，可以尝试讨论互联网技术的发展，即 1.0 门户时代、2.0 社交媒体时代和 3.0 人机交互、人工智能时代对外交活动的影响，以及它们在"常态"与"冲突"两种外交语境中的具体应用。

---

① WINFRIED S. Reconstructing mediatization as an analytical concept［J］. European journal of communication，2004，19（1）：87–101；FRIEDRICH K. The meta–process of "mediatization" as a conceptual frame［J］，Global media and communication，2007（3）：256–260.

② 孙少晶. 媒介化社会：概念解析、理论发展和研究议题［M］// 马凌，蒋蕾. 媒介化社会与当代中国. 上海：复旦大学出版社，2011.

媒体外交：一种传播学视角的解读[*]

近年来，学者们开始讨论媒体外交[①]，但对于媒体外交的概念，并没有统一的界定。概念是理论建构的基石，而概念诠释，即定义"可以使所有研究者'看见同一事物'，理解研究对象是什么"[②]。换句话说，概念是"在一定研究视角内，解释纷杂社会现象的众目之纲，是学派、范式的定位点，也是理论和研究方法的基本单位和出发点"[③]。鉴于概念及其界定在理论建构与学术研究中的重要地位，本文试图给媒体外交下一个可操作性定义。首先，基于传播机制，辨析外交、公共外交与媒体外交三者之间的关系；其次，梳理国内外学者对媒体外交概念的阐释，解读构成元素，分析研究维度；最后，从传播学视角立体呈现媒体外交的层次与传播要素构成，尝试建立媒体外交的研究框架。

一、外交、公共外交与媒体外交

在学界，外交是指主权国家通过专门的外交机构，以谈判等和平方式达

---

[*] 文章原载于《国际新闻界》2015年第4期，收入本书时，略有删改。
[①] 由于对英文单词 media 翻译的不同，目前中文文献中有"传媒外交""媒体外交""媒介外交""广电外交"等用法，本文统一为"媒体外交"。
[②] TURNER J H. The structure of sociological theory [M]. Beijing：Peking University Press, 2007：5.
[③] 郭中实. 概念及概念阐释在未来中国传播学研究中的意义 [J]. 新闻大学，2008（1）：8-11.

成协议或约定，处理国家间关系、实施对外政策、维护本国利益①。在第一次世界大战以前，外交主要以秘密外交（secret diplomacy）形式存在，由各国训练有素的外交人员通过谈判达成一定结果而实现。在秘密外交时代，对外政策从制定到实现的整个过程都秘密进行，不对公众公开，没有公众的参与。一战后，人们将一战爆发的原因归咎于秘密外交，认为正是那些不负责任的政客"为个人谋私利而达成各种秘密条约"②致使战争的爆发。再加之美国总统伍德罗·威尔逊（Woodrow Wilson）倡导"以公开方式缔结公开和平条约"③的"十四点"计划的提出，大众传播技术，特别是跨国信息传播技术实现了信息和知识的远距离传输，传统外交在一战后日益衰落，外交呈公开化趋势。公共外交是外交公开化的直接结果。

在学理上，传播（communication）是外交的固有维度之一。瑞典学者克里斯特·琼森（Christer Jönsson）和马丁·霍尔（Martin Hall）④曾在综述前人对外交概念解读的基础上，将传播（communication）、代表（representation）和国际社会再造（reproduction of international society）归纳为外交三维度，并将传播维度列在第一位。美国外交官蒙迪格尔·斯特恩斯（Monteagle Sterns）更是将传播视为外交的本质（essence of diplomacy）⑤。在秘密外交时代，鉴于当时的外交实践主要依靠职业外交人员的沟通和谈判实现，传播维度主要指向了微观的语言（language）层面，"communication"偏向于"沟通"的含义。一战后，伴随着公众意见的日益卷入，广播、电视等大众传播技术的介入，外交呈公开化趋势，此时的"communication"才真正拥有了"传播"的含义，指政府经由大众传播媒介进行的公共传播行为。可以说，公共外交的

---

① 萨道义. 外交实践指南：第四版 [M]. 中国人民外交学会编译室，译. 北京：世界知识出版社，1959；鲁毅，黄金祺，等. 外交学概论：第 2 版 [M]. 北京：世界知识出版社，2004.

② 赵可金. 公共外交的理论与实践 [M]. 上海：上海辞书出版社，2007：6-7.

③ CULL N J. Public diplomacy：lessons from the past [M/OL]. Los Angeles：Figueroa Press，2009：20 [2015-01-15]. http://uscpublicdiplomacy.org/sites/uscpublicdiplomacy.org/files/legacy/publications/perspectives/CPDPerspectivesLessons.

④ JÖNSSON C，HALL M. Essence of diplomacy [M]. New York：Palgrave Macmillan，2005：4.

⑤ JÖNSSON C，HALL M. Essence of diplomacy [M]. New York：Palgrave Macmillan，2005：67.

产生与政府主导的公共传播实践密切相连。

二战后，伴随着民主制度在全世界范围内的广泛建立，公共外交逐渐成为重要的外交形式。一般认为，公共外交由政府、民间组织、社会团体、社会精英和广大公众等行为主体参与，他们以各种方式与外国公众进行交流，表达本国国情、说明本国政策，让外国公众了解相关观点，旨在营造有利于自身发展的国际环境[1]。在这一过程中，公共外交采用多种方式、利用多种渠道与外国公众互动、交流，从而实现影响外国政府决策的目标。比如，各国以文化、科技等主题展开人员交流，或者共同组织、参与国际性展览和节庆活动。大众媒体是重要渠道之一，主要表现为通过国际广播（international broadcasting）直接影响外国公众[2]。因此有学者指出，媒体外交就是"公共外交中通过媒体进行运作的那一部分活动"[3]。美国新闻学、公共外交学者菲利普·赛博（Philip Seib）基于新闻的机制（mechanism）——传播，认为媒体外交"是公共外交的重要组成部分"，"是传播公共外交信息的一种方式"，但不是公共外交的全部。[4]

二、媒体外交概念的两个维度

（一）国外学者对媒体外交概念的解读

综观国外媒体外交研究，核心议题是政府、媒体（尤指媒体的新闻报

---

[1] CULL N J. Public diplomacy before Gullion: the evolution of a phrase [M]//SNOW N, PHILIP M P. Routledge handbook of public diplomacy. New York: Routledge, 2009: 19-23; 赵启正. 公共外交与跨文化交流 [M]. 北京: 中国人民大学出版社, 2011.

[2] COHEN Y. Media diplomacy: the foreign office in the mass communications age [M]. London: Frank Cass, 1986; GILBOA E. Media diplomacy: conceptual divergence and applications [J]. The Harvard international journal of press/politics, 1998, (3): 56-75; ENTMAN R M. Theorizing mediated public diplomacy: the U.S.case [J]. The international journal of press/politics, 2008, (13): 87-102.

[3] 赵可金. 媒体外交及其运作机制 [J]. 世界经济与政治, 2004 (4): 21-26, 4-5.

[4] 陆佳怡. 公共外交与媒体外交：专访美国南加州大学公共外交研究中心主任菲利普·赛博 [J]. 对外传播, 2013 (2): 44-45.

道)、公众和外交政策四者间的关系,重点讨论的是媒体在外交决策过程中的作用和地位①。佩洛西·卡尔(Patricia A.Karl)②较早使用了媒体外交(media diplomacy)这个概念,但并未能给出一个定义;他更多的是对一种现象,即"媒体日益介入政府与公众间有关国际政治的传播进程"的思考。他认为,媒体介入外交对"外交政策制定和执行,以及公众了解国际事务"具有重要意义。他特别注意到,媒体技术的发展,特别是卫星传输的实现,增加了新的传播渠道,但同时也使政府面临着因媒体介入而对外交关系造成的负面影响,甚至外交危机,最具代表性的就是伊朗人质危机事件。

乔尔·科恩(Yoel Cohen)③试图在辨析大众传播时代媒体与外交二者关系的基础上,厘清媒体外交概念。科恩认为,媒体与外交二者之间的关系大致可分为三类:第一,媒体作为信息来源,为外交决策者和公众提供信息;第二,媒体成为两国外交决策者之间的沟通渠道;第三,媒体作为外交机构向国内和国外公众解释政策、获取支持的渠道。科恩从媒体内容和媒介渠道两个层面、外交决策者和公众两个方面解释了媒体与外交之间的关系,将"媒体介入外交"这一过程细化。可以说,科恩的媒体外交概念实际指向"作为媒介渠道"的媒体介入并影响外交进程。

1998年,以色列学者伊坦·吉阿博(Eytan Gilboa)在题为《媒体外交:概念分歧与应用》(*Media diplomacy: conceptual divergence and applications*)一文的开篇直言:作为理论概念的媒体外交,其使用"过于混乱,且存在误导性"(highly confusing and misleading)。紧接着,他根据外交传播三因素,即政府、媒体和公众意见,重新划分并界定了公共外交、媒体外交和媒体中

---

① Cohen B C. The press and foreign policy [M]. Princeton:Princeton University Press, 1963.
② KARL P A. Media diplomacy [J]. Proceedings of the academy of political science, 1982, 34 (4): 143-152.
③ COHEN Y. Media diplomacy: the foreign office in the mass communications age [M]. London: Frank Cass, 1986: 14-15.

间人外交（media-broker diplomacy）①三个概念。他认为，媒体外交是指"决策者在特定情况下利用大众媒体发出信号，向国家政府和非国家政府行为主体施加压力，建立信任关系、推动谈判，动员公众支持协议的签订"②。在这个定义中，吉阿博强调了"冲突"语境下，媒体推动谈判、促成冲突解决的短期作用。2002年，吉阿博又在另一篇论文中列举了媒体外交的具体表现形式："各种常规和特殊的媒体活动，包括新闻发布会、采访、透露消息（leak）、国家元首和调停者到访敌对国，以及组织场面宏大的媒体事件（media events）"。吉阿博尝试从传播学角度切入外交进程，对媒体外交概念语境的理解由最初的非常态（冲突）语境扩展到常态语境，不断修正并完善媒体外交概念。③

2008年，美国乔治·华盛顿大学媒体、公共事务与国际关系教授罗伯特·恩特曼（Robert M.Entman）在公共外交、媒体外交概念之外，又提出了"媒介化公共外交（mediated public diplomacy）"概念。他认为："媒介化公共外交区别于公共外交与媒体外交，它指利用大众传播媒体（包括互联网）来获取外国受众对本国某个外交政策的支持，周期更短、更具针对性。"恩特曼从媒体的国际传播角度切入外交决策过程，认为一国政府及其代表具有议程设置能力，即影响外国媒体呈现本国外交政策等议题。他使用"媒介化"（mediated）一词，更加凸显了"作为媒介渠道"的媒体介入并影响外交进程这层含义，同时又将媒体对外交的影响进一步细化到媒体新闻报道对外交决策的影响。

---

① 吉阿博的"媒体中间人外交"概念主要是指在某些国际调停与国际争端解决过程中，职业记者扮演调停人角色，推动争端的解决。吉阿博认为，"媒体外交"和"媒体中间人外交"两个概念的区别就在于对记者身份的认定，前者强调记者在政府决策动议下进行职业新闻工作，后者某种程度上强调了记者扮演了外交官角色。"媒体中间人外交"的最佳范例是美国知名主持人、记者沃尔特·克朗凯特（Walter Cronkite）在20世纪七八十年代以色列—埃及和平进程中的角色与作用。但是，吉阿博本人也认为，"媒体中间人外交"非常罕见，这其中存在着对记者职业身份、职业新闻报道准则的考量。

② GILBOA E. Mass communication and diplomacy: a theoretical framework [J]. Communication theory, 2000, 10 (3): 275-309.

③ GILBOA E. Global communication and foreign policy [J]. Journal of communication, 2002, 52 (4): 731-748.

可以看出，政府、媒体、公众与外交决策是国外媒体外交研究的四大要素，基于这四大要素之间的关系与互动，形成了国外学者对媒体外交概念解读的三个维度，即：媒体作为信息来源（尤指新闻媒体），为公众和外交决策提供信息；媒体作为联络渠道，在政府、公众与外交决策者之间架起沟通桥梁；媒体作为媒介渠道，呈现外交议程、影响公众意见。

（二）国内学者对媒体外交概念的解读

国内学者对媒体外交的解读，很大程度还局限于"作为媒介渠道"的媒体介入并影响外交进程这一层面。孙建平和谢奇峰认为，"传媒外交就是传媒通过参与外交决策、报道外交活动等手段，对外交施加影响以达到某种效果。"① 他们突出了媒体对于外交事务的报道功能，以及由此对外交进程的影响，"有可能促进外交进程"，带来"意想不到的外交突破"，也有可能产生不利影响，"扼杀某种外交成果"。

赵可金将媒体外交定义为"由政府幕后操纵、运用大众传媒的力量，在特定的领域向其他国家的民众释放信息、影响舆论、塑造行为，希望在其他国家的民众中间建立信任、获得支持以及增强联系，进而间接影响他国政府行为的活动"。② 在这个定义中，媒体主要充当中介的信息渠道，本国政府与外国公众是传收信息的两极。类似地，赵鸿燕和林媛在综述国外学者对媒体外交定义的基础上，认为"媒体外交是媒体进行或参与的外交，也可专指在政府控制下媒体参与并完成的外交"③。她们认为，媒体外交由两个层次的传播构成：第一层次是一国政府与国内外媒体之间的信息传收关系；第二层次是一国媒体对外信息传播。在这几位学者看来，媒体外交主要是一国政府通过大众媒体，对外国公众"自上而下"、单向式的信息传播过程。

此外，也有学者逐渐突破"作为媒介渠道"的媒体解读，尝试从其他视

---

① 孙建平，谢奇峰."传媒外交"初探[J].现代传播，2002（3）：70–72.
② 赵可金.媒体外交及其运作机制[J].世界经济与政治，2004（4）：21–26，4–5.
③ 赵鸿燕，林媛.媒体外交在美国的表现和作用[J].现代传播（中国传媒大学学报），2008（2）：148–149.

角来理解媒体外交。赵楠和宋燕认为,"媒体外交实际就是多元主体运用各种媒介手段,有意或无意地隐性实现外交目的,影响外交行动及决策等的外交方式的一种"①。她们从传播手段演进的角度切入,从传播内容的话语层面——"如何说",探讨媒体外交策略。任琳基于狭义的国家声誉,认为媒体外交的目标是塑造"在国际新闻流动中所形成的形象"或者"在他国新闻媒体界的新闻言论报道中所呈现的形象",强调了媒体外交与国家形象塑造之间的关系。②与此同时,她指出,在新的传播语境下,媒体已经"由国际关系的观察者、记录者变成参与者和协助者"。也就是说,媒体逐渐以行为主体身份参与外交进程,成为国际关系的重要组成部分。

综观国内学者对媒体外交概念的解读,"作为媒介渠道"的媒体报道外交事务、在国际信息流中塑造和呈现国家形象是其基本内容。换言之,国内学者强调了作为媒介渠道的媒体呈现外交议程、影响公众意见和塑造国家形象的作用;有些学者已经意识到作为行为主体的媒体参与或协助外交进程的作用。

(三)媒体外交概念的两个维度

从以上的概念解读可以看出,很多学者都将"作为媒介渠道的媒体介入并影响外交进程"视为媒体外交概念的一个维度,"媒介化"是其核心含义。对于"媒介化",社会学家们早已有过专门论述。英国社会学家安东尼·吉登斯(Anthony Giddens)曾指出,传播技术的发展以及大众传播所带来的知识的远距离传输是开启现代社会的重要条件之一。他的高足、英国社会学家约翰·汤普森(John B.Thompson)进一步厘清了大众传播与现代性(modernity)的关系,认为"媒介传播"是"现代性的四个维度"③之一。在

---

① 赵楠,宋燕.媒体外交与国家形象构建:传播手段视角下的新媒体外交[J].兰州大学学报(社会科学版),2012,40(6):26-33.
② 任琳.公共外交、媒体与战争[J].学理论,2011(16):42-43.
③ 其他三个维度分别是资本主义、民族国家、军事力量,这四个维度分别对应经济、政治、强制和符号四大权力。

汤普森看来,"媒介重组了我们的时空,带来了媒介化的历史性(mediated historicity)、媒介化的世界性(mediated worldiness)和媒介化的社会性(mediated sociality)。更重要的是大众传播媒介的发展使人类从'面对面互动'进入到'媒介化类互动'(mediated quasi-interaction)"。因此,"媒介化"(mediated)和"媒介化类互动"(mediated quasi-interaction)是现代社会的特征。① 作为现代社会产物的外交,自出现就蕴含了"媒介化"含义。一战后,外交的公开化进程,以及公共外交的出现,很大程度上都可被视为现代社会媒介化在外交领域的反映,媒体外交更是媒介传播介入并影响外交进程、现代社会发展的重要体现。值得注意的是,正是伴随着传播技术的发展、媒体卷入外交决策程度的增强,媒体逐渐成为外交进程的参与主体和影响国际关系的行为主体,这也就构成了媒体外交概念的另一个维度。

三、媒体外交:一种传播学视角的解读

1983年,学者约提卡·拉玛普拉萨(Jyotika Ramaprasad)曾直呼要给媒体外交下一个定义,但最终未能实现。原因在于,她认为媒体外交是"一种没有清晰边界或特征的模糊现象,并不适用于特定的定义"②。此后数年,即便是媒体外交研究的代表性学者伊坦·吉阿博也未能给媒体外交下一个完整的、获得学者一致认可的定义。

艾尔·巴比(Earl Babble)曾指出,在学术研究中,某些术语概念经常是模糊的,甚至是有争议的,但是从研究角度出发,研究者可以给出一个操作性定义,"规定如何测量一个概念"③。鉴于此,本文试图基于媒体外交的传播机制,立足传播学视角来设置测量媒体外交概念的变量,由此划分媒体外

---

① 马杰伟,张潇潇. 媒体现代:传播学与社会学的对话[M]. 上海:复旦大学出版社,2011: 62-65.
② RAMAPRASAD J. Media diplomacy: in search of a definition[J]. International communication gazette,1983(31):69-78.
③ 巴比. 社会研究方法:第十一版[M]. 邱泽奇,译. 北京:华夏出版社,2018.

交的层次与传播要素构成；在解读媒体外交概念的同时，呈现媒体外交研究框架。质言之，本文以哈罗德·拉斯韦尔（Harold Lasswell）的传播五要素，即传播主体、传播内容、传播渠道（媒介）、收受主体和传播效果为横轴，以美国学者杰弗里·考恩（Geoffrey Cowan）和阿米莉亚·阿瑟诺（Amelia Arsenault）[①] 划分的公共外交的三个层次，即独白、对话和合作为纵轴，立体呈现媒体外交的层次与传播要素构成框架（见表1）。

表1 媒体外交的层次与传播要素构成框架

	传播主体	传播内容	传播（合作）渠道	收受主体	传播效果
独白式媒体外交	国家政府及其代表/媒体机构/具有国际影响力的个人等	政府公告或文件、官方讲话或信息发布、媒体社论等	本国或外国媒体	国际公众	权威、清晰的信息发布，倡导国家政策，寻求身份认同
对话式媒体外交	国家政府及其代表/媒体机构/其他行为主体	关于争议性话题的新闻报道等	本国或外国媒体，特别是基于互联网技术的新兴媒体	国际公众	实时发布信息，基于对话与互动，推动争议性问题的解决
合作式媒体外交	媒体机构/国家政府及其代表/其他行为主体	报道多元主体间的合作；联合采访报道、在国外主流媒体刊登报道或评论、共同组织国际性活动	外国媒体、公关公司等	国际公众	呈现多元主体间的合作；设置媒体议程，影响国际公众，从而影响外交决策；塑造本国国家形象、彰显国家品牌

为了能够清晰勾勒出媒体外交的三个层次和传播要素构成，本文接下来阐释公共外交三个层次的基本含义，以及由此引申而来的媒体外交的三个层次与传播要素构成。

（一）公共外交的三个层次：对白、对话与合作

考恩和阿瑟诺在《从独白到对话，再到合作：公共外交的三个层次》

[①] COWAN G, ARSENAULT A. Moving from monologue to dialogue to collaboration: the three layers of public diplomacy [J]. The annals of the American academy of political and social science, 2008, 616 (1): 10-30.

(*Moving from monologue to dialogue to collaboration*: *the three layers of public diplomacy*)一文中将公共外交划分为三个层次,即独白、对话和合作,这也可被视为公共外交的三种传播模式。作者认为,对于公共外交三种传播模式的探讨应置于特定的时间与特定的情境之中。① 独白模式通常表现为政府公告、官方讲话或信息发布,以及媒体社论等,"当一国希望世界人民了解本国立场时,发布政府公告或文件是最权威的方式"②。对话模式是指多种多样的意见与信息交流,比如,政府首脑或社会精英在正式峰会上"交换看法和信息"、公众参与"跨文化的体育、电影和艺术项目",以及通过媒体平台,特别是社交媒体平台进行交流。对话模式的特点是相互(reciprocal)且多向度的(multidirectional)。③ 合作模式主要是指来自不同国家的参与者共同参与到一个长期或短期的项目中,通常是跨国合作(cross-national collaboration),具体表现为"解决共同所面临的问题或冲突,推进共同愿景,或共同参与并完成一项具体的合作项目"④。

在考恩和阿瑟诺看来,公共外交的三个层次不是相互割裂的。独白模式

---

① COWAN G, ARSENAULT A. Moving from monologue to dialogue to collaboration: the three layers of public diplomacy [J]. The annals of the American academy of political and social science, 2008, 616(1): 11.

② COWAN G, ARSENAULT A. Moving from monologue to dialogue to collaboration: the three layers of public diplomacy [J]. The annals of the American academy of political and social science, 2008, 616(1): 13.

③ COWAN G, ARSENAULT A. Moving from monologue to dialogue to collaboration: the three layers of public diplomacy [J]. The annals of the American academy of political and social science, 2008, 616(1): 18.

④ GRAY B. Negotiations: arenas for reconstructing meaning [DB/OL]. Working Paper, Center for Research in Conflict and Negotiation, Pennsylvania State University, University Park, 1989; LOGDON J. Interests and interdependence in the formation of social problem-solving collaborations [J]. Journal of applied behavioral science, 1991, 27(1): 23-37; COWAN G, ARSENAULT A. Moving from monologue to dialogue to collaboration: the three layers of public diplomacy [J]. The annals of the American academy of political and social science, 2008, 616(1): 21.

强调通过单向传播方式，向外国公众传递本国的外交政策。①这一模式突出了告知功能和权威发布作用，但在改变外国公众的刻板印象方面作用有限。对话模式强调了双向的思想和信息交流，从形式上为对话双方提供了发表不同看法的机会，通过对话与互动，有利于消除外国公众的刻板印象，改善国与国之间的关系。合作模式强调了多种行为主体之间的跨国合作，在共同关心议题之下展开合作，建立互信，在国际舆论空间塑造良好形象。作者认为，在实践中，公共外交的三个层次各有所长、互为补充，在选取恰当时机和方式的前提下能实现传播效果最大化。

事实上，从独白到对话，再到合作，这三者从本质上来讲是层层递进的关系，体现了公共外交在全球化语境下行为主体多元化、传播形式多样化和追求互信与共同价值观的趋势或特点。借助于这一思路，本文接下来分析表1中所列出的媒体外交的三个层次与传播要素构成。

（二）媒体外交的三个层次与传播要素构成

1. 独白式媒体外交及范例

独白式媒体外交主要是指国家政府及其代表通过本国或外国媒体，向外国公众发布宣言、声明等官方信息，从而影响外国公众及其政府决策。与此同时，在全球传播语境下，独白式媒体外交还包括权威媒体通过发布社论、具有影响力的个人通过国际性媒体发表文章或观点来影响外国公众对本国的看法，从而影响其政府的政策。从本质上来说，在独白式媒体外交中，媒体主要发挥"传播渠道"的作用，旨在向目标受众传递清晰、权威的信息，倡导国家政策，寻求身份认同。

从实际个案来看，独白式媒体外交通常表现为国家元首或政府首脑在出访或出席重要国际场合时通过所在国媒体或国际媒体，以声明、宣言、署名文章等形式向国际公众发布权威信息。在独白式媒体外交中，最典型的案例

---

① COWAN G, ARSENAULT A. Moving from monologue to dialogue to collaboration: the three layers of public diplomacy [J]. The annals of the American academy of political and social science, 2008, 616（1）10–30.

就是国家元首或政府首脑在出访时，在出访国以记者招待会形式阐明访问目的、诠释双边关系，或就某些国际性议题发表看法。从具体个案来看，自2014年起，国家主席习近平接连在出访期间，通过出访国媒体发表署名文章，或接受当地媒体的采访。比如，2014年3月，习近平主席在访欧期间，先后在荷兰、法国、德国、比利时媒体发表署名文章，阐述中欧关系[①]；2014年7月，习近平主席在巴西出席金砖国家领导人峰会期间，接受了巴西《经济价值报》、阿根廷《国民报》、委内瑞拉国家通讯社和古巴拉丁美洲通讯社的联合采访，诠释中国与拉美和加勒比国家的关系[②]。这些都是典型的独白式媒体外交范例。

2. 对话式媒体外交及范例

对话式媒体外交是指国家政府及其代表、媒体机构等通过本国或外国媒体，尤其是基于互联网技术的新兴媒体，就争议性话题展开对话、讨论，甚至辩论，通过观点争鸣，实现与外国公众的对话，乃至互动。在对话式媒体外交中，媒体依旧扮演"传播渠道"角色；但相较于独白式媒体外交中"单向""自上而下"式传播的媒体，对话式媒体外交中的媒体，尤以社交媒体为代表，从形式上，在传播者与收受者之间搭起了传收信息、对话与互动的平台。可以说，对话式媒体外交本质上就是汤普森所说的"媒介化类互动"，在观点交锋中影响目标受众，影响国际舆论，从而推动争议性问题的解决。

从实际个案来看，对话式媒体外交的行为主体通常由国家政府及其代表、媒体机构和具有国际影响力的个人等其他行为主体构成，目标受众是与争议性问题有关的国家的公众。对话式媒体外交寻求的不是权威性，而是思想对话与观点互动；社交媒体时代，基于社交媒体平台的对话式媒体外交尤为体现这一点。从具体个案来看，比如，《中国日报》和日本非营利机构"言论NPO"自2005年起举办以中日关系为主题的"北京—东京论坛"，两国政界、

---

① 新华网.习近平在布鲁日欧洲学院的演讲（全文）[EB/OL].（2014-04-01）[2015-01-01]. http://newsxinhuanet.com/world/2014-04/01/c_126342888.htm.

② 新华网.习近平接受拉美四国媒体联合采访[EB/OL].（2014-07-14）[2015-01-01]. http://news.xinhuanet.com/video/2014-07/14/c_126752042.htm.

商界、学术界和新闻界等高层人士在论坛上,就中日关系出现的新问题、新动向进行坦诚对话。又如,中国国际广播电台借助可以提供43种语言服务的官网"国际在线"(CRI Online),围绕热点议题,用目标受众熟悉的母语与海外网友进行在线的实时互动。2007年,中国国际广播电台推出由中日两国专家、学者和媒体人士参与的"春夏秋冬"中日网络四季对话。两国嘉宾分别在北京和东京通过互联网与网民讨论、互动,旨在通过中日两国民众间的对话与交流,推动沟通,促进相互理解。①

另外,值得一提的是,在某些情况下,独白式媒体外交构成了对话式媒体外交的前提和基础。比如,2013年9月初,美国与俄罗斯就中东国家叙利亚是否发生化学武器袭击事件在国际舆论空间展开了对话、讨论和辩论。2013年9月10日,美国总统奥巴马在全国电视讲话中"独白式"地阐述了美国在叙利亚"化武事件"中的观点与立场;9月11日,俄罗斯总统普京在美国主流大报《纽约时报》的网站上发表署名评论《告美国人民书》(*A Plea for Caution from Russia*),以对美国公众直接说话的方式对前一日奥巴马总统的电视讲话予以回应。在这个案例中,美国和俄罗斯两国总统分别通过本国或他国媒体展开了独白式媒体外交,以权威发布形式标明本国立场,倡导国家政策;与此同时,两位国家元首的独白式媒体外交又构成了依托于媒体平台的对话式媒体外交。

3. 合作式媒体外交及范例

合作式媒体外交主要是指媒体机构、国家政府及其代表与外国媒体、其他国际机构展开合作,进行联合采访报道、在国外主流媒体刊登报道或评论、共同组织国际性活动等。在合作式媒体外交中,媒体依旧发挥"传播渠道"作用,报道和呈现多元主体间的合作;更重要的是,媒体机构作为独立的行为主体与外国媒体、其他国际机构进行新闻业务合作,或就国际公众共同关心的议题举办国际性活动,通过设置媒体议程,影响国际公众,从而影响外交决策。

---

① 孙建和. 中日网络对话成功的启示[J]. 对外大传播, 2007(6): 41-43.

从实际个案来看，首先，媒体作为"传播渠道"，报道国家政府、媒体机构和其他行为主体之间的合作是合作式媒体外交的一种表现形式。其次，在新闻业务方面，媒体适时配合外交与热点议题，以出版专刊、插页，组织联合采访报道等方式，为国际公众设置媒体议程是合作式媒体外交的第二种表现形式。在这个方面，较为典型的案例是，中国主流英文大报《中国日报》自 2009 年以来先后与美国主流大报合作，以提供内容、推出专刊的形式，利用美国主流大报既有传输渠道和影响力，扩大传播范围，影响有影响力的人。又如，中国国际广播电台在 2011 年四川汶川地震三周年之际，邀请外国媒体来华进行名为"汶川地震三周年中外记者重返灾区"的联合采访报道活动，为国际媒体同人搭建了重返灾区采访的平台，为国际公众提供多元化的新闻报道；与此同时，向国际社会传递了媒体环境日益开放的中国形象。

此外，一国媒体与国际媒体同行共同举办国际性活动，或就国际公众共同关心的议题与其他国际机构展开合作是合作式媒体外交的第三种表现形式。在这类合作式媒体外交中，作为行为主体的媒体机构旨在国际舆论场塑造本国国家形象、彰显国家品牌。比如，2009 年 10 月，新华社与新闻集团、美联社、路透社、英国广播公司、谷歌等 8 家世界著名媒体机构共同发起并承办了"世界媒体峰会"，在加强与其他国际主流媒体交流与合作的同时，向世界展示了中国主流媒体承担社会责任、秉承公益使命的良好形象。又如，2011 年 7 月，新华社与联合国开发计划署联合举办题为"消除贫困"的全球摄影比赛，通过视觉影像呈现造成贫困的原因、应对办法和消除贫困的途径。通过这种合作，作为国家主流媒体的新华社向国际社会展示了中国社会关注贫困问题、承担社会责任的意愿，同时唤起了其他国家及其公众关注贫困，在国际共同行动中承担责任，履行使命。

四、结语

本文通过辨析国内外学者对媒体外交的已有解读，立足传播学视角、设定横向和纵向指标，为媒体外交概念下了一个操作性定义，即：媒体外交指国家政府及其代表、媒体机构及其他行为主体通过国内外媒体，包括基于互联网技术的社交媒体平台，以发布官方权威信息、就争议性问题进行对话和讨论、组织联合采访报道和国际性活动等形式，影响国际公众，进而影响外交决策，推动争议问题解决，彰显国家形象与国家品牌。媒体外交可以分为三个层次，即：独白式媒体外交、对话式媒体外交和合作式媒体外交。

  操作性定义最终导向的是有针对性的学术研究。本文所勾勒的媒体外交层次与传播要素构成框架可以成为媒体外交研究的基本框架。例如，从传播主体角度，探索不同行为主体的媒体外交行为及其合法性问题；从传播内容角度，进一步探讨媒体外交资源问题，媒体事件对媒体外交实践的作用与影响等；从传播渠道角度，研究社交媒体在对话式媒体外交实践中的地位与作用等。可能性的后续研究，笔者就不在此一一赘述。

媒体外交视野下的国际争端*
——以美俄媒体对叙利亚"化武"事件的媒介化协商为例

一、媒介化协商：媒体外交视野下的国际争端

作为国家与国家之间主要交往方式的外交通常被描述为不同国家之间的沟通（communication）①，在外交实践中，这种沟通又具化为谈判或协商（negotiation），许多外交家更是直接将外交等同于国家以谈判方式来处理国际关系②，由此可见谈判或协商在外交中的重要性。自国家诞生以来，处理国与国之间关系的外交便应运而生，伴随着国家现代化、民主化进程的演进，外交及其沟通方式也经历了变化。一战以前，外交主要以秘密外交形式存在，由各国训练有素的外交人员通过面对面的沟通来实现。据称，在16世纪，一位来自哈布斯堡的外交官通常需要舟车劳顿4个月抵达莫斯科进行外交谈判③。一战后，世人对秘密外交的深恶痛绝，加之大众传播技术，特别是跨国信息传播技术的发展，实现了信息的远距离传播；更重要的是，大众媒体的

---

* 文章原载于《国际新闻界》2016年第10期，收入本书时，略有删改。
① JÖNSSON C，HALL M. Essence of diplomacy [M]. New York：Palgrave Macmillan，2005：37；拉西特，斯塔尔.世界政治：第5版[M].王玉珍，等译.北京：华夏出版社，2001：135.
② 周启朋，杨闯，等.国外外交学[M].北京：中国人民公安大学出版社，1990：11；萨道义.外交实践指南：第四版[M].中国人民外交学会编译室，译.北京：世界知识出版社，1959：25.
③ JÖNSSON C，HALL M. Essence of diplomacy [M]. New York：Palgrave Macmillan，2005.

介入拓展了外交沟通的外延，即由职业外交官间的秘密性质的人际沟通变为更加公开化的公共传播。二战后，伴随着民主国家的建立，公众意见崛起，大众媒体成为公众获取政府信息，进而通过意见表达，影响政府决策的重要途径。而对于距离公众日常生活较远的外交事务，大众媒体更是主要信息来源，成为公众脑海中"世界图景""国家形象"的主要塑造者，大众媒体日益卷入并影响外交进程。基于这一背景，许多学者提出了媒体外交概念①；究其本质，媒体外交正是一战以来现代社会"媒介化"和"媒介化类互动"特征在外交领域的反映。②

在外交舞台，剥开处理各国关系的外在行为方式——谈判或协商，其内核是包含"主权独立""国家安全"等在内的国家利益③，无论何种外交方式，最终服务于国家利益，诚如国际关系现实主义大师汉斯·摩根索（Hans J.Morgenthau）所言："利益的观念确实是政治的实质，不受时间和空间的环境的影响。"④ 国家利益主导着主权国家之间的外交活动，维护国家利益成为各国开展外交活动，维持正常关系的基础与准则；而各国因政体、社会制度等差异引发的矛盾或冲突则是影响国与国之间正常关系，导致国际争端的主要根源。通常情况下，解决国际争端的最直接、最正常的方式是面对面的谈判或协商⑤；然而，当争端诸方因对争端问题本质存在根本性矛盾而无法回到谈判桌前，作为第三方的调停人的介入就十分必要，20世纪70年代，亨利·基

---

① 笔者曾在《媒体外交：一种传播学视角的解读》一文中，在综述国内外学者对媒体外交概念定义的基础上，给媒体外交下了一个操作性定义，即"媒体外交指国家政府及其代表、媒体机构及其他行为主体通过国内外媒体，包括基于互联网技术的社交媒体平台，以发布官方权威信息、就争议性问题进行对话和讨论、组织联合采访报道和国际性活动等形式，影响国际公众，进而影响外交决策，推动争议问题解决，彰显国家形象和国家品牌。"详见陆佳怡. 媒体外交：一种传播学视角的解读[J].国际新闻界，2015，37（4）：92-105.
② 马杰伟，张潇潇.媒体现代：传播学与社会学的对话[M].上海：复旦大学出版社，2011：62-65.
③ 宋伟.国家利益的界定与外交政策理论的建构[J].太平洋学报，2015，23（8）：22-32.
④ 摩根索.国家间政治：权力斗争与和平：第7版[M].北京：北京大学出版社，2006：34.
⑤ 金正昆.外交学：第3版[M].北京：中国人民大学出版社，2016：135.

辛格在中东地区进行的穿梭外交便是经典案例之一。伴随着外交沟通方式的演进，以及大众媒体在协调政府、公众与对外政策三者关系中中介作用的凸显，大众媒体逐渐扮演起了调停人角色：一旦争端发生，争端各方通过本国或其他国际性媒体向国际公共领域投射声音，一方面影响国际公众对争端问题的态度，营造有利于己方的国际舆论环境；另一方面通过媒体报道来测试其他诸方的反应，探测底线，据此进行政策调整，影响争端问题的发展走向与解决。这种基于大众媒体报道的媒介化协商一定程度上替代了面对面的外交谈判或协商，让争端诸方在无法回到谈判桌前时保持沟通，为重返谈判桌，最终以和平的外交途径而非武力手段解决争端进行舆论铺垫。可以说，媒介化协商正是自一战以来大众媒体日益卷入外交进程的必然结果，是媒体外交在解决国际争端中的具体应用。

本文选取了2013年8月发生在叙利亚大马士革郊区的化学武器袭击这一事件，以利益攸关方美国和俄罗斯就这一事件展开的媒介化协商为例，从框架互动、信源和隐喻三个层面分析美俄两国媒体如何围绕核心议题展开互动与对话，推动该事件的最终走向。

二、框架互动·信源·隐喻：以美俄就叙利亚化武事件展开的媒介化协商为例

2013年8月21日，叙利亚大马士革东部郊区发生化学武器袭击事件，造成平民伤亡。事件最初由叙利亚反对派披露，称是叙利亚政府所为，但叙政府立即否定并称是反对派所为。作为叙利亚政府和反对派的幕后支持者，俄罗斯和美国立即对该事件作出了截然相反的表态：美方称有情报可以确定此事件为叙利亚阿萨德政府所为，而俄方称掌握了叙利亚反对派对无辜平民使用化学武器的证据。自此事件被披露至标志着该事件趋向缓和的美国和俄罗斯在日内瓦就叙利亚销毁化武达成协议为止，作为利益攸关方，美国和俄罗斯围绕三个核心议题，即"叙利亚境内是否发生化武事件？若发生，出自谁

手?""美国总统奥巴马一年前设定的'红线'究竟是谁的红线,是美国的还是国际社会的?"和"美国对叙利亚动武的'正当性'"展开了媒介化协商。

为了大致勾勒出国际媒体对该事件的呈现概貌,本文选取了来自美国、俄罗斯和其他国家的 10 家主要国际英文媒体[①],利用 LexisNexis 数据库,在 2013 年 8 月 21 日化武事件被披露至 2013 年 9 月 14 日日内瓦协议达成的时间段内,获得了这些媒体关于"叙利亚化武事件"的报道趋势图(见图1、图2)。

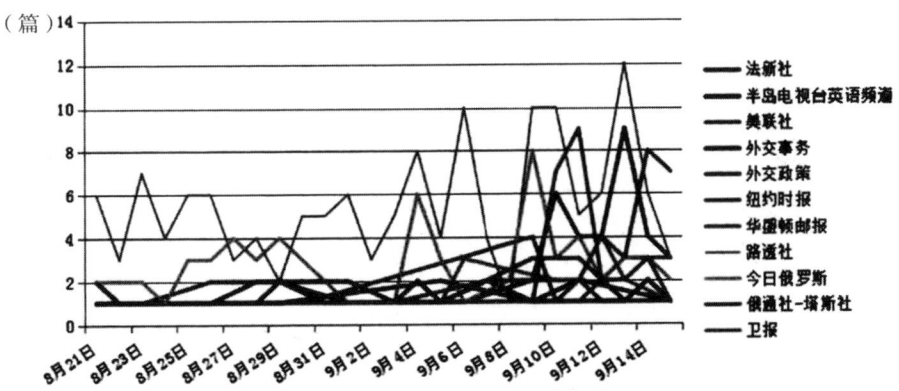

图 1 主要国际英文媒体对叙利亚化武事件的新闻报道趋势

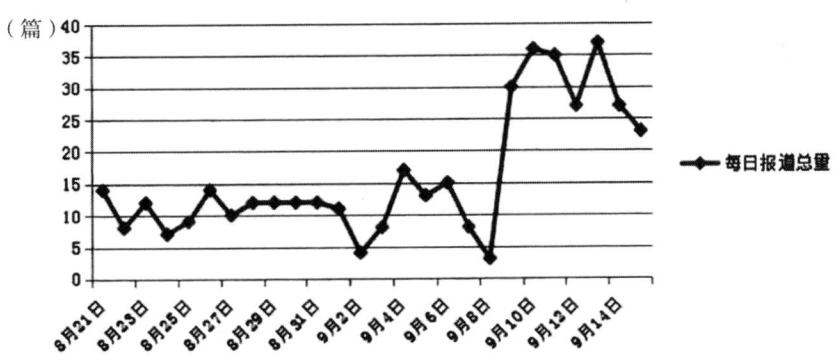

图 2 主要国际英文媒体对叙利亚化武事件的每日新闻报道总量

---

① 这 10 家主要国际英文媒体分别为:美国的美联社、《纽约时报》、《华盛顿邮报》、《外交事务》、《外交政策》,俄罗斯的俄通社-塔斯社、今日俄罗斯频道,法国的法新社,英国的路透社和卡塔尔的半岛电视台英语频道。

由图1和图2可见，主要国际英文媒体对叙利亚化武事件的报道主要集中在三个时间点：即叙利亚化武事件被披露（8月21日）、俄罗斯圣彼得堡G20峰会期间（9月4—6日）和日内瓦协议达成（9月13—14日）。以这三个时间点为关键节点，本文着重比较分析了美国5家媒体和俄罗斯2家媒体对该事件的新闻报道，发现：俄罗斯媒体（总报道量94篇）在三个时间点都比较活跃，俄罗斯圣彼得堡G20峰会期间和9月11日普京总统在美国《纽约时报》网站发表署名文章时最为活跃（见图3）。相较而言，美国媒体（总报道量95篇）在第三个时间点较为活跃（见图4）。

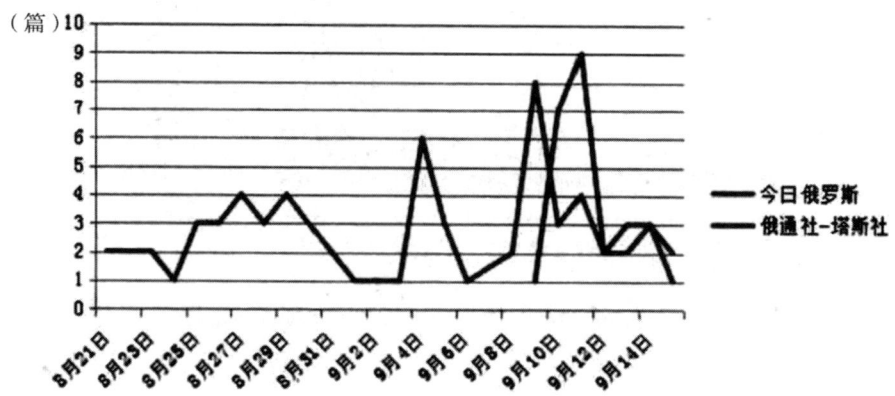

图3　俄罗斯媒体对叙利亚化武事件的每日报道趋势

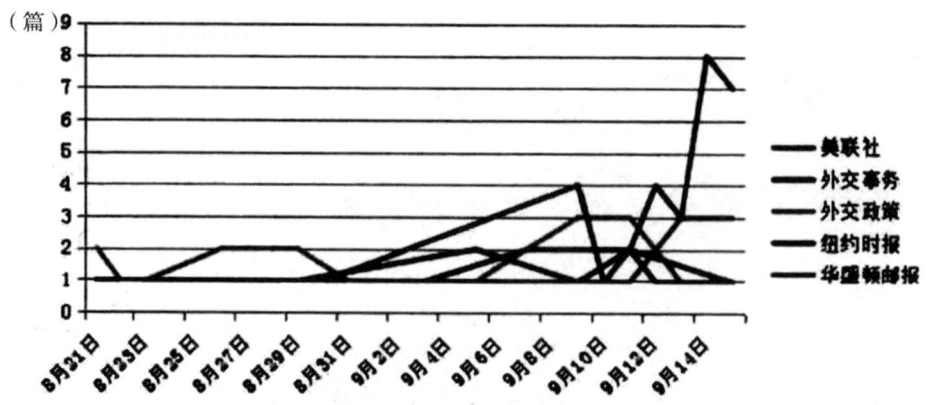

图4　美国媒体对叙利亚化武事件的每日报道趋势

基于以上的基本判断，本文接下来采用框架分析法，从框架互动、信源和隐喻三个层面深入探讨美国和俄罗斯两国媒体如何就这一争端展开媒介化协商。

框架（frame）概念最初由美国社会学家欧文·戈夫曼（Erving Goffman）在1974年提出，戈夫曼（1974）认为，框架是人们认识与解释社会生活的一种认知结构[1]。此后，框架概念被很多学者采用，比如，有学者用来研究政治框架如何产生[2]，有学者用来研究新闻报道如何阐释框架[3]，还有学者用来讨论政治话语中框架的主要效果[4]。其中，威廉·甘姆森（Gamson, W.A.）和安德烈·莫迪格利亚尼（Modigliani, A.）认为，框架是指媒介话语的内在结构和让受众知晓事件的核心思想，并采用了媒体话语包裹（media discourse packages）方法来研究1945年至20世纪80年代电视新闻、新闻杂志、社论漫画和辛迪加专栏在报道核电时所采用的媒体框架。[5] 本文采用甘姆森和莫迪格利亚尼的媒体话语包裹方法，首先勾勒出美国和俄罗斯媒体围绕三个核心议题展开的媒体框架互动，紧接着从信源和隐喻两个层面，分析两国媒体如何阐释和论证各自的媒体框架，使其具有说服力，并影响该事件的发展走向。

（一）框架互动

框架互动一：美方确认叙利亚境内发生化学武器袭击；俄方认为此事件是"有偏见的地区媒体预先设计好的挑衅行为"。

---

[1] GOFFMAN E. Frame analysis: an essay on the organization of experience [M]. New York: Harper & Row, 1974.

[2] TUCHMAN G. Making news: a study in the construction of reality [M]. New York: Free Press, 1978; Gitin T. The whole world is watching: mass media in the making and unmaking of the New Left [M]. Berkeley, CA: University of California Press, 1980.

[3] PAN Z D, KOSICKI G M. Framing analysis: an approach to news discourse [J]. Political communication, 1993（10）: 55-75.

[4] KINDER D R, SANDERS L M. Mimicking political debate with survey questions: the case of white opinion on affirmative action for blacks [J]. Social cognition, 1990（8）: 73-103; MCCOMBS M E, WEAVER D H.Communication and democracy: exploring the intellectual frontiers in agenda-setting theory [M]. London: Routledge, 1997.

[5] GAMSON W A, MODIGLIANI A. Media discourse and public opinion on nuclear power: aconstructionist approach [J]. American journal of sociology, 1989, 95（1）: 1-37.

 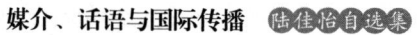

8月21日，叙利亚大马士革东部郊区发生了化学武器袭击事件，此事件是否真的发生？如果发生，是叙利亚政府所为还是叙利亚反对派所为？这是叙利亚化武事件被披露后，美俄两国政府争执的核心问题。就此争议，两国媒体建构了截然不同的报道框架。

美方：美国政府坚持"国际社会所设定的红线"是美方是否打击叙利亚的基本原则，美方希望通过联合国寻求解决问题的途径，但是俄罗斯和中国给予阻力（《外交政策》，8月21日）。与此同时，叙利亚境内的反对派人士提供目击证词，称从伤势症状看是化学武器袭击所致（《外交政策》，8月23日），面对诸如此类的证据，之前反对动武的美国国会鸽派人士态度也有所缓和。

俄方：美国政府没有独立证据证明叙利亚境内是否发生了化武袭击事件，更不用说是哪一方所为（今日俄罗斯，8月21日）。相反，俄罗斯政府定义此事件是"有偏见的地区媒体预先设计好的挑衅（provocation）行为"，意在破坏应叙利亚政府邀请已进入叙利亚境内的联合国武器核查小组的调查，再加上事件发生在反对派控制区域，是谁所为显而易见（今日俄罗斯，8月21日）。而且，美方介入和打击叙利亚的"红线"之说前后矛盾，其提出者奥巴马总统无法自圆其说，底气不足（今日俄罗斯，8月23日）。

框架互动二：美国总统对"红线"说难以自圆其说；俄罗斯总统称拥护国际法和联合国，推动叙利亚问题成为G20峰会主要议题，并获正当性，在俄罗斯圣彼得堡举行的G20峰会成为俄罗斯政府及其媒体主动出击、亮明观点的契机。作为东道主，俄罗斯总统普京积极推动叙利亚问题成为G20峰会的主要议题之一，并获联合国秘书长潘基文首肯。相比较而言，美国总统奥巴马却陷入了"红线"之说的困境，美国媒体未能作出有力回应。

在G20峰会前，美国媒体称，美国最高级军官对是否介入叙利亚的立足点是美国的国家安全利益（《外交政策》，9月4日）。美国总统奥巴马对"红线"之说无法自圆其说，将自己推向困境。他一方面将授权打击叙利亚的责任推向国会，另一方面意在获得联合国安理会的授权、国际社会的支持，从而获取介入该事件的正当性（《外交政策》，9月5日）。相比之下，俄罗斯总统普京借助 G20 峰会东道主的身份主动出击，一方面质疑奥巴马的"红线"之说，将化武事件定性为叙利亚反对派的蓄意挑衅；另一方面在峰会前夕表明俄罗斯的立场：拥护国际法和联合国，将自己置于国际正当性语境之下（《纽约时报》，9月7日）。

在 G20 峰会前，俄罗斯媒体称，美国总统奥巴马有意对叙利亚出兵，但出师无名，因为对其"红线"之说仍无法自圆其说（今日俄罗斯，9月4日）。自知无法辩解，奥巴马将"红线"之说推向国际社会，将是否出兵叙利亚推向美国国会和国际社会。而且，军事打击叙利亚尚未在美国国内获得大部分民众的支持（今日俄罗斯，9月4日）。G20 峰会上，俄罗斯总统普京积极推动叙利亚问题成为原本主要讨论经济议题的峰会的主要议题，并获联合国秘书长首肯，获得了正当性（今日俄罗斯，9月6日）。在此情况之下，继俄罗斯政府将化武事件明确定性为"西方国家支持的伊斯兰反对派的挑衅"之后，普京直接将其定性为"为了引发外国势力对叙利亚袭击的由反对派策划的'挑衅行为'"（今日俄罗斯，9月6日），并强调一旦发生军事袭击，俄罗斯会予以叙利亚帮助。

框架互动三：美国"挽回面子"；俄罗斯"维护国际法"。

就在美俄两国领导人僵持不下、美国总统奥巴马等待国会的最后表决前夕，俄罗斯抛出了将叙利亚化学武器交由国际监管的提议，叙利亚政府立即同意，身处两难境地的奥巴马接受了这一提议。9月14日，美俄两国在日内瓦就叙利亚销毁化武达成了协议，自此，叙利亚化武事件趋于缓和。

相较于之前两个时间点，美国媒体在日内瓦协议达成前后表现活跃。美国媒体称，奥巴马自叙利亚化武事件被披露以来，一直身处两难境地，其"红线"之说遭国际社会质疑，其动武议案难得国内民众的支持，国会投票预期不乐观，俄方在关键时刻抛出的提议成了"保释"（bail out）(《纽约时报》，9月10日）奥巴马的救星（salvation）(《外交事务》，9月10日）。俄罗斯毋庸置疑地成为该事件的赢家，并抢占了下一轮对抗的先机（《外交事务》，9月11日）。俄罗斯总统普京进而开始质疑美国所谓的"长期国家利益"是什么(《纽约时报》，9月12日）。面对此问题，美国国务卿克里窘态毕露，着急行事（《纽约时报》，9月13日）；美国总统认为这是美国为一个无核世界所做的贡献，借机挽回面子，并公开表明美国在叙利亚问题上拥有不同于俄罗斯的"价值观"（美联社，9月15日）。

继"定性"和"主动出击"之后，俄罗斯媒体在第三个时间点进一步亮明立场，继续论证"挑衅说"。俄罗斯媒体报道称，总统普京表示，只有在美方及其同盟国承诺放弃武力威胁的前提下，叙利亚交接化学武器的工作才能顺利进行（今日俄罗斯，9月10日）；俄罗斯国家杜马外事委员会主席同时表态，一旦美国继续军事干预叙利亚，俄罗斯将重新考虑其与阿富汗和伊朗的战略合作（今日俄罗斯，9月11日）。与此同时，俄方继续提供有力证据证实"挑衅说"（今日俄罗斯，9月10日；9月11日）。美国总统奥巴马借机下台阶，但为了挽回面子，仍警告一旦外交努力失败，美国依旧会进行军事打击。美国国务卿克里着急，依旧强调"有限的"军事打击，而俄罗斯外长拉夫罗夫立即回应，称美方"机会不容错失"（今日俄罗斯，9月11日；9月12日）。叙利亚政府直言日内瓦协议的签署是叙利亚的胜利，同时感谢俄方支持，而俄方认为自己有效维护了国际法（今日俄罗斯，9月15日）。

（二）信源

美国社会心理学家卡尔·霍夫兰（Carl I. Hovland）等在20个世纪40年代的耶鲁项目研究中证明，大众传播的效果在很大程度上取决于信源，"效果的差异有时取决于信息的来源者是谁，信息中引用的是谁的话，或者信息的传播渠道是什么"①。霍夫兰的学生威廉·麦奎尔（William J. McGuire）继而提出，信源的规模、信源之间是否一致、信源的社会人口学特征、信源的吸引力和信源的可信度是影响传播效果的五个重要指标②。本部分从信源规模和信源的社会人口学特征两方面进一步分析美俄媒体的框架互动（见图5、图6）。

---

① 霍夫兰，贾尼斯，凯利. 传播与劝服：关于态度转变的心理学研究[M]. 张建中，等译. 北京：中国人民大学出版社，2015：15.
② 胡百精. 说服与认同[M]. 北京：中国传媒大学出版社，2014：169.

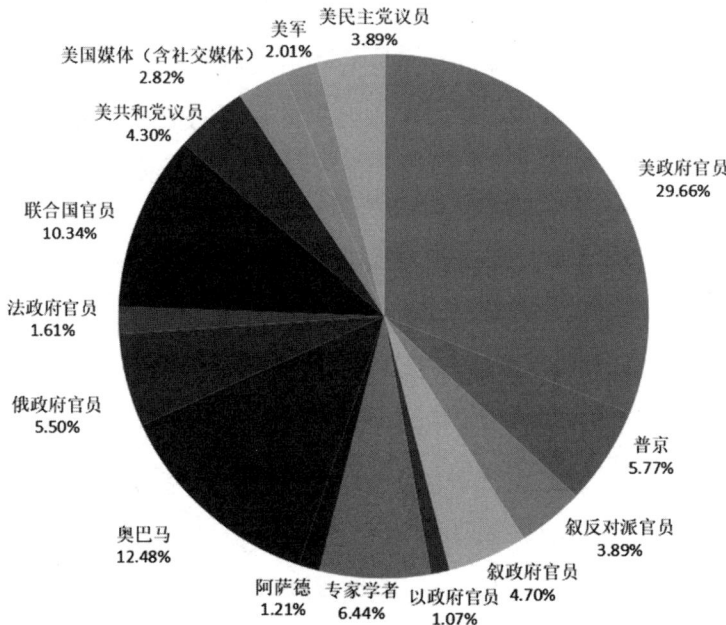

图 5 美国 5 家媒体援引的信源分布

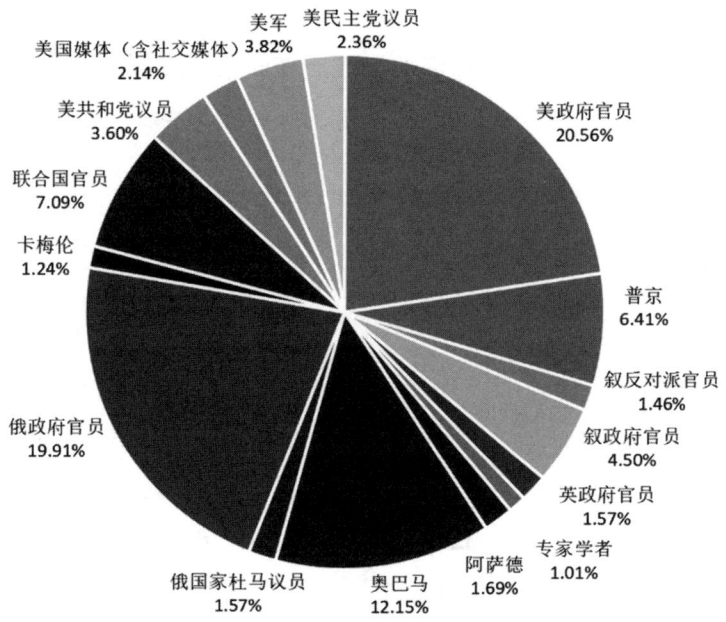

图 6 俄罗斯 2 家媒体援引的信源分布

由图5可以发现，在设定的研究时间段内，美国5家媒体所援引的信源种类为32种，引用总量为745次。其中，"美政府官员""奥巴马""美民主党议员""美军""美共和党议员"等来自美国政界的信源引用量将近占总量的50%，这表明美国媒体在报道该事件时主要援引了美方的观点，信源较为单一。

相反，由图6可见，俄罗斯2家媒体所援引的信源种类达38种，引用总量为889次，而且所援引的信源多样化：除了有"俄政府官员""普京""俄国家杜马议员"等来自俄罗斯政府的信源，还有"美政府官员""美军""美国媒体（含社交媒体）""阿萨德""叙政府官员""叙反对派官员""英政府官员"等其他利益攸关方信源。尤其值得一提的是，在俄罗斯媒体所援引的这些信源中，"美政府官员"（20.58%）和"俄政府官员"（19.91%）所占比例相当，直接援引争端另一方的观点，在观点对话中进一步论证己方观点。

由信源分析可以发现，在规模和社会人口学方面都更加多元化的信源，不仅使俄罗斯媒体交叉论证了该事件是"有偏见的地区媒体预先设计好的挑衅行为"（今日俄罗斯，8月21日），而且其更具国际性的报道视野，既跳出了美俄对抗的媒体框架，又与俄罗斯政府在该事件上所坚称的"维护国际法和联合国"立场一致。相较而言，美国媒体较为单一的信源未能论证其"叙利亚化武事件由叙利亚政府所为"这一判断。

（三）隐喻

始于20世纪二三十年代的现代隐喻研究认为，隐喻（metaphor）不仅是传统隐喻研究所认为的一种语言现象，本质上是人类理解周围事物的一种感知（perpetual）和形成概念（conceptualize）的工具①。1923年，奥格登（Ogden C.K.）和理查兹（Richards I.A.）提出"语义三角"（semantic triangle）模式，即在符号（symbol）、思想/能指（thought/reference）和所指（referent）三者之间，符号与所指对象之间的关系是间接的，必须经由思想者

---

① 束定芳.隐喻学研究［M］.上海：上海外语教育出版社，2001：30.

的思想这一中介①。从"语义三角"模式出发,理查兹(Richards)进而提出,符号本身就是隐喻,即对现实的抽象②;而人们正是通过隐喻的方式来思考,用隐喻指涉存在相似关系的事物。1980年,乔治·莱科夫(George Lakoff)和马克·约翰逊(Mark Johnsen)进一步指出,隐喻在日常生活中是无处不在的,不仅存在于语言之中,还存在于人们的思想和行动之中,而我们赖以进行思考和行动的日常概念系统,在本质上也是隐喻性质的。在他们看来,隐喻的实质就是通过另一类事物来理解和经历某一类事物。③

在人类传播中,隐喻伴随着思考、认知、概念形成和产生新意义的全过程。在大众传播层面,大众媒体所建构的隐喻世界有助于受众基于自身的政治、经济、文化背景来理解未知的事物,或者重新认识已知的事物;换句话说,媒介化的隐喻世界影响着受众认知活动的结果,影响着大众传播活动的效果。基于此,本部分从美俄两国的媒体框架中提炼出两个主要隐喻,即"红线"和"正当性",分析核心隐喻对媒介化协商效果的影响。

隐喻一:"红线(red line)"

"红线"说是美国政府在叙利亚化武事件被披露后寻求对叙利亚动武的一个出师之名。根据美国《华盛顿邮报》"事实核实栏"(The Fact Checker)对"红线"说的核实,美国总统奥巴马在2012年8月的一份声明中首次提到了"红线",即"……我们所认定的红线是我们看到(阿萨德政权)开始转移或使用大量化学武器。一旦发生我会重新考虑。我会重新权衡"。(…that a red line for us is we start seeing a whole bunch of chemical weapons moving around or being utilized. That would change my calculus. That would change my equation.)(《华盛顿邮报》,9月6日)

---

① OGDEN C K, RICHARDS I A. The meaning of meaning: a study of the influence of language upon thought and of the science of symbolism [M]. New York: A Harvest Book, Harcourt, Brace &World, Inc, 1923/1989.
② RICHARDS I A. The philosophy of rhetoric [M]. New York: Oxford University Press, 1936: 96.
③ LAKOFF G, JOHNSEN M. Metaphors we live by [M]. Chicago: The University of Chicago Press, 1980: 3-5;束定芳.隐喻学研究[M].上海:上海外语教育出版社,2001: 29.

美国总统奥巴马的"红线"说原本可以成为美国对叙利亚动武的有力的出师之名，因为自叙利亚化武事件被披露以来，美方坚信该事件的确发生而且为阿萨德政权所为，这僭越了奥巴马一年前所设定的"红线"。然而，美国政府和奥巴马本人对究竟是"谁的红线"一直解释不清，甚至前后说法不一致，这就导致美国媒体在抛出"红线"说时前后不一，底气不足。比如，美国《外交政策》杂志在8月21日称这是"国际社会设定的红线"。今日俄罗斯频道在8月23日直言美方的"红线"说前后矛盾，矛头直指一年前提出"红线"概念的奥巴马，认为，将当时"他所划定的红线"变成了"国际社会所划定的红线"是为了获得向叙利亚动武的正当性而偷换概念。9月4日，今日俄罗斯频道又直接引用奥巴马对自己一年前提出的"红线"概念的重新诠释，奥巴马否定是"他自己设定了红线"，认为是世界人民设定了这一条红线。该频道最后还引用奥巴马的公信力之说："我的公信力没有遭受威胁。是国际社会的公信力正遭受威胁。是美国和美国国会的公信力正遭受威胁。"（My credibility is not on the line. The international community's credibility is on the line. And America's and Congress' credibility is on the line.）（今日俄罗斯频道，9月4日）言外之意，奥巴马不仅不承认自己说过的话，还公然狡辩，的确没有公信力。9月5日，美国《外交事务》杂志坦言，奥巴马在没有全盘考虑假如跨过红线是否，以及如何动武的情况下提出的"红线"说令自己陷入了困境，从而丧失了出师之名。

隐喻二："正当性（legitimacy）"

继"红线"说被俄方媒体攻破后，美方又另辟蹊径，寻求对叙利亚动武的正当性。事实上，美国政府在事件被披露之初就立即援引了联合国安理会外交官员的话，称奥巴马要求加强叙利亚武器核查小组权力的努力因俄罗斯和中国的反对而失败了。比如，美国《外交政策》在8月21日写道："只要俄罗斯和中国弱化安理会声明，叙利亚就不可能合作。"与此同时，美国媒体又强调之前反对介入叙利亚问题的美国国会鸽派在化武事件被披露后开始松口。这就意味着，叙利亚化武事件成为奥巴马赢得国内政党人士和公众支持介入叙利亚问题的关键点，而奥巴马政府暗示，试图通过联合国解决叙利亚核问题的努力，即美国介入叙利亚问题的正当性，正遭受联合国安理会另外两个常任理事国——俄罗斯和中国的干扰。对此，俄罗斯政府及其媒体给予了正面回应。比如，今日俄罗斯频道在8月21日援引美军参谋长联席会议主席马丁·邓普西在一封信中所说的话，直指"美国是否能从对叙利亚动武中获得利益才是其根本目的"。8月23日，该频道又直接援引奥巴马的讲话，证明美国希望获得联合国授权对叙利亚动武的最终目的是为了"美国的长期国家利益"。换句话说，即便美方试图通过联合国授权来获得对叙利亚动武的正当性，其真正目的也是获取美国在该地区的长远利益，而不是口头强调的"国际社会""世界人民"的利益。

G20峰会期间，原本希望在峰会上对叙利亚问题达成共识的奥巴马铩羽而归。《纽约时报》在9月7日称，奥巴马的优柔寡断和怕担责任是最终没能在G20峰会上胜过普京的关键因素。

相反，俄罗斯媒体在事件一经披露时就将其定性为"挑衅行为"，G20峰会更是成为俄罗斯政府及其媒体进而寻求并获得正当性的契机。G20峰会前夕，俄罗斯总统普京抛出了俄方在推动解决叙利亚问题上的"正当性"，即遵循国际法和联合国。G20峰会期间，普京积极推动叙利亚问题成为G20峰会主要议题，并获联合国秘书长首肯，即获"正当性"。与此同时，俄罗斯媒体继续驳斥奥巴马政府对叙利亚动武的正当性。比如，今日俄罗斯频道在9月4日援引华盛顿邮报－美国广播公司的民调结果，称"只有36%的参与调查的美国人表示支持美国的军事行动"。同一天，该频道还援引普京批评美国国务卿约翰·克里的话，认为他在周三对人权积极分子讲话时"撒了谎"，否认叙利亚军事斗争有基地武装分子参与，称对阿萨德总统进行军事打击不会助涨该地区恐怖分子的士气。G20峰会后，俄罗斯媒体又援引多位外国政要，比如"利比亚外长""美国前总统卡特""美国参议员军事委员会主席卡尔·莱文""日本前外相"等，称他们欢迎和支持俄罗斯所提出的解决叙利亚化学武器的议案。俄通社－塔斯社在9月15日发消息称："俄罗斯和美国就叙利亚问题达成共识，国际法依然有效"。至此，俄罗斯政府及其媒体继驳斥美方对叙利亚动武的正当性之后，又宣告了俄方在处理叙利亚化武事件上的"正当性"，即拥护国际法和联合国的胜利。

三、结论与讨论

本文以利益攸关方美国和俄罗斯就2013年8月发生在叙利亚大马士革郊区的化学武器袭击事件展开的媒介化协商为例，从媒体框架互动、信源和隐喻三个方面讨论了两国媒体如何围绕核心议题展开互动与对话，推动该事件最后以采纳俄方抛出的议案为框架签署协议而告终。通过上文的分析可以发现，在美俄两国媒体关于叙利亚化武事件的媒介化协商中，俄罗斯媒体更胜一筹。首先，俄罗斯媒体一开始就将此事件定义为"有偏见的地区媒体预先设计好的挑衅行为"，紧接着通过呈现一系列的论证元素，比如"俄罗斯外交部援引其消息来源称，一枚携带不明化学物质的自制火箭弹发射自反对派控制的区域"（今日俄罗斯，8月21日）、"最近的'挑衅'可能是反对派想以此获取联合国安理会的支持，破坏日内瓦叙利亚和平谈判"（今日俄罗斯，8月21日）等论证其做出的判断。其次，俄罗斯媒体在三个时间点呈现了层层递进的三个媒体框架：先将此事件定义为叙利亚反对派的挑衅行为；接着通过呈现俄罗斯总统普京在G20峰会期间将叙利亚问题纳入峰会议题，坚称拥护国际法和联合国，并获联合国秘书长首肯，表明俄方立场获得正当性；在日内瓦协议达成时，俄罗斯媒体一方面继续提供有力证据证明叙利亚反对派的挑衅行为，另一方面申明协议的签署是叙利亚的胜利，也是俄罗斯有效维护国际法和联合国的胜利。相反，美国媒体的三个媒体框架之间并不具有逻辑关联度，并未形成论证关系，而这正是美国政府和总统奥巴马在关键问题上所提供信息或观点的不一致所造成的。

在援引信源方面，相较于美国媒体的"自说自话"，俄罗斯媒体通过使用多元化信源，跳出了美俄对抗框架，立足国际视野，有效配合了俄罗斯政府在此事件上所坚持的拥护国际法和联合国的立场。与此同时，多元化信源的引用，尤其是不同信源之间的交叉印证，提升了俄罗斯媒体报道的公信力和说服力。比如，在论证此事件为叙利亚反对派所为时，今日俄罗斯频道在8月21日既援引了英国路透社的报道："华盛顿称没有独立证据证明在叙利亚境内使用了化学武器"，又直接援引了俄罗斯外交部的消息，称"一枚携带不明化学物质的自制火箭弹发射自反对派控制的区域"。更值得一提的是，俄罗斯媒体还就核心议题连续引用不同信源，进行层层递进的论证。比如，对于一开始抛出的"挑衅行为"定性，俄罗斯媒体相继援引俄罗斯政府官员对"挑衅行为"的定性（今日俄罗斯，8月21日；8月22日；8月23日），直至G20峰会期间，俄罗斯总统普京直称此事件为"一场为了引发外国势力对叙利亚袭击的由反对派策划的'挑衅行为'"（今日俄罗斯，9月6日）。

综观美俄两国媒体就该事件进行的媒介化协商，"红线"与"正当性"两个核心隐喻贯穿了两国媒体对此事件报道的整个过程，构成了媒介化协商的支点。美国政府和美国总统奥巴马在谁的"红线"问题上的模棱两可直接导致了美国媒体对"红线"说的解释前后不一致，甚至自相矛盾，这被俄罗斯媒体一眼识破，使得美国在一开始就丧失了出师之名，进而在后续的媒介化协商中缺少了主动出击的关键信息资源。俄罗斯媒体在相继驳斥美方的"红线"说和"正当性"诉求后，论证了俄方拥护国际法和联合国的正当性，而俄方最先抛出的体现国际法精神的日内瓦协议议案最终成了"保释"奥巴马的救星，并促使两国回到谈判桌，以面对面协商方式就叙利亚销毁化学武器达成协议。

尽管不同的政治体制及其媒体性质是导致美俄两国政府与媒体在这一争端事件上不同表现的主要原因之一，就像伯纳德·科恩（Bernard C.Cohen）所说：美国政治权力的分散，导致媒体需要服务于不同的政治目的[①]，美国政府和美国媒体在核心隐喻解释、事件定性问题上的前后不一、底气不足，正是美国国内政治权力制衡的媒介化体现。但是，诚如美国新闻史学者米切尔·斯蒂芬斯（Mitchell Stephens）所言：政府就是表演，新闻是表演的舞

---

① COHEN B C. The press and foreign policy [M]. New Jersey: Princeton University Press, 1963: 16.

台，政府的态度直接影响了媒体的报道逻辑[①]。在涉及国家利益的国际争端中，媒体都会成为国家利益的维护者，以"参与者"（participant）的身份介入国家对外政策的发布与推广，国家利益的倡导与辩护[②]，媒体所呈现的报道框架很大程度上就是各自政府及其官方代表对此议题态度的写照。在美俄媒体围绕叙利亚化武事件的媒介化协商中，官方信源构成了两国媒体对话的主要信息资源，不同的是，美国媒体倾向于"自说自话"，反复引用"美政府官员""奥巴马""美民主党议员""美军""美共和党议员"等美方的观点，而俄罗斯媒体则是交叉引用美方和俄方信源，在批驳美方观点的同时进一步论证己方观点。可以说，俄罗斯政府对此事件的定性与态度和美国政府在诸多议题上的闪烁其词、前后矛盾直接导致了美国媒体在与俄罗斯媒体的话语对抗中处于下风，进而奠定了解决该争端的舆论基调，推动该事件最后以俄罗斯提出的日内瓦协议提案为框架达成协议。

　　本文尝试用框架分析法来解读美俄两国媒体围绕叙利亚化武事件展开的媒介化协商，框架互动分析呈现了两国媒体就三个核心议题展开的对话概貌，而透过框架分析元素——信源和隐喻两个维度的分析，可以发现，在涉及国家利益的国际争端事件媒介化协商中，利益攸关方政府及其媒体围绕核心隐喻的对话、讨论甚至辩论，构成了媒介化协商的支点，并贯穿于媒介化协商的整个过程；引用多元化信源不仅可以增强己方观点的公信力与说服力，还可以在多方观点的交叉论证中进一步批驳对方、论证己方言论。本文从媒体框架互动、信源和隐喻三个方面对美俄媒体就叙利亚化武事件展开的媒介化协商的个案研究，是从方法论层面对媒体外交在解决国际争端中具体应用的初步讨论。在后续的研究中，可以采用量化方法细化对信源一致性和可信度的测量，进一步论证信源对媒介化协商效果的影响，也可以尝试将其应用于我国目前所面临的海洋权益争端的媒体策略讨论中。

[①] 斯蒂芬斯.新闻的历史：第三版［M］.陈继静，译.北京：北京大学出版社，2014：40.
[②] COHEN B C. The press and foreign policy［M］. New Jersey：Princeton University Press，1963.

对话与对抗*
——媒体外交视野下的"南海仲裁案"

2016年7月12日,海牙仲裁庭公布了关于菲律宾提起的"南海仲裁案"的实体问题裁决,接受了菲律宾15项仲裁请求中的14项,一时舆论哗然,中国政府立即申明"不接受、不承认"裁决结果。[①] 自2013年菲律宾阿基诺三世政府单方面向海牙仲裁庭提起仲裁以来,"南海问题"一直是国际舆论关注的焦点。作为"重返亚洲"的美国和近年来与中国在钓鱼岛及其附属岛屿问题上存有争议的日本更是保持高度关注。立足外交实践,对话与协商向来是解决关涉国家利益的争端议题的常用外交手段。然而,当国与国之间对争端议题存在根本性分歧而暂时无法回到谈判桌前时,通过各自媒体阐明立场,为解决争端议题做好国际舆论铺垫,即开展媒体外交,成为影响争端事件发展的主要传播策略。本文主要探讨中国和菲律宾两国主要英文媒体就"南海仲裁案"展开的媒体外交。

一、媒体外交:争端议题协商中的传播策略

1983年,学者约提卡·拉玛普拉萨(Jyotika Ramaprasad)试图给媒体

---

* 文章原载于《太平洋学报》2017年第4期,收入本书时,略有删改。
① 新华社.中华人民共和国外交部关于应菲律宾共和国请求建立的南海仲裁案仲裁庭所作裁决的声明[EB/OL].(2016-07-12)[2017-01-01]. http://news.xinhuanet.com/world/2016-07-12/c_1119207717.htm.

外交（media diplomacy）下一个定义，但因其认为媒体外交是"一种没有清晰边界或特征的模糊现象，并不适用于特定的定义"①而未能实现。笔者曾撰文梳理了国内外媒体外交研究的发展脉络，发现国外媒体外交研究聚焦于政府、媒体、公众与外交决策四大要素之间的关系与互动，并由此形成了解读媒体外交的三个维度，即：媒体作为信息来源（尤指新闻媒体），为公众和外交决策提供信息；媒体作为联络渠道，在政府、公众与外交决策之间架起沟通桥梁；媒体作为媒介渠道，呈现外交议程、影响公众意见。相较而言，国内学者强调了作为媒介渠道的媒体呈现外交议程、影响公众意见和塑造国家形象的作用。在此基础上，笔者立足传播学视角，为媒体外交下了一个操作性定义，即"媒体外交指国家政府及其代表、媒体机构及其他行为主体通过国内外媒体，包括基于互联网技术的社交媒体平台，以发布官方权威信息、就争议性问题进行对话和讨论、组织联合采访报道和国际性活动等形式，影响国际公众，进而影响外交决策，推动争议问题解决，彰显国家形象和国家品牌。"②

实际上，媒体外交正是"一战"以来现代社会媒介化在外交领域的反映。"一战"以前，外交主要以秘密外交形式存在，由各国训练有素的外交人员通过面对面的"沟通"来实现。据称，在16世纪，一位来自哈布斯堡的外交官通常需要舟车劳顿4个月抵达莫斯科进行外交谈判。③"一战"后，世人对秘密外交的深恶痛绝，加之大众传播技术，特别是跨国信息传播技术的发展，实现了信息的远距离传播，外交日益公开化。"二战"后，伴随着民主国家的建立，公众意见崛起，大众媒体成为公众获取政府信息，进而通过意见表达，影响政府决策的重要途径。而对于距离公众日常生活较远的外交事务，大众媒体更是主要信息来源，成为公众脑海中"世界图景""国家形象"的主要塑

---

① RAMAPRASAD J. Media diplomacy: in search of a definition [J]. Gazette, 1983, 31 (1): 69–78.
② 陆佳怡. 媒体外交：一种传播学视角的解读 [J]. 国际新闻界, 2015, 37 (4): 92–105.
③ JÖNSSON J, HALL M. The essence of diplomacy [M]. New York: Palgrave Macmillan, 2005: 90–91.

造者，大众媒体日益卷入并影响外交进程。

在外交舞台，无论何种外交方式，最终服务于国家利益，诚如国际关系现实主义大师汉斯·摩根索（Hans J.Morgenthau）所言："利益的观念确实是政治的实质，不受时间和空间的环境的影响。"[1] 国家利益主导着主权国家之间的外交活动，维护国家利益成为各国开展外交活动，维持正常关系的基础与准则；而各国因政体、社会制度等差异引发的矛盾或冲突则是影响国与国之间正常关系，导致国际争端的主要根源。通常情况下，解决国际争端的最直接、最正常的方式是面对面的谈判或协商；[2] 然而，当争端诸方因对争端问题本质存在根本性矛盾而无法回到谈判桌前，作为第三方的调停人的介入就十分必要，20世纪70年代，亨利·基辛格（Henry Kissinger）在中东地区进行的穿梭外交便是经典案例之一。诚如上文所述，伴随着大众媒体在协调政府、公众与外交决策三者关系中中介作用的凸显，大众媒体逐渐扮演起调停人角色：一旦争端发生，争端各方通过本国或其他国际性媒体向国际公共领域投射声音，一方面影响国际公众对争端议题的态度，营造有利于己方的国际舆论环境；另一方面通过媒体报道来测试其他诸方的反应，探测底线，据此进行政策调整，影响争端问题的发展走向与解决。这种基于大众媒体报道的"媒介化类互动"[3]，即通过媒体报道展开对话和讨论，影响国际公众，进而影响外交决策的媒体外交成为影响争端问题发展的重要传播策略。

当前，中国崛起已是一个事实。随着中国日益卷入国际社会，中国与外部世界的矛盾与冲突也逐渐增多，近期中国与周边国家之间的海洋权益争端就是最明显的表现。海洋权益争端归根结底就是"国家安全""主权独立"，即国家利益之争，这就是为什么"南海问题"及"南海仲裁案"受到了中国政府和菲律宾政府的高度关注。实际上，自2013年菲律宾阿基诺三世政府单方面向海牙仲裁庭提起仲裁以来，中国与菲律宾两国之间的外交对话几乎终止，在此背景下，经由各自媒体进行信息发布、观点互动，成为双方互相测

---

[1] 摩根索.国家间政治：权力斗争与和平：第7版[M].北京：北京大学出版社，2006：34.
[2] 金正昆.外交学：第3版[M].北京：中国人民大学出版社，2016：135.
[3] 马杰伟，张潇潇.媒体现代：传播学与社会学的对话[M].上海：复旦大学出版社，2011.

试、探底，从而评估和判断"南海问题"后续走向的重要途径。鉴于此，本文以中国和菲律宾两国的主要英文媒体就 2016 年 7 月 12 日海牙仲裁庭对菲律宾提起的"南海仲裁案"的实体问题裁决展开的媒体报道为例，探讨并分析两国围绕此争端议题展开的媒体外交，及其背后所隐藏的对此议题和"南海问题"的态度。

二、中菲媒体框架对抗中的"南海仲裁案"

为了探讨中国和菲律宾就"南海仲裁案"释放了哪些信息，并将"南海问题"引向何种发展方向，本文以中国第一大英文媒体《中国日报》（*China Daily*）（156 篇）和菲律宾最具影响力的英文报纸《菲律宾每日询问者报》（*Philippine Daily Inquirer*）[①]（108 篇）为研究对象，分析中菲主要英文媒体向国际公共领域所投射的媒体框架。笔者利用 LexisNexis 数据库，输入关键词"南海仲裁"（the South China Sea arbitration），在 2016 年 7 月 1 日至 23 日期间共获得 264 篇报道样本。[②]

由图 1 可见，以 7 月 12 日"南海仲裁案"裁决公布日为界线，在此之前，《中国日报》围绕该议题进行了一定的报道（62 篇），进行舆论铺垫，而《菲律宾每日询问者报》的报道很少（9 篇）。《菲律宾每日询问者报》在 7 月 12 日裁决公布当天的报道量达到了峰值，而《中国日报》的报道量峰值相对滞后。出现这一特征的主要原因在于，《菲律宾每日询问者报》主要以新闻的形式来报道仲裁获胜的消息，并将仲裁结果以背景信息的方式反复提及，而《中国日报》几乎没有提及仲裁结果内容，主要是针对裁决连续发表社论与评论，因此在时效性上相对滞后。

[①] 据该报网站称，《菲律宾每日询问者报》是菲律宾最具公信力和影响力的报纸，每天全国读者量超过 270 万，占据全国 50% 以上的市场份额。

[②] 本文写作完成于 2016 年 8 月初，论文提交编辑部的时间是 2016 年 8 月 9 日。海牙仲裁庭公布关于菲律宾提起的"南海仲裁案"的实体问题裁决是在 2016 年 7 月 12 日，当时出于对这一具有时效性议题的兴趣，同时又能在很短的时间内完成对新闻报道样本的搜集与分析工作，因此采用了便利抽样的方法，以 7 月 12 日为中心，分别往前和往后延长 11 天。

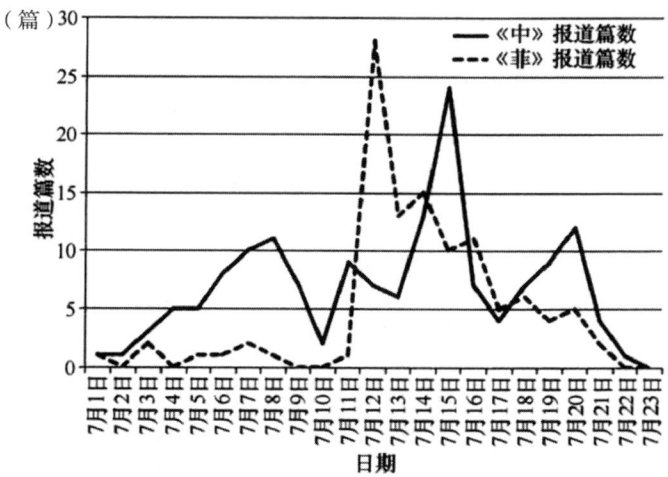

图1 《中国日报》与《菲律宾每日询问者报》的报道趋势

为了深入挖掘两家媒体报道样本背后所蕴含的深层含义，本文接下来采用框架分析法进行分析与解读。

框架（frame）概念最初由美国社会学家欧文·戈夫曼（Erving Goffman）在1974年提出，戈夫曼认为，框架是人们认识与解释社会生活的一种认知结构。① 此后，框架概念被很多学者采用，比如，有学者用来研究政治框架如何产生，② 有学者用来研究新闻报道如何阐释框架，③ 还有学者用来讨论政治话语中框架的主要效果。④ 其中，威廉·甘姆森（William Gamson）和安德烈·莫迪格利亚尼（Andre Modigliani）认为，框架是指媒介话语的内在结构和让受众知晓事件的核心思想，并采用了媒体话语包裹（media discourse packages）

---

① ENTMAN G. Frame analysis: an essay on the organization of experience [M]. New York: Harper &Row, 1974.
② GAYE T. Making news: a study in the construction of reality [M]. New York: Free Press, 1978; TODD G. The whole world is wauching: mass media in the making and unmaking of the new left [M]. Berkeley: University of California Press, 1980.
③ PAN Z D, GERALD K. Framing analysis: an approach to news discourse [J]. Political communication, 1993, 10（1）: 55–75.
④ DONALD K, LYNN S. Mimicking political debate with survey questions: the case of white opinion on affirmative action for blacks [J]. Social cognition, 1990, 8（1）: 73–103; MAXWELL E M, DONALD L S, DAVID H W. Communication and democracy: exploring the intellectual frontiers in agenda-setting theory [M]. Mahwah, New Jersey: Lawrence Erlbaum, 1997.

方法来研究 1945 年至 20 世纪 80 年代电视新闻、新闻杂志、社论漫画和辛迪加专栏在报道核电时所采用的媒体框架。① 本文采用甘姆森和莫迪格利亚尼的媒体话语包裹方法，从"主题""引用""范例"和"描述"四个维度勾勒《中国日报》和《菲律宾每日询问者报》所呈现的"南海仲裁案"。

（一）"双边协商"与"多边外交"

自 2013 年以来，中菲两国在"南海问题"上几乎终止外交对话的主要原因之一，就是双方对于问题本质的认识存在根本性差异（见表 1）。中方坚持认为，"南海问题"是双边问题，需要通过"双边协商"来解决，正如南非评论员香农·易卜拉欣（Shannon Ebrahim）所言："中国坚持与菲律宾一起通过双边协商来解决南海争端"（《中国日报》，7 月 3 日）。中国官方也多次强调这一立场。比如，习近平主席曾对南海问题表态：中国愿意与中国南海的沿岸国家一起合作，设法通过协商与磋商，以对话机制和平解决争端。（《中国日报》，7 月 6 日）。李克强总理在 2016 年 7 月举行的亚欧峰会非正式会谈上指出："中国南海问题从一开始就不是多边磋商议题。"（《中国日报》，7 月 17 日）

相反，菲律宾政府在"南海问题"上一直坚持"多边外交"立场，正如菲律宾国防学院安全专家和教授卡百莎（Chester Cabalza）所认为的，新政府应该进行多边外交（multiple diplomacy），称"总统必须做一些事情来强调其领导权。而现在正是我们转变为一个地区大国的最佳时机。尽管我们军事实力还不够强，但我们拥有强大的外交和经济"（《菲律宾每日询问者报》，7 月 12 日）。而就在"南海仲裁案"裁决公布之前刚上任的菲律宾新总统罗德里戈·杜特尔特（Rodrigo Duterte）也站在多边外交立场，把裁决视为维护本国及美国利益的重要途径。他称，如果政府开启与中方的双边协商，必须考虑菲律宾盟友的利益，尤其指出："我们不想得罪美国。为什么？因为我们与西

---

① WILLIA A G, ANDRE M. Media discourse and public opinion on nuclear power: a constructionist approach [J]. American journal of sociology, 1989, 95（1）: 1-37.

方大国是盟友"(《菲律宾每日询问者报》,7月15日)。

表1 《中国日报》与《菲律宾每日询问者报》对"南海仲裁案"的媒体框架(一)

	《中国日报》	《菲律宾每日询问者报》
主题	双边协商	多边外交
引用	中国政府官员、外国专家学者、政协委员等	菲律宾政府官员、杜特尔特、阿基诺三世等
范例	南海问题不属于多边磋商范畴	尽管军事实力还不够强,但拥有强大的外交和经济
描述	"双边协商是中国政府对于南海问题的一贯立场"	"新政府应该实行多边外交,因为这是菲律宾转变为地区大国的最佳时机"

(二)"不合法"与"约束力"

关于7月12日的裁决,《中国日报》和《菲律宾每日询问者报》呈现了完全不同的报道框架(见表2)。在裁决公布之前,《中国日报》就直指海牙仲裁庭的合法性问题,该报评论称:"仲裁庭扩大了对管辖范围的解释,歪曲了《联合国海洋法公约》的内容",而且"菲律宾最开始单方面向海牙仲裁庭提出仲裁就违反了很多法律法规"(《中国日报》,7月7日)。裁决公布后,该报继续援引专家学者的评论,比如,"一名在国际法院担任过两届法官的塞拉利昂法官阿卜杜勒·科罗马(Abdul Gadire Koroma)说:仲裁庭无权决定涉及领土主权的问题"(《中国日报》,7月12日)。

在批驳海牙仲裁庭管辖和程序不合法的基础上,《中国日报》进而援引联合国和国际法院,澄清了海牙仲裁庭与联合国、国际法院之间的关系。"联合国秘书长发言人称:联合国与2013年接受菲律宾单方面仲裁请求的仲裁庭没有关系"(《中国日报》,7月14日)。"作为联合国主要法律机构的国际法院在网站上澄清了其与仲裁庭之间的关系,是'截然不同的两个机构'(a totally distinct institution），并且没有参与此次仲裁"（《中国日报》，7月16日）。

表2 《中国日报》与《菲律宾每日询问者报》对"南海仲裁案"的媒体框架（二）

主题	《中国日报》 不合法	《菲律宾每日询问者报》 约束力
引用	专家学者、海外华人、联合国、国际法院、中国政府官员等	菲律宾政府官员、美国政府官员、菲律宾社会组织等
范例	管辖不合法、程序不合法 仲裁庭与联合国无关 仲裁庭与国际法院是截然不同的两个机构	仲裁庭不是一个联合国机构 "联合国法庭""联合国支持的法庭"这样的说法具有误导性、不正确
描述	"仲裁从一开始就是非法、无效的" "空纸一文"	"最终的和有约束力的" "相当明确和权威的"

相较于《中国日报》援引多重权威性信源论证"南海仲裁案"的不合法性，在裁决公布后，《菲律宾每日询问者报》更多的是在渲染"胜利"（victory）、"赢"（win）、"庆祝"（celebrate）等情绪，而对于裁决是否合法，几乎没有讨论，只是援引了菲律宾政府官员和美国政府官员，强调裁决的约束力（binding）。比如，7月12日，该报援引菲律宾最高法院陪审法官、菲律宾仲裁法律团队首长贾德里萨（Francis Jardeleza）所言称，裁决是"最终的和有约束力的"（final and binding），并强调"这为新总统杜特尔特政府推动与中国南海争端其他声索国的政治与外交谈判创造了有利条件"。7月14日，该报又援引美国助理国务卿科林·威利特（Colin Willett）言论称，海牙仲裁庭的裁决是"相当明确和权威的"。然而，7月18日，该报针对国际舆论对仲裁合法性的种种发难，专辟报道介绍海牙仲裁庭，在提出若干假想之后，称："但实际上，仲裁庭不是一个联合国机构，诸如'联合国法庭''联合国支持的法庭'这样的说法具有误导性、不正确。"

（三）"新兴大国"与"守成大国"

表3 《中国日报》与《菲律宾每日询问者报》对"南海仲裁案"的媒体框架（三）

	《中国日报》	《菲律宾每日询问者报》
主题	新兴大国与守成大国	新兴大国与守成大国
引用	专家学者、中国政府官员等	菲律宾社会组织、杜特尔特、阿基诺三世、菲律宾民众等
范例	中国、美国、日本	中国、美国、日本
描述	"遏制一个有可能挑战美国全球霸权的新兴大国" "日本的根本目的在于借助南海仲裁，希冀在'钓鱼岛'等问题上采取同样的措施，提出类似的诉求"	"这是中美权力游戏加剧的开始" "日本、美国与菲律宾联合巡逻中国南海" "应对作为地区稳定最大威胁的中国的迅速崛起"

事实上，综观《中国日报》和《菲律宾每日询问者报》对"南海仲裁案"的报道，可以发现，"双边协商"与"多边外交"之争，"不合法"与"约束力"之争都可以纳入"新兴大国"与"守成大国"之争范畴。7月15日，《中国日报》发表了中美关系专家时殷弘的署名评论，指出"'南海仲裁案'提醒我们，需要避免陷入新兴大国陷阱"。这里的新兴大国陷阱，其实质就是"修昔底德陷阱"①。这一论断直指"南海仲裁案"及"南海问题"的本质，中菲冲突的背后其实就是新兴大国中国与守成大国美国和日本之间的较量。

1. 中国与美国

自2009年美国奥巴马政府推出"重返亚太"战略之后，美国不断加深对

---

① 这是由美国政治学家格雷厄姆·艾利森（Graham T. Allison）提出的概念，是指一个新崛起的大国必然要挑战现存大国，而现存大国也必然回应这种威胁，这样战争变得不可避免。这一概念来自修昔底德的名言"使战争不可避免的真正原因是雅典势力的增长和因而引起斯巴达的恐惧"（What made war inevitable was the growth of Athenian power and the fear which this caused in Sparta）。

"南海问题"的介入，南海问题的性质由此发生重大变化，即"由最初中国同周边国家关于岛屿归属和相关利益的争端，正在演化成中美之间的战略竞争，而且日益成为中美战略竞争和战略博弈的一个焦点"①。7月12日裁决公布当天，《中国日报》称："事实上，早在裁决出台之前，美国及其一些盟国已经将周二视为胜利的一天，他们认为菲律宾单方面提起的针对中国的南海仲裁会获胜，由华盛顿导演的闹剧会达到预期的高潮。"由此可见，这是一场以美国为代表的西方大国合演的闹剧。美国此举用意何在？一种解释如香农·易卜拉欣所言："遏制一个有可能挑战美国全球霸权的新兴大国"（《中国日报》，7月3日），另一种解释是："奥巴马政府转移世界对混乱的中东注意力的一种策略"（《中国日报》，7月6日）。

实际上，仔细阅读《菲律宾每日询问者报》对"南海仲裁案"的报道，可以时时发现其盟友、守成大国美国的影子。比如，在裁决公布的7月12日，该报直指，"这是中美权力游戏加剧的开始"，直接将中菲冲突置于中美战略对抗语境之下。7月13日，"南海仲裁案"的"总设计师"（the chief architect）菲律宾前总统阿基诺三世更是直言：此次仲裁案不仅是菲律宾一国的胜利，而是所有人的胜利（a victory for all），因为"这个裁定对其他国家具有很好的参考意义"，并强调"只要有主张和观点的冲突，合作就无法存在"（Where there is conflict over claims and opinions, cooperation cannot exist）。紧接着，刚上任的菲律宾新总统杜特尔特也直言不想得罪美国，要考虑美国等西方大国的利益（《菲律宾每日询问者报》，7月15日）。7月20日，《菲律宾每日询问者报》更是认为，此次仲裁开启了中国与东盟、中美关系的"新剧本"（a new playbook）。

除了以上直截了当主张美国等西方大国利益的言论，作为守成大国利益执行者的菲律宾还采用了美国政府及其媒体惯用的传播技巧，将信息包装于"人权问题""环境问题"等议题下，质疑中国政府在南海进行的开发行为。

---

① 倪峰.美国的南海政策与当前的中美关系[J].太平洋学报，2016，24（7）：16–19，61.

2. 中国与日本

日本作为另一守成大国的代表，其与中国在钓鱼岛及其附属岛屿问题上的争议决定其势必对"南海仲裁案"及其结果持高度关注。《中国日报》在 7 月 6 日发表评论，称日本的根本目的在于借助南海仲裁，希冀在"钓鱼岛"等问题上采取同样的措施，提出类似的诉求。就在裁决公布的第二天，《中国日报》刊登了题为《日本试图故伎重演》（*Japan trying old tricks to target China*）的署名评论，称日本在担任为期一个月的联合国安理会轮值主席国的第一天就试图将南海问题国际化，将其纳入议程。7 月 15 日，《中国日报》援引称，就在日本政府紧逼中国政府遵守裁决的同时，开始提出对争议岛礁冲之鸟礁（Okinotori）的专属经济区权利。日本将"南海问题"国际化的真正目的暴露无遗，"南海仲裁案"裁决为其提供了索要争议岛屿权利的范例。

事实上，日本也是菲律宾政府的盟友之一，阿基诺三世所言的"所有人的胜利"，也包括日本在内。以此相交换，日本、美国与菲律宾联合巡逻南中国海（《菲律宾每日询问者报》，7 月 14 日）。日本安倍晋三政府重新解释《和平宪法》第 9 条（放弃发动战争的权利），修订安全法，允许向地区内的合作伙伴出口武器技术，增强其盟友的防卫能力，所有这些都旨在"应对作为地区稳定最大威胁的中国的迅速崛起"（《菲律宾每日询问者报》，7 月 17 日）。

基于以上对《中国日报》和《菲律宾每日询问者报》对"南海仲裁案"的媒体框架分析可以发现，中国和菲律宾围绕该议题和"南海问题"的争议，归根结底可以归结为新兴大国中国与守成大国美国和日本之间的较量。事实上，中菲两国通过其主要英文媒体的报道而展开的媒体外交的背后，所隐含的是中国与菲律宾在"南海问题"上的"对话"与"对抗"态度。

尽管中国官方在 7 月 12 日仲裁裁决公布之前和之后，一直重申"不接受、不承认"的立场，立场强硬，但是透过《中国日报》对"南海仲裁案"的报道可以看出，其更多地体现出了"对话"态度，这与中方坚持的"双边协商"立场相一致。比如，《中国日报》在 7 月 1 日报道习近平主席向新上任的菲律宾总统杜特尔特发去贺电，并称："中国和菲律宾是近邻，两国已有 1000 多年的友好传统。这一方向是正确的，应该坚持"，并"希望通过与菲律宾政府一起努力提升关系，面对重要的发展机遇"。该报还多次援引中国政府官员、专家学者和菲律宾前总统菲德尔·拉莫斯（Fidel Ramos）的言论，希望双方重回谈判桌。即便是在质疑海牙仲裁庭合法性的过程中，相较于《菲律宾每日询问者报》援引在中国驻菲律宾大使馆门前抗议的激进分子团体领袖，《中国日报》通过援引一位身在荷兰即将拿到法律博士学位的中国留学生，称一群从事国际法的中国学者正计划以公开信的形式质疑海牙仲裁庭的管辖和程序合法性，以及任何不公的裁决。这位中国留学生认为这么做的目的在于："作为国际法学者，应该肩负起让公众知道真相的责任"（《中国日报》，7月11日）。

相比之下，菲律宾作为守成大国美国和日本利益的执行者，不仅在明知海牙仲裁庭不是一个联合国机构的前提下，通过其主要英文媒体的报道，多次强调"联合国站在我们这一边"（UN is our side）（《菲律宾每日询问者报》，7月12日），混淆视听，掩盖海牙仲裁庭及其裁决的实质，还将信息包装于"人权问题""环境问题"等议题下，争取国际社会的支持。值得一提的是，透过《菲律宾每日询问者报》的报道可以发现，上至菲律宾前总统，下至民间激进分子团体，他们都倾向于将此次仲裁裁决视为面对强大中国的一次具有极大意义的外交胜利，对周边与中国有领土争议的国家具有借鉴意义。尤其是7月21日，菲律宾外长佩费克托·亚赛（Perfecto Yasay）在接受菲律宾电视台ABS-CBN采访时称，当他与中国外长王毅在亚欧峰会上见面时，"因为中方漠视7月12日的裁决而拒绝了中方提出的重启双边协商的建议"（《中国日报》，7月21日）。对抗态度溢于言表。

三、结论与讨论

美国新闻史学者米切尔·斯蒂芬斯（Mitchell Stephens）曾言：政府就是表演，新闻是表演的舞台，政府的态度直接影响了媒体的报道逻辑。① 尽

---

① 斯蒂芬斯.新闻的历史：第三版[M].陈继静,译.北京：北京大学出版社,2014.

管不同的政治体制、媒体性质,以及政府与媒体间的不同关系是影响国际争端议题报道中利益攸关诸方媒体表现各异的主要原因之一,然而,只要国际争端议题涉及国家利益,媒体都会成为国家利益的维护者,以"参与者"(participant)的身份介入国家对外政策的发布与推广,倡导并维护国家利益,①媒体所呈现的报道框架很大程度上就是各自政府及其官方代表对此议题态度的媒介化呈现。

自2009年美国奥巴马政府推出"重返亚太"战略以来,美国政府及其代表曾在不同场合,以不同方式申明其在"南海问题"上的态度。比如,2010年7月,时任美国国务卿希拉里在东盟地区论坛上表示关注"南海问题",并高调宣布美国在南海地区"拥有国家利益",由此推动"南海问题"的多边化与国际化。②紧接着,在2012年和2014年,美国国务院先后发布有关"南海问题"的政策声明与研究报告,在明确否定中国南海"断续线"主张的基础上,强调"美国在维护南海地区的和平与稳定、尊重国际法、航行自由及不受阻碍的合法商业活动方面拥有国家利益"③。与此同时,美国外交智库机构——美国对外关系委员会(Council on Foreign Relations,简称CFR)预防行动中心(center for preventive action)更是逐年调高"南海问题"对美国国家利益的影响级别,在最新的分级列表中,中国的"南海问题"和"东海问题"已与"阿富汗塔利班""叙利亚内战""朝鲜危机""伊拉克危机"和"利比亚内战"同被列为最高级别,对美国国家利益产生"严重影响"(critical impact)。④

相较于美国政府在"南海问题"上对国家利益的直接声索,日本政府则是希望挑动南海局势,提升国际社会对"南海问题"的关注度,从而刺激包

---

① BERNARD C C. The press and foreign policy [M]. Princeton: Princeton University Press, 1963.
② 杨伯江,刘华. 日本强化介入南海:战略动机、政策路径与制约因素[J]. 太平洋学报,2016,24(7):20-25,62;韦宗友. 解读奥巴马政府的南海政策[J]. 太平洋学报,2016,24(2):27-37.
③ 韦宗友. 解读奥巴马政府的南海政策[J]. 太平洋学报,2016,24(2):27-37.
④ Council on Foreign Relations. Global conflict tracker [EB/OL]. (2017) [2017-04-15]. http://www.cfr.org/global/global-conflict-tracker/p32137#!/.

括"钓鱼岛问题"在内的中国与周边国家的海洋权益争端成为长期热点。自 2010 年中日"钓鱼岛撞船事件"、2012 年日本政府通过钓鱼岛"国有化"方针之后,中日关系陷入空前低谷,中日外交对话几乎中止。"南海问题"的升温,尤其是"南海仲裁案"的出炉,令日本政府既找到了解决"钓鱼岛问题"可参照的范例,又可以此牵制和消耗中国战略资源,拉近日本与东盟国家的关系,强化其在亚太地区的影响力。

因此,从国家利益角度出发,"南海问题"实际上成了三方,即直接利益声索国菲律宾、菲律宾的军事同盟美国,以及希冀寻求应对"钓鱼岛"等问题范例和争夺地区影响力的日本在亚太地区的利益诉求共同点,而"南海仲裁案"是突破口。事实上,自 2013 年菲律宾阿基诺三世政府单方面向海牙仲裁庭提起南海仲裁起,从起草文件到法庭辩论,都是由位于美国华盛顿的福利·霍格律师事务所(Foley Hoag LLP)代理,① 美国官方也毫不避讳这一做法。② 由此不难解释菲律宾主要英文媒体《菲律宾每日询问者报》在不断重复仲裁获胜消息、倡导多边外交途径,彰显菲律宾国家利益的同时,还时时搬出作为其可倚仗力量的美国和日本。对于其军事同盟国美国,该报不仅将中菲在"南海问题"上的冲突置于中美战略对抗语境之下,将不是东亚国家、更不是南海争端直接当事方的美国纳入媒体报道框架,作为背景信息反复提及,使其利益诉求正当化,还采用了美国政府惯用的媒体传播策略,将报道内容置于"人权问题""环境问题"等主题之下,以期博得国际社会的同情与认同。对于日本,《菲律宾每日询问者报》多次强调"南海仲裁案"的借鉴意义,这与日本政府的利益诉求相符。

本文尝试从媒体外交视角考察中国和菲律宾两国主要英文媒体围绕"南海仲裁案"展开的媒体话语交锋,分析两国通过其媒体向国际社会传递的信息,发现"双边协商"与"多边外交"之争,"不合法"与"约束力"之争,

---

① The Guardian. Beijing rejects tribunal's ruling in south China sea case [EB/OL].(2016-07-12)[2017-01-25]. https://www.theguardian.com/world/2016/jul/12/philippines-wins-south-china-sea-case-against-china.

② 李金明. 南海仲裁案:美菲联手打舆论战 [J].太平洋学报,2016,24(3):21-28.

以及"新兴大国"与"守成大国"之较量是两国媒体话语互动与交锋所呈现的核心内容，而媒体话语背后所隐藏的正是"南海仲裁案"的直接当事方中国与菲律宾及其利益同盟国美国和日本在"南海问题"上的"对话"与"对抗"态度。本文抓住了涉及中菲两国国家利益的"南海仲裁案"的特殊外交语境，即自2013年菲律宾阿基诺三世政府提起南海仲裁以来，中菲两国外交对话几乎终止，以及在此语境下大众媒体在协调政府、公众与外交决策三者关系中的调停人角色。本文以中菲两国主要英文媒体向国际公共领域呈现的媒体框架为切入口，分析利益诸方对该仲裁案以及"南海问题"的态度，以此作为评估和判断"南海问题"后续走向与采取应对之策的传播策略参考。

媒体外交视野下的"南海仲裁案"*
——以中菲美日媒体的报道为例

自2016年7月12日海牙仲裁庭公布关于菲律宾提起的"南海仲裁案"的实体问题裁决以来,有关仲裁案的相关报道吸引了世人的眼球。本文力图从媒体外交视角来分析中国、菲律宾、美国和日本的主要英文媒体对"南海仲裁案"的报道,解读其背后隐藏的关于"南海仲裁案"及"南海问题"的态度,作为评估和判断"南海问题"后续走向与采取应对之策的参考。更为重要的是,本文试图统合理解菲律宾、美国和日本围绕"南海仲裁案"展开的媒体外交,分析三者之间所暗合的互动、互补的整体性媒体外交策略。

一、媒体外交:争端议题协商中的传播策略

笔者曾在《媒体外交:一种传播学视角的解读》一文中对媒体外交下了一个操作性定义,即:"媒体外交指国家政府及其代表、媒体机构及其他行为主体通过国内外媒体,包括基于互联网技术的社交媒体平台,以发布官方权威信息、就争议性问题进行对话和讨论、组织联合采访报道和国际性活动等形式,影响国际公众,进而影响外交决策,推动争议问题解决,彰显国家形象和国家品牌。"① 究其实质,媒体外交是一战以来现代社会的媒介化在外交领

---

* 文章原载于《对外传播》2016年第11期,与张子晗合作,收入本书时,略有删改。
① 陆佳怡.媒体外交:一种传播学视角的解读[J].国际新闻界,2015,37(4):92-105.

域的反映,所要解决的是民主制度语境下政府、公众、对外政策与大众媒体四者之间的关系。

诚如曼纽尔·卡斯特尔(Manuel Castells)所言:正如民族国家体系中国家与社会之间"用于传递信息和观点"的公共领域,国际公共领域汇集了不同民族国家背景的多样化声音、价值观,以及冲突性利益①。在常态语境下,对话与协商是解决因冲突性利益而引起的争端议题的常用外交手段。然而,当国与国之间对争端议题存在根本性分歧而暂时无法回到谈判桌前时,通过各自媒体阐明立场,为解决争端议题做好国际舆论铺垫,即开展媒体外交,成为影响争端事件发展的主要传播策略。具体而言,争端各方通常通过本国或其他国际性媒体向国际公共领域投射声音,进行观点的"媒介化类互动"②,即通过媒体报道展开对话和讨论,最直接的目的在于在国际公共领域营造有利于己方的舆论环境,为最终通过外交途径解决争端进行舆论铺垫。

近期中国与周边国家之间的海洋权益争端引发了国内外观察家对中国外交的不同解读和争论,③而自2013年菲律宾阿基诺三世政府单方面向海牙仲裁庭提起仲裁以来,中国与菲律宾两国之间的外交对话几乎终止。在此情况下,经由各自媒体进行信息发布、观点互动,不仅是向国际公共领域投射声音的必然选择,也成为双方互相测试、探底,从而评估和判断"南海问题"后续走向的重要途径。与此同时,分析深度介入"南海问题"的美国和日本针对"南海仲裁案"展开的媒体外交,有利于全面评估和判断"南海问题"的后续走向。

---

① CASTELLS M. The new public sphere: global civil society, communication networks and global governance [M] //COWAN G, CULL N J. Public diplomacy in a changing world. Oaks: Sage, 2008: 78-91.
② 马杰伟,张潇潇. 媒体现代:传播学与社会学的对话[M]. 上海:复旦大学出版社,2011:64.
③ 张清敏. 理解十八大以来的中国外交[J]. 外交评论(外交学院学报),2014,31(2):5-24.

二、中菲美日媒体就"南海仲裁案"展开的媒体外交

为了获取中国、菲律宾、美国和日本主要英文媒体对"南海仲裁案"的报道，笔者利用 LexisNexis 数据库，以中国的《中国日报》（*China Daily*）（156 篇）、菲律宾最具影响力的英文报纸《菲律宾每日询问者报》（*Philippine Daily Inquirer*）①（108 篇），以及美国的《纽约时报》（*NewYork Times*）（11 篇）和日本最大的英文报纸《日本新闻》（*Japan Times*）（11 篇）为研究对象，输入关键词"南海仲裁"（the South China Sea arbitration），在 2016 年 7 月 1 日至 23 日期间共获得 286 篇报道样本。本文采用威廉·甘姆森（William Gamson）和安德烈·莫迪格利亚尼（Andre Modigliani）的媒体话语包裹方法②，从"主题""引用""范例"和"描述"四个维度勾勒四家媒体所呈现的"南海仲裁案"。

（一）《中国日报》："对话"

自 2013 年以来，中国和菲律宾在"南海问题"上几乎终止外交对话的主要原因之一，就是双方对于问题本质的认识存在根本性差异。中方坚持认为，"南海问题"是双边问题，需要通过"双边协商"来解决，正如南非评论员香农·易卜拉欣（Shannon Ebrahim）所言："中国坚持与菲律宾一起通过双边协商来解决南海争端"（《中国日报》，7 月 3 日）。中国官方也多次强调这一立场。比如，习近平主席曾对南海问题表态：中国愿意与中国南海的沿岸国家一起合作，设法通过协商与磋商，以对话机制和平解决争端（《中国日报》，7 月 6 日）。李克强总理在 2016 年 7 月举行的亚欧峰会的非正式会谈上指出："中国南海问题从一开始就不是多边磋商议题"（《中国日报》，7 月 17 日）。

---

① 据该报网站称，《菲律宾每日询问者报》是菲律宾最具公信力和影响力的报纸，每天全国读者量超过 270 万，占据全国 50% 以上的市场份额。

② GAMSON W A, MODIGLIANI A. Media discourse and public opinion on nuclearpower: a constructionist approach [J]. American journal of sociology, 1989, 95 (1): 1-37.

2016年7月12日，海牙仲裁庭公布了"南海仲裁案"的实体问题裁决，接受了菲律宾15项仲裁请求中的14项，一时舆论哗然。事实上，在裁决公布之前，《中国日报》就直指海牙仲裁庭的合法性问题。该报评论称："仲裁庭扩大了对管辖范围的解释，歪曲了《联合国海洋法公约》的内容"，而且"菲律宾最开始单方面向海牙仲裁法庭提出仲裁就违反了很多法律法规"（7月7日）。裁决公布后，该报继续援引专家学者的评论，比如，"一名在国际法院担任过两届法官的塞拉利昂法官阿卜杜勒·科罗马（Abdul Gadire Koroma）说：仲裁庭无权决定涉及领土主权的问题"（《中国日报》，7月12日）。

在批驳海牙仲裁庭管辖和程序不合法的基础上，《中国日报》进而援引联合国和国际法院，澄清了海牙仲裁庭与联合国、国际法院之间的关系。"联合国秘书长发言人称：联合国与2013年接受菲律宾单方面仲裁请求的仲裁法院没有关系"（《中国日报》，7月14日）。"作为联合国主要法律机构的国际法院在网站上澄清了其与仲裁庭之间的关系，是'截然不同的两个机构'（a totally distinct institution），并且没有参与此次仲裁"（《中国日报》，7月16日）。

但是，尽管中国官方在7月12日裁决公布之前和之后，一直重申"不接受、不承认"的立场，但是《中国日报》对"南海仲裁案"的报道更多地体现出了"对话"的态度，这与中方坚持的"双边协商"立场一致。比如，《中国日报》在7月1日报道了习近平主席向新上任的菲律宾总统杜特尔特发去贺电，称："中国和菲律宾是近邻，两国已有1000多年的友好传统。这一方向是正确的，应该坚持"，"希望通过与菲律宾政府一起努力提升关系，面临重要的发展机遇"。该报还多次援引中国政府官员、专家学者和菲律宾前总统菲德尔·拉莫斯（Fidel Ramos），希望双方重回谈判桌。

（二）《菲律宾每日询问者报》："对抗"

与中国政府"双边协商"立场不同的是，菲律宾政府在"南海问题"上一直坚持"多边外交"立场，正如菲律宾国防学院安全专家和教授卡百莎（Chester Cabalza）所认为的，新政府应该进行多边外交（multiple diplomacy），称："总统必须做一些事情来强调其领导权。而现在正是我们转变为一个地区大国的最佳时机。尽管我们军事实力还不够强，但我们拥有强大的外交和经济"（《菲律宾每日询问者报》，7月12日）。而就在"南海仲裁案"裁决公布之前刚上任的菲律宾新总统罗德里戈·杜特尔特（Rodrigo Duterte）也站在多边外交立场，把裁决视为维护本国及美国利益的重要途径。他称，如果政府开启与中方的双边协商，必须考虑菲律宾盟友的利益，尤其指出："我们不想得罪美国。为什么？因为我们与西方大国是盟友"（《菲律宾每日询问者报》，7月15日）。

对于仲裁合法性问题，《菲律宾每日询问者报》没有过多的讨论，只是援引了菲律宾政府官员和美国政府官员，强调裁决的约束力（binding）。比如，7月12日，该报援引了菲律宾最高法院陪审法官、菲律宾仲裁法律团队首长贾德里萨（Francis Jardeleza）的观点，称裁决是"最终的和有约束力的"（final and binding），并强调，"这为新总统杜特尔特政府推动与中国南海争端其他声索国的政治与外交谈判创造了有利条件"。7月14日，该报又援引美国助理国务卿科林·威利特（Colin Willett）的观点，称海牙仲裁法院的裁决是"相当明确和权威的"。然而，7月18日，该报针对国际舆论对仲裁合法性的种种发难，专辟报道介绍海牙仲裁庭，在提出若干假想之后，称："但实际上，仲裁庭不是一个联合国机构，诸如'联合国法庭''联合国支持的法庭'这样的说法具有误导性、不正确。"

事实上，尽管明知海牙仲裁庭不是一个联合国机构，《菲律宾每日询问者报》仍多次强调"联合国站在我们这一边"（UN is ourside），试图掩盖海牙仲裁庭及其裁决的性质。值得一提的是，分析《菲律宾每日询问者报》的报道可以发现，上至菲律宾前总统阿基诺三世，下至民间激进分子团体，他们都倾向于将此次仲裁裁决视为面对强大中国的一次具有极大意义的外交胜利，对周边与中国有领土争议的国家具有借鉴意义。7月21日，菲律宾外长佩费克托·亚赛（Perfecto Yasay）在接受菲律宾电视台ABS-CBN采访时称，当他与中国外长王毅在亚欧峰会上见面时，"因为中方漠视7月12日的裁决而拒绝了中方提出的重启双边协商的建议"（《中国日报》，7月21日）。对抗态度溢于言表。

(三)《纽约时报》:"机会"

自 2009 年奥巴马政府推出"重返亚太"战略之后,美国不断加深对"南海问题"的介入,南海问题的性质由此发生重大变化,即"由最初中国同周边国家关于岛屿归属和相关利益的争端,正在演化成中美之间的战略竞争,而且日益成为中美战略竞争和战略博弈的一个焦点"①。透过《纽约时报》对"南海仲裁案"的报道可以看出,对于奥巴马政府而言,这是"开启外交攻势的一个机会"(7月7日),更是"面对中国摇摆不定的拥有各自利益的"其他周边国家"以和平方式解决海洋权益争端的一个新的机会"(7月13日)。

实际上,《纽约时报》更多的是将"南海仲裁案"视为其他周边国家可以效仿的范例:"他们应该与菲律宾一道赞同裁决,然后如果需要的话,处理自己的仲裁案件"(7月13日)。为了强调这个可供其他周边国家借鉴的范例的重要性,《纽约时报》引用了"大卫挑战歌利亚"②的《圣经》故事,暗示菲律宾是那个不畏巨人的大卫,而中国却是那个不堪一击的巨人歌利亚(7月16日)。

(四)《日本新闻》:"孤立"

近期日本与中国在钓鱼岛及其附属岛屿问题上的争议决定了日本政府及其媒体势必对"南海仲裁案"及其结果持高度关注。对于中方"不接受、不承认"的立场,《日本新闻》认为这会导致中国被国际社会孤立,"中国不可避免地更孤立于国际社会"(7月14日),"中国担心裁决之后会被孤立"(7月17日)。而隐藏在《日本新闻》所建构的"孤立"框架之下的是诸多外力。比如,由美国、加拿大、英国、法国、德国、意大利和日本组成的七国集团向中国施压,"要求中国尊重裁决"(7月4日);7月18日,《日本新闻》刊登社论,呼吁"相关国家一起继续敦促中国政府履行裁决"。与此同时,《日本新闻》还通过呈现日本与其他国家的合作来向中国施压。比如,7月16日,

---

① 倪峰.美国的南海政策与当前的中美关系[J].太平洋学报,2016,24(7):16-19,61.
② 根据《圣经》记载,手无寸铁的牧羊少年大卫击败了巨人歌利亚,一战成名。

该报报道称日本、韩国和美国在夏威夷举行了副外长级别的三边会谈，共同认为裁决具有"法律约束力"，而三边会谈本身是"向中国政府施压的明显之举"；7月17日，该报社论称"日本和印度的海上安全合作稳步提升"，以此应对日本和印度共同关心的"中国在海上的积极扩张"。

三、结论与讨论

综观以上四家媒体对"南海仲裁案"的报道，可以发现，《菲律宾每日询问者报》的"对抗"框架、《纽约时报》的"机会"框架和《日本新闻》的"孤立"框架三者之间存在一定的关联与相似性，一定程度上都与《中国日报》的"对话"框架存在对抗。

首先，在《菲律宾每日询问者报》的"对抗"框架中，该报借用了美国政府及其媒体所善用的将信息包装于"人权问题""环境问题"等议题下，从而争取国际社会支持的手法。比如，该报7月14日报道称，"菲律宾渔民向联合国人权事务高级官员申诉道，中国必须尊重他们获取充足食物权、生活权和生命权"。

其次，《菲律宾每日询问者报》多次强调仲裁结果是"面对强大中国的一次具有极大意义的外交胜利"，"对周边与中国有领土争议的国家具有借鉴意义"等，这与《纽约时报》将"南海仲裁案"视为可供其他周边国家借鉴的"大卫挑战歌利亚"范例有着异曲同工之处。

最后，《日本新闻》通过呈现直接施压、日本与其他国家开展合作共同向中国施压来强化其"孤立"框架，表面看来是为了"遵守国际法"，敦促中国履行裁决，维护其同盟国菲律宾的利益，实则指向的是日本在东海地区的利益。可以说，日本认为，"南海仲裁案"也给日本提供了一个可供参考和借鉴的范例。

从美国和日本媒体围绕"南海仲裁案"展开的媒体外交可以看出，这两个国家及其媒体所扮演的是"劝说者"角色，规劝中国"接受裁决，遵守国际法"，其背后所隐藏的是美国"重返亚洲"和日本寻求东海利益的目的。菲律宾作为美国和日本利益的执行者,不仅在明知海牙仲裁庭不是一个联合国机构的前提下掩盖裁决的实质,还公开表明政府是否与中方开启双边协商,必须考虑其盟友的利益。可以说,中国媒体与菲律宾及其盟友美国和日本的媒体就"南海仲裁案"展开的对话与讨论,正是中美关系专家时殷弘所言的"新兴大国陷阱"[①](《中国日报》,7月15日)中新兴大国与守成大国较量的媒介化呈现,这也就解释了为什么菲律宾、美国和日本媒体的"对抗""机会"与"孤立"框架之间暗合着互动与互补的关系。

---

① "新兴大国陷阱",其实质就是"修昔底德陷阱"。

个体叙事与情感连接*
——新公共外交视阈下的李子柒个案分析

新公共外交时代,赢得他国公众好感的目标并未改变,新媒体技术的不断演进,为公众个体实践公共外交提供了技术条件。本文聚焦于2019年热议的李子柒个案,用 Python 语言爬取了海外公众对李子柒视频的评论数据,从个体叙事和情感连接两个层面分析李子柒视频如何引发海外公众的共情与认同,进而发挥公共外交效应。本文继而认为,在新公共外交时代,公众个体应成为实践主体,在与他国公众分享日常生活经验中建立情感连接,获得好感。而在主体和技术手段背后,最重要的是形成文化自觉,将中国独特的传统文化资源应用于公共外交实践之中。

一、问题的提出

新公共外交不是一个新概念,它出现于9·11事件之后。当时美国对外关系委员会的公共外交独立工作组基于9·11后国际政治环境的变化,提出公共外交必须向"新公共外交范式"转型,并指出5大改革要点,即"制定一项条理清晰的战略协作框架;在传统的单向、自上而下式大众传播模式中增加定制的、双向对话成分;扩大私人领域的参与程度;提高公共外交资源

---

* 文章原载于《公共外交季刊》2020年第3期,与宋志鑫合作,收入本书时,略有删改。

的有效性；以及增加公共外交资源"①。从范式转型可以看出，新公共外交在改善美国自9·11后日益恶化的国际声誉并最终协助实现美国对外政策目标的前提下，突出私人领域的参与，强调了新媒体技术对公共外交的影响。新公共外交倡导传播模式由单向、自上而下向基于不同目标受众需求定制的对话和讨论转变。

公共外交实践的转型引发了学界对新公共外交的学术探讨。曼纽尔·卡斯特尔曾从国际政治语境变化导致国际公共领域转型的角度重新定义公共外交，即"公众的外交，也就是说，在国际舞台上呈现公众的价值观和观念"②。他认为，既然公众是公共外交的主体，那么公共外交概念所隐含的应该是杜威强调的公众共同的利益和价值观，公共外交所要做的是在不同社群和文化间通过对话分享意义、形成相互理解③。小约瑟夫·奈指出，非政府组织及其网络的兴起标志着"新公共外交"的崛起，新公共外交强调双向对话，将公众视为意义的共同创造者与信息的共同传递者，是"巧实力"武库中的重要工具④。尼古拉斯·卡尔认为，新公共外交的"新"主要体现在重视公众间的接触。⑤ 传播技术的发展打破了国内与国外的传播界限，赋予了旧公共外交中较被动的公众更多主动权和选择权。因此，"公众不再仅仅是公共外交的对象，公众间的联系成为公共外交的重要组成部分，而政府逐渐发

---

① PETERSON P G. Public diplomacy and the war on terrorism [EB/OL]. (2002-09-10) [2020-01-15]. http://www.foreignaffairs.com/articles/58247/peter-g-peterson/public-diplomacy-and-the-war-on-terroris.
② CASTELLS M. The new public sphere: global civil society, communication networks, and global governance [J]. The annals of the American academy of political and social science, 2008, 616 (1): 78-93.
③ CASTELLS M. The new public sphere: global civil society, communication networks, and global governance [J]. The annals of the American academy of political and social science, 2008, 616 (1): 78-93.
④ 奈. 新公共外交：非政府组织与网络 [J]. 公共外交季刊, 2010 (2): 51-54.
⑤ CULL N J. The decline and fall of the United States information agency: American public diplomacy, 1989-2001 [M]. New York: Palgrave Macmillan, 2012.

挥协调作用"①。

在国内，钟新认为国家软实力资源的广泛性与竞争性特征，决定了新公共外交的行为主体向全民拓展。②郑华认为新公共外交的"新"表现在行为主体多元化、更多聚焦非政府行为体；以 Web2.0 为代表的社会媒体活跃所产生的海量信息及其对公共外交专业人员带来的挑战等。③有学者基于新公共外交的特点，从具体个案切入，探讨新媒体技术在公共外交活动中的实践意义。冯韬从新公共外交视角出发，对孔子学院传播传统文化进行了分析，指出以网络为主导的新媒体作为高效亲民的推广平台适合中国传统文化传播与弘扬的主要发展方向，强调孔子学院的文化传播也应该以新媒体为主。④还有学者采用访谈法，试图勾勒清晰的国际公众画像，从而有针对性地开展公共外交。张萌和赵永华对俄罗斯以及中亚地区的 35 位受访者基于"一带一路"议题进行了深度访谈，认为以国际受众的基本需求为依托，寻求文化内容与特定文化生产、消费群体的社会需求与行动的契合，为受众提供一个可积极参与的公共协商空间才能最终实现公共外交的目标。⑤

综上，新公共外交强调了公众主体地位的回归，重视新媒体技术对公共外交的影响是业界与学界的共识，但是目前的研究除了理论层面的探讨，策略层面的探讨主要针对政府机构、媒体、孔子学院、跨国公司、民间团体等组织的新公共外交实践展开，针对公众个体的新公共外交研究几乎没有。本文从 2019 年热议的李子柒个案切入，分析她的 YouTube 短视频呈现了怎样的象征性图景，这些视觉影像如何与海外公众产生情感连接，如何实际发挥了

---

① CULL N J.The decline and fall of the United States information agency: American public diplomacy, 1989–2001 [M]. New York: Palgrave Macmillan, 2012.
② 钟新.新公共外交：软实力视野下的全民外交 [J].现代传播（中国传媒大学学报），2011（8）：51–55.
③ 郑华.新公共外交内涵对中国公共外交的启示 [J].世界经济与政治，2011（4）：143–153.
④ 冯韬.新公共外交视阈下孔子学院传播传统文化探索 [J].广西社会科学，2017（2）：198–20.
⑤ 张萌，赵永华.新公共外交视域下国际受众成像与信息结构解析：基于"一带一路"议题的受众访谈和扎根分析 [J].宁夏社会科学，2019（5）：206–216.

公共外交效应。

二、象征性图景：个体叙事视角下的日常生活图景

来自中国西南农村的李子柒早在 2012 年就在微博平台上注册账号，并于 2016 年 4 月开始上传一些自制的视频，赢得了一些口碑，2017 年成为当年国内第一网红。2017 年 8 月 21 日，她在 YouTube 平台开设个人账号，先后上传 100 多个自制视频，每个视频时长为 5—10 分钟。为了能够整体勾勒李子柒视频所呈现的象征性图景，笔者将李子柒自开设 YouTube 账号到 2020 年 1 月 15 日之间上传的 103 个短视频进行了主题分类，主要涵盖了"美食""时令节气""传统节日""民风民俗""传统工艺"等几个方面（见表1）。

表 1 李子柒 YouTube 视频的主题分类

美食	时令节气	传统节日	民风民俗	传统工艺
火焰醉鱼、荷叶糯米排骨、正宗兰州牛肉拉面、芋头饭、麻婆豆腐、烙玉米饼，等等	炎炎夏日的黄桃罐头、入冬时的阿胶糕、深秋时的蜂蜜柚子茶、初雪时的川味柴火鸡、春暖花开时的梅花鸽子汤，等等	七夕做巧酥、中秋节做月饼、腊八粥、年货小零食、年夜饭，等等	傣味手抓饭、川菜之魂——豆瓣酱、四川腊肉和川味香肠、地道老四川火锅、长白山人参蜜、马奶酒、烤全羊，等等	用鲜花做胭脂、造纸、笔墨纸砚、木活字、给奶奶做千层底、用木头沙发床做秋千、纯手工实木洗手台，等等

数据来源：YouTube 平台，截至 2020 年 1 月 15 日。

从上述主题分类可以看出，与其他行为主体的宏大叙事不同，李子柒从个体叙事角度，展现了以自己与奶奶生活的中国西南农村为背景的日常农业劳作与生活图景。李子柒视频的个体叙事视角主要由以下三大元素构成。

第一，日常劳动实践。李子柒是视觉影像的唯一叙事主体，她通过自己的视角，以中国传统美食与工艺为切入点，将自己的日常劳动与生活铺陈开来。李子柒展示美食的每一条视频都交代了美食的主要原材料从种植、采摘、清洗、烹调到摆盘的全过程，自己是这一系列劳动的实践主体。

第二，自然田园场景。李子柒和奶奶生活的田园是视频的主要场景。在

这里，她耕种田野，每次都从自家菜园采摘新鲜的瓜果蔬菜，用山泉水洗去杂陈，洗衣做饭；院子里不时传来鸡鸣声、鸟叫声、狗吠声，这个富有烟火气的自然田园，别有一番"世外桃源"之意。

第三，非语言元素。视频中，除了李子柒与奶奶之间很少的方言对话，几乎没有人物对话，配乐、肢体动作等非语言元素成为主要叙事元素。配乐以琵琶、古筝、二胡、扬琴等中国古典乐器弹奏为主，适时加上钢琴、长笛等乐器，符合视觉影像的古朴特质。李子柒每次制作美食后都会与奶奶共享美食，日常劳作中的互动也时时传递着温暖。

正是这些个性化、生活化叙事元素的使用，构成了李子柒视频知足、惬意的日常生活底色，李子柒通过个体叙事展现的日常生活图景在海外公众中引发了高关注度。

三、共情与认同：情感连接下的公共外交效应

新旧公共外交的最终目的都需要超越认知层面，抵达情感层面，在与他国公众建立情感连接的基础上，获得他们的理解与认同。为了进一步分析李子柒视频如何与海外公众建立情感连接，笔者用 Python 语言爬取了公众对其中具有代表性的 10 条视频的评论数据（包括评论总数、评论内容、评论发表时间、评论顶数、评论回复数、评论回复文本），共抓取 59577 条评论，涵盖了英语、法语、西班牙语、印度尼西亚语、菲律宾语、俄语、葡萄牙语、越南语等 40 多种外语。笔者将中文和无效评论剔除，同时将所有非英语评论全部翻译成英语，获得有效评论 45387 条。最后从认知、态度与行为三个层面对 10 条视频进行了效果评估（见表 2）①，并利用词频分析，将评论中词频量在 250 次以上的关键词制作了词云图（见图 1）。

---

① 陆佳怡，董颖慧，张子晗. 呈现与影响：中国驻欧盟使团的社交媒体公共外交效果初析[J]. 对外传播，2017（11）：59-62.

表 2 李子柒 10 条 YouTube 视频的效果评估表

	认知（播放量）	态度（顶）	（踩）	行为（评论数）
七夕	391万	9.2万	4569	2154
中秋	321万	5万	1017	1477
造纸	707万	9.2万	4569	5713
年味	388万	6.2万	13	1716
年夜饭（2018年）	1226万	18万	3942	9360
年夜饭（2019年）	824万	15万	3448	9216
木活字	509万	9.9万	1479	5348
笔墨纸砚	649万	16万	2359	13217
蜀绣	784万	26万	3733	15524
腊八	1008万	9.3万	2661	3313

数据来源：YouTube 平台，截至 2020 年 1 月 15 日。

图 1 李子柒 10 条视频评论关键词的词云图（词频 250 次以上）

词云图直观地呈现了海外公众对李子柒视频的整体评论意见，即"一个热爱生活的美丽女子"。可以说，李子柒个体叙事角度呈现的日常生活图景构成了与海外公众情感连接的接触点，李子柒的个体叙事由此实现了由个体到超越个体（人类的、共享的、普遍的）叙事过程[1]，在情感连接基础上，产生了共情与认同。

---

[1] 舒曼，赵洪娟.个体叙事中的"资格"与"移情"[J].民俗研究，2016（1）：37-42，158.

（一）基于日常生活经验的共情

共情（empathy）指的是一个人能够理解另一个人的独特经历，并对此作出反应的能力[①]。心理学专家巴特森（D.Batson）将共情划分为八个不同类型，包括认知性同感、动作模仿、可以感受他人的感受、审美意义上的设身处地、想象他人会如何感想、设想自己在他人位置上会如何感想、看到他人受苦自己也感受到痛苦，以及可以与受苦者产生共鸣[②]。分析海外受众对李子柒视频的评论，可以发现，视频中李子柒的日常生活经验引发了海外受众不同维度的共情。

在视频中，李子柒在稻田里抛秧、在竹林里挖笋、在荷塘里挖藕采莲、在森林里捡毛栗子打核桃、在田地里收获大豆和花生，这些劳动场景直接引发了海外公众的感同身受。一位来自美国俄勒冈州的观看者留言道："我在美国俄勒冈家里的生活方式就是这样！我已经计划种竹子，尽自己最大的努力去制作和学习所有你介绍的极好的简单工具。我知道这种生活方式正是作为人类原本应有的，这也是我们为什么生活在地球上的原因。我希望有一天能像你一样美丽生活。"在年夜饭视频中，有日本观看者留言："在中国与在日本一样，新年假期期间，女性变得更加忙碌。"在木活字视频中，李子柒因为学习刻字，手指受伤了。一位日本观看者发现了这一点，评论说："我发现这些天，你的拇指被什么东西挤了一下。我也经常伤到这里那里，拇指指甲最疼。"

除却日常的劳动实践，李子柒放弃大城市打工生活，回到农村照顾奶奶，而制作视频本身也是为了给自己和婆婆一个安稳的生活，这一故事也引发了观看者的共情[③]，很多观看者从中看到了李子柒身上那种自力更生的特质，并

---

① 吴飞.共情传播的理论基础与实践路径探索[J].新闻与传播研究，2019，26（5）：59-76，127.
② 陈立胜.恻隐之心："同感"、"同情"与"在世基调"[J].哲学研究，2011（12）：19-27，124.
③ 魏贺，陈曦，郭莹.分享我的生活，恰好你也喜欢[N].人民日报（海外版），2020-01-20（7）.

与之产生共鸣:"每一样我们买的东西,她(李子柒)都能制作……我们应该试图做到更加自给自足。自从我看李子柒,就激励自己更加努力尝试。"而对于那些日常生活在多重压力之下的都市人群,李子柒对生活的热爱,以及中国西南农村自然恬静的生活方式给予了他们心灵慰藉。"平和(peace)"和"放松(relax)"是他们在评论中经常用到的词语,他们看懂了李子柒的热爱,也触动了他们心底的热爱,以及对中国生活的向往。很多观看者直接留言:"我要去你生活的地方。一切都那么宁静而梦幻。""我见证了这个弱小身体的力量源泉……我想去中国旅行。"

(二)对中国文化的认知与认同

共情搭建起了人与人之间情感体验的普遍联系,在不同的文化语境中,共情更是体现为一种主体间性,是不同文化主体之间分享与对话的重要因素,所带来的是文化认知与认同[1]。

很多观看者在看了李子柒视频后留言:"这就是中国。"对于李子柒视频中复古的造型、器具等个性化叙事元素,观看者认为:"她(李子柒)重现了中国古代的生活方式。""她(李子柒)展示的就是中国文化。中国真惊艳。"比如,在介绍木活字、笔墨纸砚等中国传统工艺的视频中,李子柒通过学习与反复练习,再现了整个工艺流程。很多观看者留言:"正是通过李子柒再现这些传统工艺,了解了中国。""看到中国著名的印刷术是多么美妙啊,它存在了多少个千年?感谢你向我们展示了它是如何实现的。""中国古代的四大发明是造纸、指南针、火药与印刷。她(李子柒)就会其中两样:造纸和印刷。""这个女孩非常优美地传播了中华文化。"有些观看者更是直言:"中国应该以此女孩为荣。"

当有观看者通过评论区的交流,发现李子柒所处的四川省绵阳市在2008年经历过汶川大地震,李子柒视频中所展现的田园美景、恬静生活更令他们

---

[1] 唐润华.用共情传播促进民心相通[J].新闻与写作,2019(7):1.

赞叹道："恢复得很好，一切岁月静好。"有些观看者更加直接地表达了自己的认同感："中国第一。""最伟大的中国。"

四、结语：新公共外交时代的实践路径

反观李子柒 YouTube 视频的内容，没有家国情怀的宏大叙事，只有扎根日常的生活实践。诚如费孝通先生所言，中国文化是从土里面生长出来的。在他眼中，用人工把自然的土变成用具，变成能服务于人的生活的东西，就是文化。① 的确，文化源于日常生活，源于生活实践。李子柒正是通过短视频，以个性化、生活化的叙事方式将富有人类共享价值的日常生活实践呈现给海外公众，当这些视频脱离其生长、生产的在地经验之后，在同处日常生活情境之下的海外公众中产生了共情，并引发了他们对中国文化乃至中国的认知与认同。因此，从实际效果层面来看，李子柒 YouTube 视频的传播获得了海外公众的好感，践行了理想中的"润物细无声"式的公共外交。通过李子柒个案，或许可以找到新公共外交时代的实践路径。

第一，公众参与。当下的移动社交媒体技术令普通公众从有权利看见进入到有权利以自己的方式被看见的阶段，技术赋能使公众主体可以成为新公共外交时代的实践主体。

第二，情感连接。新公共外交时代的实践应从民族国家等传统公共外交行为主体的叙事方式，即理念阐释、宏观叙事向公众个体通过日常生活经验分享的个体叙事方式转变，通过普通公众自己的视角、讲述个体故事，在情感连接基础上引发共情与认同。

第三，文化自觉。在任何行为主体、技术手段的背后，中国数千年的历史文化积淀才是当下中国公共外交独具竞争力的软实力资源。我们所要做的，就是在认识自己的文化、理解所接触到的多种文化的基础上，明确自身文化

---

① 费孝通. 文化与文化自觉 [M]. 北京：群言出版社，2018：255.

在世界多元文化中的位置，进而发展它、传播它①。在新公共外交时代，自觉地将中国独特的传统文化资源应用于实践之中，诚如李子柒将自己的生活经验与中国传统文化相结合，以个性化的叙事方式，呈现于海外公众面前，最终实现美美与共、天下大同的目标。

---

① 费孝通.文化与文化自觉[M].北京：群言出版社，2018：195.

二、主体、路径与国际传播

哀思与力量*
——作为媒介化仪式的"全国哀悼日"之国际传播

一、问题的提出

2021年5月31日,习近平总书记在中共中央政治局就加强我国国际传播能力建设的集体学习中强调,要加强国际传播的理论研究,掌握国际传播的规律,构建对外话语体系,提高传播艺术。在具体做法上,要依托我国发展的生动实践,立足五千多年中华文明。随着中国在世界舞台逐步走向中心位置,构建与国家综合国力和国际地位相匹配的国际传播能力迫在眉睫。与此同时,中国自改革开放以来所获得的中国经验、中国方案已经具备对外表达或推演的意义,这些本土实践有待转化为国际传播资源。据此,本文旨在软实力视域下阐明根植于中国本土实践与经验的软权力资源可以成为当下和未来中国国际传播研究的重要议题,尝试提出软实力视域下的中国国际传播研究路径。具体而言,本文以中国政府为普通民众设立的四次全国哀悼日[①]的国际传播为研究对象,从媒介化仪式视角,采用阐释经验主义方法解读在考验国家与社会灾难应对体系的关键时刻,国家级媒体如何通过文本和视觉表征

---

* 文章原载于《现代传播》(中国传媒大学学报)2021年第12期,收入本书时,略有删改。
① 2008年汶川大地震发生后,国务院发布公告,2008年5月19日至21日为全国哀悼日,这是新中国成立以来,中国政府首次为普通民众设立全国哀悼日。2010年青海玉树地震、2010年舟曲特大山洪泥石流和2020年新冠疫情期间,国务院又分别为普通民众设立全国哀悼日。

构建媒介化仪式图景，巩固社会中心，对外彰显国家立场与价值理念。

二、文献综述

（一）软实力和软权力视域下的国际传播研究

1990年约瑟夫·奈首次提出"soft power"概念，意为"一国让他国（自愿）要求该国所欲求的东西，而非强令他国去做该国所做欲求的事情"[1]。这一概念被引入中国时，出现了"软实力"和"软权力"两种说法。

学者李智从这一概念提出的语境辨析了两种说法的区别，认为权力不是实物，而是一种非均衡、不对等的压迫关系，它属于关系范畴，实力则是一般性的实物，是一个实体范畴。他继而提出，"行为力"的 soft power 可译成"软权力"，资源力的 soft power 可译成"软实力"，前者"是指一种出于他者想你之所想而获得你所意想的结果的能力"，后者是指软权力资源，包括文化、意识形态和制度等相对固定的资源，其价值在于通过国家间的互动，对目标国施加影响和支配性作用，即"软实力"的价值在于对外作用。[2]

因循这个思路，将国内的国际传播研究置于 soft power 视域下考察可以发现，大部分研究都是从作为行为力的"软权力"视角出发，即侧重在关系范畴测量、评估具体的国际传播实践对国际舆论、国际关系产生的作用力。比如，学者们从既有的国际传播实践出发，对纪录片[3]、电影[4]、电视剧等的国际传播进行效果评估，同时基于广播电视[5]、社交媒体、短视频平台[6]等不同媒

---

[1] JOSEPH N. Soft power [J]. Foreign policy, 1990 (80): 154.
[2] 李智. 软实力的实现与中国对外传播战略：兼与阎学通先生商榷 [J]. 现代国际关系, 2008, (7): 54–58.
[3] 贺棋炜. 浅析纪录片《风味人间2》中的跨文化传播 [J]. 戏剧之家, 2021 (6): 130–131.
[4] 黄会林, 朱政, 方彬, 等. 中国电影在"一带一路"战略区域的传播与接受效果：2015年度中国电影国际传播调研报告 [J]. 现代传播（中国传媒大学学报）, 2016, 38 (2): 17–25.
[5] 史安斌, 王沛楠. 数字公共外交兴起与广电国际传播能力提升：基于"偶像"模式的分析 [J]. 电视研究, 2020 (1): 6–9.
[6] 王沛楠. 中国互联网企业海外短视频平台上的中国形象分析：以短视频平台 TikTok 为例 [J]. 电视研究, 2019 (4): 30–32, 57.

介形态提出了相应的国际传播策略。也有学者尝试从资源力的"软实力"视角探讨中国的国际传播实践，但相较于效果测量与评估的研究取向，仍较少。事实上，自改革开放以来，中国本土生成了许多适于对外表达的软权力资源，"一带一路"倡议、李子柒走红海外社交媒体平台、中国全面脱贫等本土化实践所蕴含的合作、日常、共享等人类共有价值势必能对其他国家产生影响力，即作为行为力的软权力实现，因此，这些根植于中国本土经验的软权力资源亟待挖掘成为当下和未来的中国国际传播研究议题。

（二）作为社会中心和社会秩序构建的媒介化仪式

仪式是人类学研究的主要议题，主要有两种研究取向，一是对古典神话和仪式的诠释，二是对仪式的宗教渊源和社会行为的探讨，即将仪式视为特定的宗教行为和社会实践。[①]前者主要分析仪式本身的象征物，如祭品、祷文等，而自涂尔干起，现代人类学仪式研究主要关注仪式的结构、仪式与社会结构之间的关系。阿诺德·范·盖内普（Arnold Van Gennep）提出通过仪式（the rites of passage）概念，指"伴随着地点、状态、社会地位和年龄的每一次变化而举行的仪式"[②]，分析由于个人的身份、地位的改变而引起的个人与社会的互动关系，比如成人礼、毕业典礼等仪式。盖内普认为，所有的仪式都可以分为三个阶段，即分离、边缘或阈限与聚合。维克多·特纳（Victor Turner）在此基础上将仪式视作动态的社会过程，提出"分化—阈限—再整合"的仪式过程，其中，阈限阶段是仪式过程的核心。在阈限阶段，阈限人从固定的文化空间中的"结构"脱离，从而具有某种不确定性，仪式通过者的现状变得模棱两可，不具有或只有少许过去或未来地位的属性，先前的结构性身份和地位不复存在，在此情景下能达到精神、情感层面的交融，特纳将其称为"反结构"作用。[③]特纳所指的阈限与涂尔干所说的神圣与世俗时间

[①] 彭兆荣.人类学仪式研究评述[J].民族研究，2002（2）：88-96，109-110.
[②] 特纳.仪式过程：结构与反结构[M].黄剑波，柳博赟，译.北京：中国人民大学出版社，2006：94.
[③] 庄孔韶.人类学通论[M].太原：山西教育出版社，2005：409-410.

相似，涂尔干认为，通过仪式可以表现和重现过去的那些特殊场合，当下的神圣时间象征性地代表过去或过去的神圣时间，而当下的神圣时间既是通过仪式提供的，也是通过某种仪式的记忆来提供的。① 他同时认为，仪式及其象征具有重要意义，可以作为传递记忆的手段，社会记忆被仪式永久保留，因此仪式可以被视为集体认同和社会连续性的必要条件，同时也是确保共同道德和社会凝聚力的一种手段。② 对于仪式的功能，学者大都提及了维持及强化秩序，即使是特纳提到的仪式过程中的"反结构"状态，其最终目的也都是对于日常生活的"重建"与"回归"。

詹姆斯·凯瑞（James Carey）选择性地将人类学和社会学的仪式理论引入了传播研究，凯瑞的仪式观念继承自克利福德·格尔茨（Clifford Geertz），而格尔茨较为推崇帕森斯和涂尔干的社会理论。以涂尔干为代表的学者认为，即使仪式具有情绪化和神秘化的一面，但其功能仍然是理性的，即对共同体生活的维护。基于此，凯瑞并未选取人类学早期古典神话和仪式诠释的人文文化取向，而是更多地强调了仪式在社会总体结构和社会组织中的社会整合面向。③ 戴扬（Daniel Dayan）和卡茨（Elihu Katz）沿袭了既往仪式研究的过程分析路径，但他们并未直接引用范·盖内普和特纳的论述，而是提出了新的概念"媒介事件"，探讨传媒介入之后生成的一种新的仪式类型。④ 戴扬和卡茨的"媒介事件"概念与既往的仪式研究缺乏内在的学理上的关联，但引发了学者对仪式的媒介化的探究。郭建斌采用了媒介仪式概念，并将其定义为"那些经由大众传播媒介记录并传达着仪式以及那些经由大众传媒'包装'之后具有仪式意味的'新闻事件'"，他认为媒介仪式与未经传媒记录和传达

---

① COSSU A. Durkheim's argument on ritual, commemoration and aesthetic life: a classical legacy for contemporary performance theory? [J]. Journal of classical sociology, 2010, 10（1）, 33-49.
② MISZTAL B A. Durkheim on collective memory [J]. Journal of classical sociology, 2003, 3（2）: 123.
③ 胡翼青，吴欣慰. 再论传播的"仪式观"：一种社会控制的视角 [J]. 河南社会科学, 2015, 23（5）: 112-116, 124.
④ 郭建斌. 如何理解"媒介事件"和"传播的仪式观"：兼评《媒介事件》和《作为文化的传播》[J]. 国际新闻界, 2014, 36（4）: 6-19.

的仪式传统存在时空结构的差异，前者在既往的人类学和社会学研究中未被意识到，考察媒介仪式应由过程分析转向时空分析。① 尼克·库尔德里（Nick Couldry）也使用了媒介仪式概念，但他明确指出，对"媒介呈现既有的仪式行为（例如对宗教仪式的电视转播）没有兴趣"②。尽管如此，库尔德里在论述过程中不可避免地包含了媒介对仪式内容的呈现，因此，他的媒介仪式概念更倾向于媒介化仪式，即媒介在呈现仪式过程的同时也对社会产生作用，媒介通过共享符号和价值使社会对于媒介化社会中心产生确信。

（三）作为媒介化仪式的"全国哀悼日"

由疫病、自然灾害、战争、意外事故等原因而导致的灾难通常被视为公共性死亡事件，需要全社会尤其是政府予以及时而有力的应对。有学者从民俗学角度研究了唐山、汶川、玉树大地震遇难者的悼念和祭祀，认为在这类公共性死亡事件的处置和应对中，诸如公祭之类的纪念活动，悼念和缅怀不仅仅是对受难者表达哀思，同时也是对生者、对现世的一种价值宣示。③ 在仪式研究中，灾难常被视作社会状态的分界点，在灾难发生前处于社会世俗的结构化时期，灾难发生后到恢复日常生活前皆为非结构化阶段。有学者指出，灾难可以被视作社会动员的资源，其本身也可以成为被建构的对象，灾难的仪式化建构是权力与其他政治势力为其合法性立言和进行社会动员的有效手段，它为各种政治与非政治势力与组织提供特定的社会与政治的话语空间。④ 有学者历时性研究了媒体对七个国家悲剧的哀悼仪式的报道，发现"哀悼仪式如其他世俗或宗教仪式一样，可以被定义为一种对社会纽带和权威进

---

① 郭建斌.如何理解"媒介事件"和"传播的仪式观"：兼评《媒介事件》和《作为文化的传播》[J].国际新闻界，2014，36（4）：6-19.
② 库尔德里.媒介仪式：一种批判的视角[M].崔玺，译.北京：中国人民大学出版社，2016：25.
③ 王晓葵.国家权力、丧葬习俗与公共记忆空间：以唐山大地震殉难者的埋葬与祭祀为例[M]//周星.国家与民俗.北京：中国社会科学出版社，2011：338-354.
④ 范可.灾难的仪式意义与历史记忆[J].中国农业大学学报（社会科学版），2011，28（1）：28-39.

行肯定、协商和争论的语境,它们可以被视为一种社会群体、思想和价值观获得合法性的工具。"仪式通过媒介展现在公众面前,通过表现象征符号和集体情感来维护和恢复社会团结,同时有助于说服社会成员遵守共同的价值观和规范。①

自国务院在2008年汶川大地震后为民众设立首个全国哀悼日以来,有学者从心理学角度讨论了哀悼的过程是为丧亲者提供一个重新调适以及发展新的角色行为的过程,②有学者将全国哀悼日的设立视为震后危机公关的一种表现形式。③新闻传播领域的相关研究关注了报纸、电视等媒体的报道实践。比如,有学者研究了全国哀悼日报道中报纸版面的变化,发现晚报、都市报普遍采用"海报式"封面,通过大标题、大图片和大留白的方式增强视觉。④ 有研究引入了媒介事件概念,认为电视通过直播全国哀悼日的方式将全国民众卷入其中,对国家而言实现了社会动员、社会记忆和社会抚慰的功能。⑤整体而言,目前关于全国哀悼日的研究缺少从符号和价值维度对悼念仪式的深入讨论,也没有将这些符号与价值的媒介化与巩固社会中心、构建社会秩序等更广泛的社会效应联系起来,从中国社会语境与国际语境变迁的视野进行整体性、历时性的研究更是缺乏。综观四次全国哀悼日,全国和驻外使领馆下半旗志哀,全国停止公共娱乐活动,全国人民默哀3分钟,汽车、火车、舰船鸣笛,防空警报鸣响。这些哀悼仪式源于中国的政治、社会与文化价值,通过媒介呈现产生了强大的社会与政治效应,在灾难时刻发挥了巩固社会中心、稳定社会秩序的作用,对外彰显了国家力量与价值文化。可以说,在灾

---

① PANTTI M,SUMIALA J. Till death do us join:media,mourning rituals and the sacred centre of the society [J]. Media,culture& society,2009,31(1):122.
② 姜燕琴.浅谈设立全国哀悼日的心理意义 [J].龙岩学院学报,2009,27(1):59-62.
③ 杨群瑛.汶川地震的危机公关 [J].南方论刊,2009(5):39-40,112.
④ 蔡雯,陈卓.报道策划与版面设计的巧妙整合:北京晚报汶川地震"哀悼日"报道评析 [J].新闻与写作,2008(6):24-25.
⑤ 郑世明,曾健.论电视直播在国家哀悼日中的社会功能 [J].现代传播(中国传媒大学学报),2008(4):74-76.

难发生后为普通民众设立全国性哀悼日这一国家行为本身满足了人类最普通的情感需求，极具国际传播价值。基于中国社会语境和国际语境的变化，从媒介化仪式角度历时性考察国家级英文媒体对四次全国哀悼日的媒介化仪式构建，阐释其意义、变化及其背后的社会、政治动因具有很强的研究价值与现实意义。

三、研究问题与研究方法

在四次全国哀悼日中，国家级英文日报《中国日报》（China Daily）都开辟特刊予以报道（见表1），共68个版面350篇图文报道，其中文字报道175篇，图片报道175篇。本文主要回答以下研究问题：1.《中国日报》特刊在空间、对象和色彩维度构建了怎样的全国哀悼日媒介化仪式图景？2.《中国日报》特刊在构建四次全国哀悼日媒介化仪式中对外传递了哪些社会与政治意涵？基于12年间中国社会语境与国际语境的变化，这些社会与政治意涵发生了哪些变化？为什么？

表1 《中国日报》的四次全国哀悼日特刊

事件	哀悼日	报纸日期	报纸版面
汶川大地震	2008年5月19日—21日	5月19日	01-06、10
		5月20日	01-09、12-19
		5月21日	01-09、12-19
		5月22日	01-07、19-20
玉树地震	2010年4月21日	4月21日	01、04-05
		4月22日	01-05
舟曲泥石流	2010年8月15日	8月15日	01
		8月16日	01-03
新冠疫情	2020年4月4日	4月4—5日	01-03
		4月6日	01-03

在方法上，本文采用文本分析法与内容分析法，从空间、对象和色彩三个维度对文字与图片文本进行编码。为保证编码的质量及数据的科学性，

从样本中以系统抽样法抽取了18篇文字报道和18篇图片报道（175×10%≈18），由两位编码员各自独立编码，后进行信度检验，所得综合信度系数为0.94，文字报道的信度系数为0.875，图片报道的信度系数为1.00。

四、研究发现

（一）哀思：个体之痛与国家之殇

《中国日报》的四次全国哀悼日特刊时间都比官方设定的全国哀悼日延长一天，在时空两个维度延展了全国哀悼日，拓展了话语空间。特刊凸显了空间维度的灾害发生地（见表2）和对象维度的受灾者和官方救援者（见表3），主动将灾害发生地的惨状、受灾民众的哀痛，以及官方救援者的奋力抢救呈现于国际公众面前。

表2 《中国日报》特刊对四次全国哀悼日媒介化仪式构建的空间维度

	灾害发生地（文/图）		普通纪念地（文/图）		政治纪念地（文/图）	
汶川	100	120	15	24	3	6
玉树	14	9	9	4	1	0
舟曲	9	5	0	0	0	1
新冠	16	8	5	8	3	1

特刊对灾害发生地和受灾者的书写隐含着个体之痛，这种哀痛透过成人与儿童的视角得以表达。成人的记忆以文字形式被重述，再现了灾难突发时的全貌。儿童成为新闻图片的主角，他们或是被成人揽在怀中，或是被手拂去泪水，或是眼神流露出无助与迷茫，这些图片在展现个体历经重大劫难后的混沌状态的同时强化了个体之痛。在汶川大地震特刊中，中国宋庆龄基金会刊登了捐款广告，图片中的女孩在废墟的夹缝里向外张望并努力伸出手。中国红十字会以被怀抱着的哭泣男孩作为主角刊登广告。哭泣的儿童成为当时的中国与外部世界连接的情感纽带，他们的哀痛与求助能唤起普通的人类情感，特刊由此向国际社会主动表露：此时的中国正处于脆弱的、需要外部

援助的创伤时刻。

表3 《中国日报》特刊对四次全国哀悼日媒介化仪式构建的对象维度

	受灾者		非官方救援者		官方救援者	
	灾区（文/图）	其他（文/图）	国内（文/图）	国外（文/图）	国内（文/图）	国外（文/图）
汶川	33 56	5 0	15 10	6 5	43 39	12 8
玉树	3 6	0 0	6 3	0 0	7 2	1 0
舟曲	3 3	1 0	1 0	0 0	2 0	0 0
新冠	0 2	4 0	1 1	0 0	11 0	1 0

个体之痛的表达还内嵌于非官方哀悼仪式的媒介化构建之中（见表4）。汶川大地震后，日本救援队向一对去世的母女集体默哀；灾区民众，救援人员，出租车司机，香港市民，西藏、宁夏等地的少数民族群众手拿黄菊花，或手持蜡烛，或手捧黄色救援帽，为逝去同胞默哀祈福；十一世班禅额尔德尼在北京雍和宫为地震死难者诵经祈福。舟曲泥石流发生后，救援人员在废墟上为遇难民众默哀。这些普通哀悼仪式在创伤时刻传递了人的哀思，跨越时空，令每个人感同身受。

表4 《中国日报》特刊对四次全国哀悼日中哀悼仪式的媒介化构建

	哀悼仪式（文字）		哀悼仪式（图片）		哀悼仪式（图片）	
	官方	非官方	官方	非官方	黑色	彩色
汶川	2	2	2	14	61	87
玉树	4	2	0	0	10	3
舟曲	1	1	1	1	5	1
新冠	4	3	1	1	4	13

在四次全国哀悼日中，中央政治局常委都在中南海集体默哀，表达对受灾民众的哀思，《中国日报》特刊通过视觉与语言符号展现了四次哀悼场景，主动言说伤痛。此时，个体之痛上升为国家之殇，国家权威和社会中心得到确认。此刻，国家作为创伤的主体，不再是独立于国际社会的个案，而是具有普遍的情感价值，能够唤起他国的共情与共识。

（二）力量：国家在场与民众自愈

灾难往往是考验一个国家与其社会灾难应对体系的关键时刻。灾难发生之时，灾区的日常秩序被打破，处于短暂的失序状态，随即进入的特殊秩序阶段至关重要：一则它决定着灾区和受灾民众何时恢复日常秩序，二则此刻是展现国家治理能力、社会结构特性的关键时刻。

前三次全国哀悼日都按照中国传统习俗"头七"设在了灾难发生后的第七天，此时处于特殊秩序阶段；第四次全国哀悼日设在了中国传统节日清明节，此时国内新冠疫情基本得到控制，已经恢复日常秩序。特刊通过描摹特殊秩序和日常秩序中国家所做的种种努力，符号性地表达了国家在场；通过叙述受灾者在特殊秩序和恢复日常秩序后的自救与重建，仪式性操演有关唐山大地震的记忆符号，展示了民众的自愈能力。

1. 国家在场

国家不可见，需要人格化方可见。① 在中国的政治语境中，国家领导人在灾难发生后走访灾区、抚慰灾民是国家在场的重要表征。在汶川大地震特刊头版图片中，胡锦涛将一名8岁灾区男孩搂在怀里，安慰道："虽然你还是个孩子，但必须学会勇敢和克服困难。我们必须要有信心、勇气和力量。"② 温家宝、李克强走访慰问重灾区绵阳、绵竹的图文报道出现在后两天的特刊中。玉树地震特刊中，在北京接受治疗的17岁藏族女孩希望"尽快康复，然后去看看天安门"③。藏族女孩使用作为国家符号的天安门进行情感表达，体现了国家在她心中的分量。新冠疫情特刊头版以彩色图片刻画了习近平总书记戴口罩在北京与民众一起参加植树活动的场景，他说："植树造林是促进经济社会进步、加快恢复正常工作生活的具体行动。"④ 特刊通过叙述日常化场景中国家

---

① WALZER M. On the role of symbolism in political thought［J］. Political science quarterly，1967，82（2）：194.

② Xinhua. President Hu Jintao comforts a boy, a victim of Monday's earthquake, in Shifang City yesterday as he continued to visit affected areas and oversee rescue operations［N］. China Daily, 2008-05-19（1）.

③ Girl Hu hugged in Beijing［N］. China Daily, 2010-04-22（4）.

④ AN B. President says planting trees key to protecting nature［N］. China Daily, 2021-04-05（1）.

最高领导人的言行，在表征国家在场的同时对外宣告中国已经恢复日常秩序，接下来的重点是恢复经济与社会生活。

灾难发生后，政府统一调配资源、实施有效救援也是国家在场的重要表现。汶川大地震后，民政部、公安部和卫生部立即联合启动了 DNA 数据库辨认尸体；国务院下令政府部门削减开支 5%，用于灾后重建；中国驻外使领馆、临近四川各省提供紧急援助。特刊在报道政府高效运转、书写"一方有难八方支援"故事的同时，国家权威与社会中心再次得到确认。

在四次全国哀悼日媒介化仪式中高频次出现的"官方救援者"（见表 3）是国家在场的具体表现，他们的积极抢救行为是灾难中团结协作、绝不放弃精神的体现。汶川大地震后，超过 11 万的解放军和武警投入了救援工作，他们集体身着标示"CHINA 救援"字样的橙色救援衣穿梭于废墟场景中，他们的身影与象征消极、负面体验的废墟构成强烈反差，强化了作为国家在场表征的群体身份，凸显了国家力量。值得一提的是，橙色是国际救援的统一警戒色。在特刊文本中，橙色救援衣成为重要的关联符号，它将来自港台地区、俄罗斯、新加坡、日本和韩国的救援人员联结起来，展现了"作为中国人"的民族凝聚力和国际援助力量。

2. 民众自愈

在灾难语境中，"创伤记忆的真正意义，不是重述人类个体或集体经验过的痛苦和伤害，也即不是创伤经历本身，而是这一事件对于整个社会和文化结构性的'松动与震撼'，以及由此提供给人类的'震惊与恐惧'是如何被人类克服并有可能最终拯救人类"[①]。诚如其所言，在四次全国哀悼日媒介化仪式中，回溯和呈现哀痛不是终点，展现灾区民众有能力重新出发才是最终目的。

在前三次全国哀悼日特刊中，寓意国家希望的儿童和学生是重要的书写对象。在汶川大地震特刊的暖色调头版图片中，两名儿童面对国旗向着太阳升起的方向眺望；被解放军救出的三岁"敬礼娃娃"郎铮在担架上向他们敬

---

① 赵静蓉. 创伤记忆：心理事实与文化表征［J］. 文艺理论研究，2015，35（2）：110-119.

礼;废墟空地整齐的蓝色临时帐篷成为灾区学生迅速复课的场所。托举、敬礼等姿势的刻画着向上的力量,儿童被救援、学生复课的叙述表明国家的未来不会被灾难摧毁。在新冠疫情特刊中,民众主动接受并创新生活与经营方式:主动改用网上祭祀向故去的亲人表达哀思,湖北商户积极尝试网络直播恢复生产,显示出较强的适应与自愈能力。

民众的自愈能力还通过调取和征用唐山大地震的媒介记忆得以凸显:参与1976年唐山大地震医疗救助任务的57岁医生主动前往四川支援,由13名唐山大地震幸存者组成的救援队"唐山十三侠"前往灾区救援。这些亲历唐山大地震的个体成为唐山大地震记忆的承携者,特刊通过具体化、场景化地讲述记忆承携者的救援故事,使唐山大地震记忆符号在不同时空的灾难语境下实现流转,阐释和召唤了民众自救与重建精神。

五、结论与讨论

国家级英文媒体《中国日报》对四次全国哀悼日的媒介化仪式构建,首先通过呈现哀悼仪式向灾难中逝去的普通人表达哀思,在唤起普遍的人类情感的同时使幸存者重新聚合,稳定社会秩序、进行社会整合。其次,为国家、政府和公众的互动提供了话语空间。《中国日报》特刊征用了国家领导人、天安门、中国人民解放军、儿童等象征符号,操演了有关唐山大地震的媒介记忆,经由媒介文本的展演构造了作为媒介化仪式的"全国哀悼日",结构化地表达了中国在面临巨大灾难之时的国家权威、社会中心、民族团结和民众自强。

如果将四次全国哀悼日媒介化仪式镶嵌于更宏观的意指框架之中考察,可以发现《中国日报》特刊所展现的意义世界变化的背后是12年间中国综合国力、国际地位的改变。

与前三次全国哀悼日特刊不同,新冠疫情特刊弱化了哀思维度对个体和国家苦难的呈现,强化了力量维度的媒介表达,重点展现的是中国国内秩序井然、中国的对外援助和中国主导的国际合作。自2008年起,中国综合国力和国际地位的提升令世人瞩目。新冠疫情暴发之前,作为老牌守成帝国的美国以美中货物贸易巨额逆差为由采取了一系列针对中国的行动,挑起了中美之间的贸易摩擦,并以此为由在贸易和投资等领域出台系列措施压制中国,中国随即反制,中美贸易摩擦升级为贸易战。①2019年年底,突如其来的新冠疫情加剧了中美关系的恶化,一些国家隐瞒疫情信息,"甩锅"推责,将疫情政治化的做法令国际局势愈加紧张。②《中国日报》特刊在构建第四次全国哀悼日媒介化仪式时,着重书写了中国主动向受疫情影响严重的国家施以援手,在新冠疫情带来的全球性危机语境下分享中国经验,贡献中国智慧,在刻画中国抗疫经验输出的过程中再次确认中国政府的高效有力与社会中心的稳固。特刊文本所映照的正是12年间中国政府处理公共突发事件、应对西方国家及其媒体营造的国际舆论压力的能力提升。

　　灾难人类学研究表明,作为事件与过程,灾难融合了文化、社会与环境等多重因素。当灾难发生时,物质世界、人类与社会文化系统间的复杂交汇得以体现,揭示出这些因素在物质和文化世界的实践。灾难的应对往往能够凸显某一社会的社会结构性质,既包括社会内部组织和社会精神特质的应对能力,也指向与其他关系的联结和维系。③因此,灾难的发生、救援与仪式构建起了一个展现公众、国家与国家间关系的时空语境,而阐释主义本质的媒介化仪式则为考察灾难事件中的具体社会文化行为提供了一种阐明本土文化意义的研究视角。

---

① 陈继勇.中美贸易战的背景、原因、本质及中国对策[J].武汉大学学报(哲学社会科学版),2018,71(5):72-81.
② 张清敏.新冠肺炎疫情与全球卫生外交[J].当代世界,2020(4):35-41.
③ 史密斯,霍夫曼,彭文斌.人类学者为何要研究灾难[J].民族学刊,2011,2(4):1-7,91.

主体与策略*
——国际社交媒体空间的脱贫攻坚媒介话语

依据数据分析公司 Statista 的报告,截至 2021 年 1 月,全球互联网活跃用户达 46.6 亿人,其中社交媒体活跃用户达 42 亿人。① 在全球主要社交媒体中,YouTube、脸书及其旗下的照片墙,以及推特分别位于用户活跃度排行榜前列。在这些社交媒体平台,专业新闻机构逐渐成为最受国际社交媒体用户欢迎的账号运营者。②

依托于专业新闻机构的国际传播活动或现象向来是国际传播研究的重要组成部分,互联网技术的发展与广泛应用为专业新闻机构提供了新的国际传播实践空间,源于互联网平台的自媒体也日益成为国际传播实践的重要参与者。可以说,媒介平台拓展为互联网语境下考察国际传播实践的新动向提供了新的空间。同时,中国迫切需要从本土经验出发,找到适于国际传播的话语资源,挖掘世界范围内的共通内涵,建立有效的国际传播策略。基于以上两个现实语境,本文从极具中国特色的本土经验——脱贫攻坚实践出发,从话语角度考察脱贫攻坚话题在国际社交媒体空间的传播现状,由此提出有关中国脱贫攻坚实践及其理念的国际传播策略。

---

* 文章原载于《对外传播》2021 年第 4 期,与蒋佳宸合作,收入本书时,略有删改。

① Statista. Number of internet and social media users worldwide as of January 2021 [EB/OL].(2021-01)[2021-02-01]. https://www.statista.com/statistics/617136/digital-population-worldwide/.

② 王润珏. 社交媒体空间的国际传播竞争格局与发展态势[J]. 对外传播,2020(9):59-62,1.

因隐私设置和关注（follow）机制等不同，全球主要社交媒体具有不同程度的公共性。比如，推特和照片墙隐私程度弱、公共性强，而脸书好友以强关系为主，形成了相对受限的半公共网络空间，其公共性较弱。[①] 本文选择公共性较强的 YouTube、推特和照片墙三个社交媒体作为研究对象，具体考察自 2015 年 11 月"打赢脱贫攻坚战"首次提出至 2020 年 12 月 31 日之间，这三个平台推送的"脱贫攻坚"相关内容。经过数据筛选和清洗，本文共获得文字、音视频样本 417 个。

一、国际社交媒体空间的"脱贫攻坚"媒介话语主体

（一）官方媒体

在 YouTube、推特和照片墙平台，所有官方媒体账号均由中国官方媒体开设。其中，YouTube 平台的 14 个官方媒体账号分别由新华社、中国国际电视台（CGTN）、中央电视台（CCTV）、《人民日报》、《环球时报》、《中国日报》等开设，中国国际电视台同时开设 CGTN、CGTN America、CGTN Documentary 和 T-House 4 个账号，发布不同的视频。在推特平台，27 个官方媒体账号分别由新华网、中国国际电视台、《人民日报》、中国网（@chinaorgcn）、中国新闻网（@Echinanews）、《北京周报》（@BeijingReview）等开设。照片墙上的 9 个官方媒体账号来自中央电视台、中国国际电视台、新华网和《中国日报》。

（二）商业媒体

YouTube 平台上的 15 个商业媒体账号中，4 个账号由中国商业媒体开设，分别为腾讯视频（WeTV English）、蓝海频道（BON Cloud-ChinaVideo）和

---

① WATERLOO S F, BAUMGARTNER S E, PETER J, et al. Norms of online expressions of emotion: comparing Facebook, Twitter, Instagram, and WhatsApp [J]. New media & society, 2018, 20 (5): 1813-1831.

《南华早报》（SCMP Archive 和 South China Morning Post）。其余 11 个商业媒体账号分属于英国广播公司（BBC News）、半岛电视台（Al Jazeera English）、美联社（AP Archive）、彭博社（Bloomberg QuickTake: Now）等境外著名媒体。

推特平台上的 23 个商业媒体账号中，21 个账号分别由《纽约时报》（@nytimes）、路透社（@Reuters）等西方著名媒体和印度、巴基斯坦、土耳其、马来西亚和尼日利亚等亚非国家媒体开设。香港《南华早报》开设了两个账号：@SCMPNews 和 @scmpeconomy。

照片墙平台上的 4 个商业媒体账号分别由中国石油新闻中心（cnpc_news）、欧洲新闻图片社（epaphotos）、巴基斯坦网络媒体 safha.pk 和中印合作媒体《中印对话》（China India Dialogue）开设。

（三）自媒体

YouTube、推特和照片墙平台上的自媒体账号多样性鲜明。YouTube 平台上的 13 个自媒体账号中有 3 个来自中国，其余账号来自美国、澳大利亚、俄罗斯和韩国等国家。推特上的 24 个自媒体账号中，中国自媒体账号有两个，15 个境外账号中，大部分位于美国，其余来自泰国、尼泊尔和日本等亚洲国家。照片墙上的 4 个自媒体账号均来自中国，主要推荐中国的地方风光和图书。

总体而言，在国际社交媒体空间，发布脱贫攻坚内容的话语主体更多元，除了国际传播的传统话语主体之外，多元化、个性化的自媒体账号也成为脱贫攻坚媒介话语的传播主体，由此构成了官方媒体、商业媒体和自媒体组成的多层次、多角度的话语主体矩阵。从话语主体的发布数量来看，中国官方媒体占据绝对优势（发布内容占总量的 66.2%），是国际社交媒体空间发布脱贫攻坚内容的最主要话语主体，境外知名商业媒体也是相关内容的重要发布主体（发布内容占总量的 12.5%）。

二、国际社交媒体空间的脱贫攻坚媒介话语策略

（一）议题设置

通过对3个平台上417个样本的议题划分，可以归纳出11个主要议题（见图1）：（1）政策解读与扶贫进度；（2）扶贫经验世界共享；（3）领导人与领导力；（4）产业创新与就业；（5）扶贫参与典型人物；（6）个体生活变迁；（7）他国政要与专家点评；（8）冲突与困难；（9）基础设施工程；（10）教育与儿童；（11）新冠疫情与脱贫攻坚。

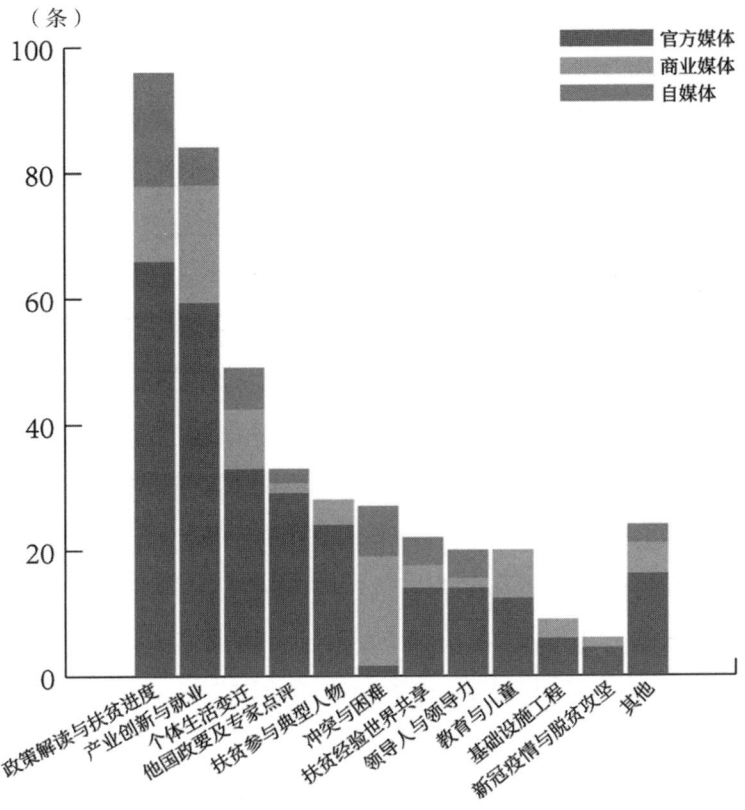

图1　国际社交媒体空间脱贫攻坚三类话语主体的议题设置

官方媒体账号发布的 276 条内容全部来自中国官方媒体，其议题集中于政策解读与扶贫进度（24%）、产业创新与就业（21%）、个体生活变迁（12%）、他国政要与专家点评（11%）和扶贫参与典型人物（9%）。

商业媒体账号发布的 86 条内容中，境外商业媒体账号发布 52 条，议题集中于产业创新与就业（25%）、冲突与困难（23%）和政策解读与扶贫进度（23%）。中国商业媒体发布的 34 条议题集中于个体生活变迁（21%）、教育与儿童（18%）和产业创新与就业（18%）。

自媒体账号发布的 55 条内容中，来自中国自媒体账号的 9 条内容聚焦政策解读和扶贫进度（22%）、产业创新与就业（22%）和扶贫经验世界共享（22%）。境外自媒体账号发布的 29 条内容集中于政策解读与扶贫进度（31%）、冲突与困难（17%）和领导人与领导力（14%），而未知来源的自媒体账号发布的 17 条内容集中于政策解读与扶贫进度（41%）、冲突与困难（24%）和个体生活变迁（18%）。

（二）话语策略

1. 中国官方媒体的脱贫攻坚话语策略

第一，中国官方媒体设置具体历史语境，形成有关脱贫攻坚话语的互文，强调扶贫实践贯穿于中国政府社会治理全过程。尽管"打赢脱贫攻坚战"的口号是在 2015 年 11 月的中央扶贫开发会议上正式提出，但中国的扶贫实践可以追溯至新中国成立之初，而中国改革开放以来所取得的经济建设成就成为中国扶贫实践取得历史性进展的先决条件。基于这一历史背景，中国官方媒体在国际社交媒体空间发布的脱贫攻坚内容常被置于新中国成立初期的经济生产、改革开放等具体语境之中。如 2020 年 7 月 7 日，中国国际电视台 YouTube 账号发布的一条视频采用配音和字幕的方式叙述了 1978 年以来中国已经帮助"超过 7.5 亿人摆脱贫困"，视频展现了农民劳作、城市工厂建设等历史资料。这一视频在论证中国在"脱贫攻坚推进的 40 年间"解决一定贫困问题之后引出了 2020 年全面脱贫的目标。

第二，中国官方媒体将扶贫问题与中国的少数民族政策结合起来，既将脱贫攻坚与中国政府处理民族问题的基本原则联系起来，又巧妙回应了国际社会对中国少数民族问题的关切。以 YouTube 平台的中国官方媒体账号为例，近四分之一的视频中存在明显的少数民族元素。首先，这些视频报道的对象大都来自贵州、云南、新疆、西藏、广西、宁夏等少数民族聚居地区。在视频的标题中，经常出现"新疆（Xinjiang）""西藏（Tibet）""少数民族村落（Ethnic Village）"等词语，旁白、同期声或字幕也会点明视频中的村落位于少数民族地区。其次，以视听形式呈现少数民族服饰、少数民族音乐、建筑物、民族手工艺、少数民族语言等元素。中国官方媒体账号推送的这类内容通常被置于"产业创新与就业""个体生活变迁""政策解读与扶贫进度"等议题之中，从而将脱贫攻坚实践与中国政府尊重少数民族文化和民族平等理念有机地联系起来，同时主动回应他人对于中国少数民族问题的相关质疑。

第三，中国官方媒体沿袭了党媒塑造典型人物的话语策略，展现中国全民参与的脱贫攻坚战，突出中国在世界范围内解决贫困问题的范例性。在个体层面，中国官方媒体账号对扶贫干部、参与技术培训的科学家、支教教师以及个体投资开发商进行了大量报道，塑造奉献者的典型人物形象。比如，中国国际电视台 YouTube 账号在 2020 年 11 月专门推出"扶贫干部（Poverty alleviation official）"系列，讲述扶贫干部的个人故事。在这些故事中，不少扶贫干部多次提及自己"主动""第一时间""申请"到贫困地区任职，并认为这是"时代赋予我的责任""我的荣幸"。即便这些扶贫干部曾遭遇当地人的误解、睡眠时间减少、家庭问题等实际压力，但最终成功帮助当地脱贫，他们勤勉、刻苦和利他的品质得以塑造和呈现。此外，中国官方媒体账号较多呈现了商业企业对于脱贫攻坚的贡献，展现其积极响应国家政策，开展公益活动，将其纳入中国脱贫攻坚全民参与的叙事之中。

在国家主体层面，中国官方媒体账号在推送中国扶贫政策与经验时凸显了中国在世界范围内的领航者地位与范例性。这些账号经常将中国的扶贫数据置于世界扶贫数据背景之下，比如，"占全球减贫人口总数的 70%""提前 10 年完成联合国目标"等，以强调其对世界减贫的重大意义，刻画了中国在

世界范围内解决贫困问题的领先地位。同时，中国媒体借助境外官方权威人士访谈中对中国扶贫的积极评价，印证了中国扶贫实践在全世界的范例性。比如，新华社 YouTube 账号分别发布了国际劳工组织主席、泰国前总理、尼日利亚总统办公室发言人、美国经济学家杰弗里·萨克斯（Jeffery Sachs）、比利时前总理等境外知名人士的访谈视频。访谈中，"变化""惊讶""勇敢""对于其他国家来说是很好的一课""任何其他国家没有这么做过"等积极的主观性评价频繁出现。

2. 境外商业媒体与自媒体的脱贫攻坚话语策略

相较于中国官方媒体账号，来自中国境外的商业媒体账号和自媒体账号更加关注中国扶贫实践中的"冲突与困难"议题，在话语表征方面广泛地应用了隐喻、视觉修辞等手法，一方面质疑中国扶贫"成功与否"，另一方面暗示中国政府在扶贫实践宣传中的影响。

境外商业媒体与自媒体通过隐喻和视觉符号来表达中国扶贫实践的艰巨性与挑战性，暗示扶贫"不成功"或"难以成功"。2018 年 7 月 1 日，英国广播公司 YouTube 账号发布了一条探访四川凉山悬崖村的视频，在该村，修建在陡峭崖壁上的钢梯是独特的标志物。这一反复出现的钢梯成为中国扶贫实践的隐喻，攀爬钢梯的艰难意指中国扶贫的艰难性。与此同时，出镜记者的表述和字幕中频繁出现一些不恰当的词汇，有的媒体质疑中国贫困线的设定标准。

三、结语

本文通过经验性分析国际社交媒体空间的脱贫攻坚媒介话语，勾勒出中国扶贫实践及其相应理念的国际传播现状。中国官方媒体账号是脱贫攻坚媒介话语的最主要传播者，这些账号更偏向于呈现中国扶贫实践的正面意义，描摹了中国政府领导全社会共同行动，增进社会公平与人民幸福，同时成为世界范围内解决贫困问题范例的成功图景。可以说，中国官方媒体账号在国际社交媒体空间构建了一幅议题多元、层次丰富的中国脱贫攻坚话语图景。

  境外商业媒体账号也是国际社交媒体空间脱贫攻坚媒介话语的主要传播者，其中不乏英国广播公司、《纽约时报》、美联社、半岛电视台等知名国际媒体。这些媒体账号聚焦于"产业创新与就业"和"冲突与困难"议题，在事实层面客观展现中国扶贫成果的同时关注扶贫过程中的阻碍和困难，质疑中国贫困线设置、扶贫是否成功等问题。与此相对照，中国商业媒体在国际社交媒体空间所呈现的脱贫攻坚媒介话语较少。行业报《中国石油报》在照片墙上开设的账号发布的 21 条内容聚焦于中国石油行业对于贫困地区的基建、就业、教育等扶助项目，而腾讯视频的 YouTube 账号则完全搬运了中国官方媒体在 YouTube 平台发布的视频。

  本文认为，基于中国本土经验的国际传播首先需要顶层设计，构建由官方媒体、商业媒体和自媒体组成的多层次、多角度的话语主体矩阵，多维度讲述中国的扶贫故事。其次，需要策略性设置语境，通过互文叙事，将本土经验置于更具人类共通性的命题之中，引起国际受众的共鸣。最后，需要展开实质对话。国际传播的本质在于理解与对话，社交媒体的媒介特质易于促成沟通与对话。但从国际社交媒体空间的脱贫攻坚媒介话语传播现状来看，中外媒体账号仍然存在一定程度的自说自话。因此，需要在国际传播的话语策略上进行对话设计。

金砖国家峰会的国际传播*
——基于中国和南非媒体视角的考察（2009—2021）

金砖国家在全球治理中发挥巨大贡献，成为新兴市场和发展中国家合作的重要力量。南非与中国都扮演着不可或缺的角色。研究《中国日报》和《邮政卫报》中 13 次金砖国家峰会英文报道发现报道多使用团队隐喻、旅程隐喻和战争隐喻来形容合作关系，从中展现出领导者和参与者不同的身份认同。

2009 年，金砖四国（巴西、俄罗斯、印度和中国，BRIC）在俄罗斯举行首次金砖国家峰会（即金砖国家领导人会晤），旨在抵御当时以美国为首的西方国家所引发的全球性金融危机。2010 年 12 月，南非正式加入金砖国家集团。自此，金砖五国（巴西、俄罗斯、印度、中国和南非，BRICS）在促进成员间经济发展以抵抗世界经济衰退的同时，逐渐成为一个具有独特经济、政治与文化身份的合作机制。在金砖五国中，中国自 2010 年起成为世界第二大经济体，南非是非洲大陆的代表，两国都扮演着不可或缺的角色；而且，自 20 世纪 50 年代起，中国就与非洲大陆一直保持着良好的合作关系。

一、文献综述

（一）全球治理与国际传播视域下的金砖国家

当今世界金砖合作机制已经成为全球合作内容最丰富、涵盖领域最广泛

---

* 文章原载于《公共外交季刊》2022 年第 2 期，与戴嘉慧合作，收入本书时，略有删改。

的合作机制之一，同时也已经成为新兴市场和发展中国家合作的重要平台，可以说是国际舞台上一支不可忽视的重要力量[1]。金砖国家改变了世界的重心，带来了新的国际分工，使得新兴国家不再单纯是一种辅助力量，而是成为新的地缘政治结构中的战略力量[2]。在既有的金砖国家研究中，全球治理是主要研究视角。有学者以历次金砖国家领导人正式与非正式会议的联合声明为分析文本，发现金砖国家对国际社会现有经济体系和规范的态度，体现了由成立之初的"规范引导"到"规范争论"的转变。具体表现为以2013年第五次领导人会晤为界，此前以适用性逻辑为指导，在现有的国际金融规范之下履行职责，此后则以争论性逻辑对现有国际金融秩序的适用性进行批判并提出解决方案[3]。在全球卫生治理方面，金砖国家主要通过议程设置、全球卫生治理机制改革以及卫生医疗技术合作三个路径参与治理[4]。不过，学者们也指出，目前金砖国家多为各国单一行动且整体性行动较少，仍未完全从松散的论坛形式向紧密联系的制度化合作机制转变[5]。

立足国际传播视角，有学者基于媒体的国际传播，运用内容分析法考察了2013—2016年金砖五国主流印刷媒体的相关报道，认为金砖国家作为新兴经济体在国际上发声，推动了国际政治经济向着更为公平、公正的方向发展。各成员国在利益诉求上又各有侧重，中国关注金砖峰会与国内事务发展的互动，重视金砖峰会的辐射效应，南非则关注金砖峰会为本国发展带来的机遇与挑战，始终确保担任非洲大陆发展的"领头羊"[6]。有学者以2005—2011年

---

[1] 季哲忱. 凝聚共识，强化信心，助力命运与共的金砖合作："2021金砖国家治国理政研讨会"会议综述[J]. 当代中国与世界, 2021（4）：96–99.

[2] 季哲忱. 凝聚共识，强化信心，助力命运与共的金砖合作："2021金砖国家治国理政研讨会"会议综述[J]. 当代中国与世界, 2021（4）：96–99.

[3] 仇华飞, 叶心明. 规范引导与争论：金砖国家参与全球治理研究[J]. 同济大学学报（社会科学版）, 2019, 30（4）：51–60.

[4] 晋继勇, 贺楷. 金砖国家参与全球卫生治理的动因、路径与挑战[J]. 国际观察, 2019（4）：120–141.

[5] 邓子如, 王伟, 郭敏璐, 等. 金砖国家卫生外交政策及其参与全球卫生治理的经验[J]. 中国卫生政策研究, 2020, 13（8）：50–57.

[6] 郑华, 杨露. 金砖国家的共识与分歧：基于五国主流印刷媒体相关报道的分析[J]. 亚太经济, 2017（3）：183–191, 200.

俄罗斯的《消息报》、印度的《印度斯坦时报》和巴西的《环球报》为研究对象，考察其涉华报道与话语，认为涉华话语的经济框架是三国媒体话语的明显特点，体现了金砖国家以经济发展为核心任务的机制特点。三国媒体对欧盟、上合组织、联合国、国际货币基金组织、世界银行、世贸组织等成熟机制的认同度更高，金砖国家等新型机制尚未获得一致认同，三国媒体仍然是在现有体系的框架中认知世界和中国①。

（二）金砖国家中的中国与南非

2011年，南非首次作为成员国参加在中国三亚主办的金砖国家峰会。中国与南非的双边关系可以追溯至20世纪50年代。当时中国政府支持南非人民反对种族主义的斗争，与"非洲人国民大会""阿扎尼亚泛非主义者大会"等南非民族解放组织建立和保持了友好关系②。在既有的金砖国家研究中，学者们主要从南非或中国的单边角度进行研究，比如围绕金砖国家扩容问题，分析南非的加入动机、角色定位、组织认同等③。有学者认为南非加入金砖国家集团的主要战略考虑和利益诉求是利用该机制追求自身国家利益，实现"非洲议程"和推动全球治理体系转型④。有学者基于2013—2014年的南非媒体报道考察了南非在金砖国家集团中的认同感，发现其倾向于将金砖组织的利益与本国利益进行比对，认同金砖提供给南非的发展机遇，但其对于金砖框架下的经济议题的共识程度高于政治议题，即在政治议题上时常难以与其他成员国达成一致⑤。

非洲学者赫尔曼·魏斯曼（Herman Wasserman）重点考察了金砖国家中的南非与中国。他发现中国超越其他金砖伙伴成为南非媒体报道的焦点，尽

---

① 严怡宁.想象的共同体身份：金砖国家主流媒体涉华话语分析［J］.外交评论（外交学院学报），2012，29（3）：88-99.
② 钱其琛.中国与南非建交纪实［J］.统一论坛，2004（2）：52-56.
③ 孙艳晓.金砖国家的扩容：基础、路径与风险［J］.俄罗斯研究，2019（1）：56-85.
④ 徐乐.南非参与金砖合作机制的战略考量与未来选择［J］.当代世界，2017（3）：60-63.
⑤ 郑华，程雅青.南非对金砖国家身份的认同感研究：基于主流印刷媒体报道的分析（2013—2014年）［J］.同济大学学报（社会科学版），2015，26（6）：40-46.

管部分记者与编辑对于中国主导的角色或者南非在金砖国家组织中的角色持消极态度,但他们的报道在这一地缘政治结盟事件的重要性上达成了共识[①]。魏斯曼认为,媒体内容及媒体资本都是中非交往的一部分。因此,中非交流尤其是中国与南非作为金砖伙伴国的往来,很可能在媒体中有所展现,媒体极有可能成为各种看法和声音表达态度、寻求认同的"角力场"[②]。

整体而言,金砖国家合作机制的内外关系可以分为三个维度,即金砖国家内部关系、金砖国家与其他发展中国家的关系(南南关系)以及金砖国家与发达国家的关系(南北关系)[③]。目前的金砖国家研究主要讨论作为新兴国际力量的金砖国家如何参与全球治理,从金砖成员国的单边角度研究金砖国家扩容、双边角度研究认知与态度等议题。而从金砖国家内部视角去考察成员国与该合作机制的关系、成员国之间的双边关系以及作为新兴国际合作机制的金砖国家集团与西方大国之间关系的研究较少。自第二次世界大战以来,首脑峰会先后在西方与东方的政治领导人中普及,随后拓展至发展中国家。传播学者伊坦·吉阿博(Eytan Gilboa)和外交学者扬·梅里森(Jan Melissen)认为,首脑峰会为各国提供了向外国公众清晰传达讯息的机会,因为首脑峰会令国家元首和政府首脑聚集一堂,构成了特殊的外交事件,必定成为国际媒体关注的焦点[④]。基于此,本文聚焦于自2009年开始举行的金砖国家峰会,以中国和南非两个成员国的英文媒体视角,历时性考察其对13次金砖国家峰会的国际报道,在特殊外交事件构成的国际舆论场中,透过媒介文本管窥中国与金砖国家集团、南非与金砖国家集团、中国与南非,以及金砖五国与西方大国之间的关系。

---

① 魏斯曼,王曦,申文静,等.作为"金砖伙伴"的南非与中国:媒体视野下的地缘政治转变之探究(下)[J].对外传播,2013,(12):38-40.
② 魏斯曼,王曦,申文静,等.作为"金砖伙伴"的南非与中国:媒体视野下的地缘政治转变之探究(上)[J].对外传播,2013(11):40-43.
③ 潘兴明,周鹤.三种维度下的金砖国家关系考察[J].俄罗斯研究,2015(5):112-137.
④ GILBOA E. Mass communication and diplomacy: a theoretical framework [J]. Communication theory, 2000, 10(3):275-309;MELISSEN J. Summit diplomacy coming of age [J]. Discussion papers in diplomacy, 2004.

二、研究问题与研究方法

本文以2009—2021年中国国家级英文日报《中国日报》(*China Daily*)和南非侧重政治分析和调查报道的高质量英文周报《邮政卫报》(*Mail&Guardian*)对13次金砖国家峰会的英文报道为研究对象,通过批判性隐喻分析,呈现和讨论金砖国家合作机制背景下中国和南非的身份认同、中国与南非的关系、金砖五国与西方大国之间的关系。

三、研究发现

笔者通过隐喻关键词个数及其出现总次数求得总鸣值与总鸣值百分比(表1和表2),发现团队、旅程与战争3类隐喻是《中国日报》和《邮政卫报》所使用的最主要隐喻,即:第一,金砖国家(BRICS)是团队工作;第二,金砖国家(BRICS)是一场旅程;第三,金砖国家(BRICS)是一场战争。

表1 《中国日报》的隐喻使用

始源域	隐喻关键词(个)	隐喻关键词出现总次数(次)	总鸣值	总鸣值百分比(%)
团队	41	1232	50512	84.45
旅程	33	208	6864	11.48
战争	18	61	1098	1.84
道德	12	49	588	0.98
建筑	7	43	301	0.50
机械	4	34	136	0.23
友谊	2	42	84	0.14
水	6	13	78	0.13
竞技	7	11	77	0.13
人	7	7	49	0.08
家庭	4	7	28	0.05

表 2 《邮政卫报》的隐喻使用

始源域	隐喻关键词（个）	隐喻关键词出现总次数（次）	总鸣值	总鸣值百分比（%）
团队	19	142	2698	75.62
战争	14	38	532	14.91
旅程	13	23	299	8.38
建筑	3	10	30	0.84
道德	3	3	9	0.25
友谊	1	3	3	0.08
机械	1	2	2	0.06
竞技	1	1	1	0.03
水	1	1	1	0.03

（一）团队隐喻

《中国日报》将金砖国家集团视为团队工作，定义合作的范围与对象为金砖国家内部的合作，倾向于将金砖国家与中国的关系定义为战略合作伙伴关系（strategic partnership），同时凸显中国在金砖国家中的领导者（leader/leadership）角色，而将其他金砖国家视为团队成员（member/membership）。在描述世界局势与第三世界国家时，《中国日报》则将作为整体的金砖国家视为领导者，强调南南合作，认为金砖国家的合作以及与其他第三世界国家的合作对双方均有裨益，表达了希望通过合作达到双赢的期许。

在运用团队隐喻时，《中国日报》还将其扩展为家庭隐喻，通过使用"brother（兄弟）""family（家庭）"等关键词，将金砖国家间的合作伙伴关系升华为更加亲密的家庭关系，如声称中国是金砖国家大家庭（BRICS family）中的一员，习近平的访问象征着中国与非洲的友好兄弟关系（brotherly relations）等。这既增添了金砖国家间政治经济合作的人情味，又表达出对家庭成员理应守望相助，共同应对不断变化的西方国家与国际局势的期待。

《邮政卫报》则将中国与南非均视为金砖国家团队中的一员，尽管没有明确承认中国在金砖国家的领导者地位，但认为需要借鉴和学习合作伙伴的领先技术。在南非加入金砖国家集团之初，《邮政卫报》曾对成员国利益的多样性可能导致目标与行动不一致表示担忧，后期则直接表明了对广泛合作与深化合作的期许。

(二）旅程隐喻

《中国日报》认为金砖国家峰会的意义在于为金砖国家集团的未来制定路线图（roadmap）与蓝图（blueprint），金砖国家将踏实地走好重要且不可或缺的每一步，努力地在各自的发展道路上前行，同时致力于推动国际秩序朝着更公平、更理性的方向发展。《中国日报》确信金砖国家集团的可靠性，重视长远而稳定的发展，强调旅程中对未来目标与前进路径的规划。

《邮政卫报》同样关注金砖国家集团的发展方向，但对于具体的规划则持保留态度。通过使用旅程隐喻，《邮政卫报》表达了对旅程中可能出现意外与突发状况的隐忧。在金砖国家集团成立初期，其希望有一个更加正式的组织结构，之后则担忧金砖国家集团应如何调整方向采取进一步行动。

与旅程隐喻相配合，《邮政卫报》还使用了建筑隐喻。"gateway（门户）"等关键词的反复出现，强调了南非作为非洲门户的战略关卡地位，及其在金砖国家中的合法性地位，凸显其对集团的政治重要性。

（三）战争隐喻

《中国日报》的战争隐喻将中国与其他金砖国家定位为同一战线并肩作战的战友，这不仅强调要将中国的发展战略与非洲的发展战略联系起来，还表示理应制定联合行动方针与联合战略（joint strategies），以求建立一个更加公平公正的国际政治和经济体系。《中国日报》认为，金砖国家是确保国际社会和世界和平的盾牌，凸显了金砖国家集团的政治与经济重要性。

《邮政卫报》更关注外部世界及其对本国的影响，认为金砖国家彼此既是盟友（allies），也是竞争对手（competitors），尤其是在与非洲国家的贸易上，竞争（competition）将会更激烈，对于作为经济共同体的金砖国家集团实际效力持摇摆态度。此外，《邮政卫报》认为南非虽然不是贸易战（trade war）的真正当事方，但一直受其牵连（collateral damage）。与《中国日报》使用战争隐喻强调结盟、合作可以有效抵御战争不同，《邮政卫报》的战争隐喻揭示了盟友间的竞争性和由结盟而遭受的实际伤害。

四、结论与讨论

在身份认同方面,《中国日报》历时性呈现了中国在金砖国家合作框架下的崛起过程,通过隐喻载体的使用,直接或间接地表达了中国对于金砖国家集团的认可以及自身领导力的自信。《邮政卫报》则关注南非在金砖国家集团中的合法性地位,对于世界其他国家甚至是金砖国家成员国都表现出不同程度的担忧和质疑。尤其是 2020 年新冠疫情暴发以来,《邮政卫报》通过道德隐喻、旅程隐喻等,直指金砖国家共同应对疫情的宣言与实际行动之间存在鸿沟(gaping hole),进一步表达了对金砖各国在面对状况频发的国际局势时难以守望相助的忧虑。

在中南关系和金砖五国与西方大国关系方面,《中国日报》认为中国在发展自身实力的同时,有余力在团队、旅程与战争中发挥一定的领导作用,可以通过国际合作,带动其他金砖国家共同应对既有国际秩序以及变幻的国际局势。《邮政卫报》认可了中南关系持续发展的可能性,但在新冠疫情期间由于疫情的复杂性以及国际局势的变化,对中国、中南关系,以及作为整体的金砖国家集团产生了些许动摇。

21 世纪以来,中国经济实力快速崛起,开始寻求在全球治理中发挥更大的作用。对于中国而言,金砖国家是第一个全球性的、由非西方大国构成的国家合作机制,是中国参与全球治理的重要举措,也是在西方主导的国际政治体制下建立更加公正合理的国际政治与经济秩序的可能性途径。相较而言,南非是崛起的区域大国,它的金砖国家身份也因经济体量与其他金砖四国存在差异而遭受质疑。中国和南非的自我定位直接决定了其在金砖国家合作机制背景下的身份认同,进而分别体现在两国英文媒体对历年金砖国家峰会的报道文本上,一个是高度认可该合作机制的领导者,另一个是期待从该合作机制获益的参与者。

金砖国家合作机制下的不同身份认同直接影响了中国和南非对金砖国家集团内部成员、金砖国家集团与西方大国之间关系的认知。中国将其他金砖成员国视为一起应对国际局势变化、参与全球治理的伙伴，而南非在承认其他金砖成员国伙伴关系的同时也毫不避讳成员国之间的竞争关系。自新冠疫情暴发以来，金砖各国都面临着经济与公共卫生领域的困难，金砖国家集团也面临战略互信赤字、利益纽带松弛、集体行动力下降等挑战[①]。此外，美国采取经济上的"去中国化"战略、安全上的"印太战略"等，单方面加剧了中美战略竞争，进而恶化了金砖国家之间合作的战略环境。金砖国家面临复杂严峻的国际舆论环境。在此背景下，作为新兴国际合作机制的金砖国家亟须在国际舆论场塑造作为统一行动主体的"集团"的国际形象，而作为与所有西方国家都保持着良好的外交和合作关系的南非，可以成为金砖国家集团与西方世界增信释疑的纽带，为金砖国家集团参与全球治理营造良好的国际舆论环境。

---

① 卢静.深化金砖国家伙伴关系：挑战与应对[J].当代世界，2020（12）：58-64.

全球治理视域下的脱贫攻坚*
——世界银行媒介文本的隐喻分析

一、问题的提出

贫困是全球性问题,以减贫为核心的贫困治理是全球治理的重要议题。联合国《2030年可持续发展议程》的首要目标就是在全世界消除一切形式的贫困。但是2020年以来,在新冠疫情、俄乌冲突、极端天气等因素的影响下,世界极端贫困人口数量再次回升。[1] 与此相对,2020年年底中国全面完成脱贫攻坚目标任务,9899万农村贫困人口全部脱贫,832个贫困县全部摘帽,提前10年完成了联合国《2030年可持续发展议程》的减贫目标,为世界减贫事业作出了巨大贡献。[2] 在既有的关于中国脱贫攻坚的国际传播研究中,中央广播电视总台、《中国日报》等国内主流媒体关于这一议题的对外传播是重点。[3] 有研究发现,在国际社交媒体空间的中国脱贫攻坚媒介话语中,官

---

* 文章原载于《国际传播》2022年第4期,与陈袁合作,收入本书时,略有删改。

[1] The World Bank. Measuring poverty [EB/OL]. (2021-02-23) [2021-04-15]. https://www.worldbank.org/en/topic/measuringpoverty#1.

[2] 郭言. 中国脱贫攻坚的世界意义 [EB/OL]. (2021-02-28) [2021-04-15]. http://www.ce.cn/xwzx/gnsz/gdxw/202102/28/t20210228_36343999.shtml.

[3] 李宇. 脱贫攻坚故事国际传播的框架建构与叙事策略 [J]. 电视研究, 2020 (11): 19-22; 杨凤娇, 邱犇. 全球治理语境下中国日报扶贫减贫议题建构研究:基于推特平台@China Daily的实证分析 [J]. 现代传播 (中国传媒大学学报), 2021, 43 (3): 62-69.

方媒体占据主导地位；与此同时，境外商业媒体和自媒体更关注中国扶贫实践中的问题和困难。①有学者在观察和分析关于中国减贫的国际舆论后发现，虽然以国际组织、各国政府等为代表的官方机构总体肯定了中国的减贫成就，但国外媒体在进行相关报道时，常常忽略中国国家主导下的减贫政策的意义，对政府主导的精准扶贫持质疑或保守立场。②由此可见，在国际舆论空间中，中国脱贫攻坚国际传播的话语主体主要是中国媒体，但话语影响力有限，对于中国脱贫攻坚的成果以及向全球贫困治理贡献的中国方案，国际社会仍缺乏足够的认知。

在国际社会中，国际组织是在跨国问题治理中应运而生的重要的国际行为体，其国际权威和组织资源通常远超其他非国家行为体，对国家行为体的政策偏好和治理行动具有较大影响力。③国际组织通常是许多国际通用规则规范的发起者和传播者，影响各成员国并被其接受、内化，最终达成全球范围内的共识。一般而言，国际组织会就全球关注的重要议题发布科学分析和技术报告，其领导团队关于议题的公开发言和立场表达，会塑造国际社会对该议题的认知。④作为联合国专门机构之一的世界银行（World Bank Group）是致力于全球减贫事业的重要国际组织，在世界减贫行动中发挥设置议题、组织资源、发起行动等作用。⑤所以，考察中国的脱贫攻坚议题是否被纳入世界银行有关全球贫困治理议题的信息发布，是否推动了中国脱贫攻坚话语向国际舆论空间的全球减贫话语的转变，可以成为中国脱贫攻坚国际传播研究的新视角，进而为增强国际社会对中国脱贫攻坚实践及其成果的认知、提升中

---

① 陆佳怡，蒋佳宸.主体与策略：国际社交媒体空间的脱贫攻坚媒介话语［J］.对外传播，2021（4）：30–33.
② 熊道宏.中国减贫事业的国际舆论分析与传播策略［J］.对外传播，2020（3）：20–22.
③ 周逸江.国际组织在协同治理中的角色：聚焦疫情后经济复苏与气候治理［J］.国际展望，2021，13（6）：124–144，150–151.
④ 周逸江.世界卫生组织在促进卫生与气候治理协同中的角色与中国的战略选择［J］.国际观察，2022（1）：127–156.
⑤ 孙吉胜.当前全球治理与中国全球治理话语权提升［J］.外交评论（外交学院学报），2020，37（3）：1–22，165.

国方案的国际影响力提供策略性参考。基于此,本文研究了世界银行作为全球贫困治理话语传播重要平台,所发布的有关中国脱贫攻坚议题的媒介文本,试图回答以下问题:在全球性贫困及其治理议题上,中国的脱贫攻坚实践经验经由国际组织的话语传播,在国际舆论空间塑造了怎样的国际认知?中国脱贫攻坚话语如何经由国际组织的传播进入全球治理话语体系,从而凸显中国方案的影响力?

二、研究样本和方法

本研究以 2015 年 1 月 1 日—2020 年 12 月 31 日为时间段,选取推特(Twitter)平台上的世界银行官方总账号 @WorldBank、世界银行与贫困议题有关的官方账号 @WBG_Poverty、世界银行分享亚太地区相关信息的官方账号 @WB_AsiaPacific、世界银行分享贫困议题有关数据的官方账号 @worldbankdata,两任世界银行行长金墉(任期为 2012 年 7 月 1 日—2019 年 2 月 1 日)和戴维·马尔帕斯(任期为 2019 年 4 月 9 日至今)的账号 @JimYongKimWBG 和 @DavidMalpassWBG,以及世界银行官网(www.worldbank.org)所刊载的公开讲话和相关报道为研究对象,通过关键词搜索,筛选出同时含有"中国"(China)和"贫困"(poverty)的样本,共获得相关推文 176 条,相关报道 90 篇(见表 1)。

表 1　世界银行发布的有关中国脱贫攻坚的媒介文本数量

发文类别	推特账号	数量	总计
世界银行推特账号发文	World Bank Poverty@WBG_Poverty	120	176
	World Bank East Asia Pacific@WB_AsiaPacific	23	
	World Bank@WorldBank	21	
	World Bank Data@worldbankdata	6	
	Archive: World Bank Group President Jim Yong Kim@JimYongKimWBG	5	
	David Malpass@DavidMalpassWBG	1	
世界银行官网报道	Lessons for Africa from China's Growth, etc	90	90

在方法上，本文采用批判性隐喻分析。在隐喻成为人文科学和社会科学领域的研究工具之后，隐喻研究开始关注对隐喻话语的语境与文化分析，深入探寻认知背后的身份建构和意识形态，以及与社会文化语境之间的联系。① 乔纳森·查特里斯-布莱克（Jonathan Charteris-Black）将概念隐喻理论和批判性话语分析相结合，提出了批判性隐喻分析理论（Critical Metaphor Analysis, CMA），他认为概念隐喻理论虽然提供了一个如何理解隐喻的较好模型，但批判性隐喻分析可以从社会意识形态、文化和历史的层面解释为什么在特定的话语语境中选择特定的隐喻。② 相较于概念隐喻理论，批判性隐喻分析将隐喻使用的概念从"认知"扩展到"意图"层面，即隐喻使用背后的目的和动机。在既有的研究中，有学者曾探讨过国际会议中各国在全球治理议题方面的隐喻使用和身份建构③④，从中可见，批判性隐喻分析可以挖掘国际舆论中媒介文本背后的政治立场及其所代表的政治集团利益，分析媒介文本的劝服效果。

在具体操作层面，本文首先清洗样本文本，结合十位知名语言学家（Pragglejaz Group）提出的"隐喻识别程序"（Metaphor Identification Procedure, MIP），比较词汇单元的基本义与语境义是否有显著差异，如果有且语境义可理解，则判定为使用了隐喻。⑤ 在此基础上，对隐喻关键词进行人工识别和编码标记，统计隐喻关键词出现的次数，辨析标记出的隐喻关键词所属的始源域并与其使用的目标域进行对比，分析其在映射过程中反映的隐喻使用者的认

---

① 孙亚，钱玉彬，马婷. 国外隐喻研究现状及发展趋势［J］. 现代外语，2017，40（5）：695-704，731.
② CHARTERIS B J. Critical metaphor analysis corpus approaches to critical metaphor analysis［M］. London：Palgrave Macmillan，2004：243.
③ 陆佳怡，张子晗. 对话与独白：联合国气候变化大会美欧中公开发言的隐喻互动［J］. 现代传播（中国传媒大学学报），2019，41（8）：99-104.
④ 翁青青. 政治话语中的隐喻和身份构建：以英国、加拿大、中国在德班气候大会上的发言为例［J］. 国际新闻界，2013，35（8）：26-36.
⑤ 钟兰凤，陈希卉. 隐喻识别研究现状述评［J］. 外语研究，2013（5）：40-44.

知。① 最后结合文本语境和社会历史语境，考察隐喻使用背后的动机和隐藏的意识形态。

本文回答的问题是：世界银行有关中国脱贫攻坚的媒介文本使用了哪些隐喻？这些隐喻的使用体现了世界银行对中国脱贫攻坚实践，以及中国参与全球贫困治理的何种认知？这些隐喻使用背后折射出中国在全球贫困治理话语体系中拥有怎样的话语权？

三、研究发现

从统计数据来看，世界银行在有关中国脱贫攻坚的媒介文本中所使用的隐喻可以分为两个层面，一是叙述事实层面的贫困隐喻，例如贫困是一种容器，贫困是陷阱，贫困是疾病，等等。二是叙述实践层面的中国脱贫隐喻，这层隐喻又可以分为两类，一类是表征中国脱贫攻坚进程的隐喻，例如脱贫是战争，脱贫是旅途，脱贫是竞赛，等等；另一类是表征中国脱贫攻坚意义的隐喻，例如中国是伙伴，中国是引领者，中国是老师，等等（见表2）。

表 2　世界银行关于中国脱贫攻坚议题文本的隐喻使用 ②

始源域	隐喻关键词个数(个)	隐喻词出现总次数(次)	总鸣值	总鸣值百分比（%）
容器	11	89	979	39.9
旅程	13	71	923	37.6
战争	10	38	380	15.5
陷阱	3	14	42	1.7
学习	3	12	36	1.4
团队	3	8	24	1.0
竞赛	4	6	24	1.0
疾病	3	8	24	1.0
建筑	3	3	9	0.4
道德	1	4	4	0.2
动物	2	3	6	0.2
植物	2	1	2	0.1
总计	58	257	2453	100

---

① 编者注：根据批判性隐喻分析理论，喻体为始源域，本体为目标域，隐喻的认知方式是从始源域到目标域的映射。

② 编者注：此处用量化的标准来测算某类始源域在语料中出现的频率高低。

（一）事实层面的贫困隐喻："定义贫困"

世界银行在事实层面的贫困隐喻具象化了"贫困"这个抽象概念，重点突出了贫困的一些主要特征。在世界银行的媒介文本中，贫困被广泛地隐喻为一种"容器"，例如"当今世界人口73亿，据统计12％的人口生活在极端贫困中"①（Today – with 7.3 billion people – an estimated 12 percent live in extreme poverty）。在此隐喻中，贫困是一个上方开口的容器，处于贫困状态的人们生活在容器底部；与此相对应，世界银行常常用"lift out"来表达脱离贫困之意，例如"过去30年，中国已成功使5亿多人摆脱贫困"②（Over the past three decades, China has successfully lifted more than 500 million people out of poverty）。贫困还被隐喻为"陷阱"，处于贫困状态的人们被困于陷阱之中，例如"确保人们不会继续陷入极端贫困"③（ensure that people don't remain trapped in extreme poverty）。相较于中性词"容器"，"陷阱"隐喻强调了贫困的负面含义，这两类隐喻的使用都展现了贫困人口的生活状态，他们无法依靠自身摆脱贫困，需要世界银行或者国家政府来帮助他们摆脱困住他们的"容器"或"陷阱"。此外，"疾病"隐喻（如 poverty-stricken）凸显了贫困对人的伤害，"植物"隐喻（如 root out poverty）凸显了贫困的根深蒂固，而"动物"隐喻则反映了世界贫困状况分布动态变化的特点，例如"1981年，全球贫困问题的重心在中国。20世纪90年代，它开始转向印度。如今，它

---

① The World Bank. Speech by world bank group president Jim Yong Kim：ending extreme poverty by 2030：the final push［EB/OL］.（2015−04−07）［2022−01−15］. https://www.worldbank.org/en/news/speech/2015/04/07/speech-by-world-bank-group-president-jim-yong-kim-ending-extreme-poverty-final-push.

② The World Bank. Food safety in China：addressing common problems requires unusual approaches［EB/OL］.（2015−03−30）［2022−01−15］. https://blogs.worldbank.org/voices/food-safety-china-addressing-common-problems-requires-unusual-approaches.

③ The World Bank. Remarks by world bank group president Jim Yong Kim at the opening press conference of the world bank/IMF spring meetings 2015［EB/OL］.（2015−04−16）［2022−01−15］. https://www.worldbank.org/en/news/speech/2015/04/16/remarks-world-bank-group-president-jim-yong-kim-opening-press-conference-world-bank-imf-spring-meetings-2015.

盘旋于南苏丹上空"①（In 1981, global poverty's center of gravity was in China. During the 1990s, it began shifting to India. Today, it hovers over South Sudan）。

世界银行通过使用事实层面的隐喻将抽象的"贫困"概念和容器、陷阱、疾病、植物、动物等具象化事物联系起来，令贫困的特征更容易被感知和理解。事实层面关于"贫困是什么"的隐喻与世界银行的日常工作之一——用各种数字化指标定义"贫困"、解释"贫困"相呼应。世界银行一直采用购买力平价（PPP）比率来推导国际贫困线（每人每天1.90美元），同时还划分了中等偏下收入国家（每人每天3.20美元）和中等偏上收入国家（每人每天5.50美元）。② 中国宣布脱贫攻坚战取得了全面胜利之后，有些西方国家质疑中国的贫困标准，而世界银行在有关中国脱贫的媒介文本中一直使用自己设定的国际贫困线标准，客观上有力佐证并肯定了中国的脱贫成果。

（二）实践层面的中国脱贫隐喻：表征进程和意义

"定义贫困"是在事实层面确定贫困的边界和范围，"摆脱贫困"则需要依托一系列的实践活动。世界银行媒介文本中实践层面的中国脱贫隐喻主要分为两类，分别表征了中国脱贫攻坚实践的进程和意义。

1. 表征中国脱贫攻坚实践进程的隐喻："旅程""战争"和"竞赛"

"旅程""战争"和"竞赛"隐喻表征了中国的脱贫进程和结果，从总鸣值占比来看，世界银行主要使用的是前两个隐喻。世界银行媒介文本在使用这些隐喻时，主要谈论的是世界减贫进程，中国的脱贫攻坚实践通常被置于世界减贫事业的语境之中。

"旅程"隐喻凸显的是世界减贫事业正在有条不紊地向前推进，2030年被世界银行设为这段旅途的终点（goal），其致力于2030年在全球范围内消除贫

---

① The World Bank. In 1981, global poverty's center of gravity was in China. During the 1990s, it began shifting to India. Today, it hovers over South Sudan [EB/OL].（2019-03-14）[2022-01-15]. https://twitter.com/WorldBank/status/1106134159041404928.

② The World Bank. An adjustment to global poverty lines [EB/OL].（2022-05-02）[2022-06-15]. https://blogs.worldbank.org/zh-hans/voices/quanqiupinkunxiandiaozheng.

困。"脚步"（step）、"步伐"（stride）、"向"（toward）、"前进"（progress）等高频词描述了中国脱贫攻坚工作的进展，例如"由于贸易和国内产业对全球竞争的开放，像中国这样的国家在消除极端贫困方面取得了真正的进展"[①]（Real strides towards ending extreme poverty have been made by countries like China as a result of trade and the openness of their domestic industries to global competition）。在脱贫攻坚旅程中，中国迈着坚定的步伐向着终点前进，媒介文本中诸如"最后一英里"（the last mile）等表述表明，中国脱贫攻坚工作获得的成果已经接近世界银行设立的目标。不过，"路径"（path）、"道路"（way）等高频词也表明，在消除贫困的旅程中，各国需要选择适合的道路（方法）。中国在脱贫攻坚旅程中开辟的道路能够更快地到达终点（实现消除贫困），这值得其他国家借鉴。

"战争"隐喻使用了"战斗"（fight）、"标靶"（target）、"瞄准"（aim）、"战略"（strategy）等高频词，彰显了世界银行对人类战胜贫困的决心和意志。在脱贫这场战争中，人类共同的敌人是贫困，世界银行鼓励包括中国在内的各国政府以及各类机构结成同盟（alliance）同贫困战斗。同时，战斗中既要树立明确的目标，也要采取恰当有效的战略才能事半功倍，世界银行认为中国在脱贫这场战争中，精确瞄准贫困人群，采取了行之有效的策略。

相较于以上两个隐喻，"竞赛"隐喻出现频次较少，这种隐喻表征了世界银行希望各国提高在世界减贫事业中的积极性。而在全球脱贫这场竞赛中，中国是优胜者，例如"中国的减贫速度比巴西高出50%，甚至高于印度"[②]（China's growth reduced poverty at a rate 50% higher than that of Brazil, and even higher relative to poverty reduction in India）。一个国家的贫困率通常和经济发

[①] The World Bank. Speech by world bank president Jim Yong Kim：the world bank group's mission：to end extreme poverty［EB/OL］.（2016-10-03）［2022-01-15］. https://www.worldbank.org/en/news/speech/2016/10/03/speech-by-world-bank-president-jim-yong-kim-the-world-bank-groups-mission-to-end-extreme-poverty.

[②] The World Bank. Lessons for Africa from China's growth［EB/OL］.（2015-01-13）［2022-01-15］. https://www.worldbank.org/en/ news/speech/2015/01/13/lessons-for-africa-from-chinas-growth.

展程度直接挂钩,各国的脱贫成果直接反映了其经济发展水平,中国是近年来经济发展竞争中的优胜者之一。

2.表征中国脱贫攻坚实践意义的隐喻:"团队""学习"与"道德"

表征中国脱贫攻坚实践意义的隐喻主要有团队、学习和道德。在"团队"隐喻中,"伙伴"(partner)、"引领"(lead)、"成员"(member)是高频词;在"学习"隐喻中,"课程"(lesson)、"学习"(learn)、"参考"(reference)是高频词;在"道德"隐喻中,"贡献"(contribution)是高频词。这三个隐喻共同凸显了基于中国本土实践的脱贫方案的有效性,以及中国脱贫攻坚对世界减贫事业的重要意义。在世界银行的认知中,中国在全球贫困治理中分别扮演伙伴、引领者和老师的角色,例如中国是世界银行"消除极端贫困的一个非常重要的合作伙伴"[1](a very important partner in this effort to end extreme poverty),自1978年以来,中国"在全球消除极端贫困中发挥了引领作用"[2](played the lead role in the global effort to overcome absolute poverty),"中国的减贫经验可以为其他发展中国家提供有益的借鉴"[3](China's experience in poverty reduction can offer useful lessons to other developing countries)。

世界银行通过使用"团队""学习"和"道德"隐喻肯定了中国脱贫攻坚成果对于全球贫困治理的重要意义,认为中国在全球贫困治理中扮演着重要角色,而中国的成功脱贫有赖于在本土实践中选择行之有效的方法,中国的脱贫实践经验和成功方案值得在国际上广泛传播。

然而,就整体而言,世界银行有关中国脱贫攻坚的媒介文本主要使用的

---

[1] The World Bank. Transcript of world bank group president Jim Yong Kim's press conference at the world bank-IMF annual meetings 2016 [EB/OL].(2016-10-06)[2022-01-15]. https://www.worldbank.org/en/news/speech/2016/10/06/transcript-of-world-bank-group-president-jim-yong-kims-press-conference-at-the-world-bank-imf-annual-meetings-2016.

[2] The World Bank. Ending poverty in China:a 20-year perspective from staff in the frontlines [EB/OL].(2016)[2022-01-15]. https://blogs.worldbank.org/eastasiapacific/ending-poverty-in-china-a-20-year-perspective-from-staff-in-the-frontlines.

[3] The World Bank. China launches new poverty reduction case database [EB/OL].(2017-05-26)[2022-01-15]. https://www.worldbank.org/en/news/press-release/2017/05/26/china-launches-new-poverty-reduction-case-database.

是事实层面的贫困隐喻,在实践层面的脱贫隐喻中,表征世界减贫进程的隐喻占绝大多数,涉及中国脱贫攻坚实践进程及其意义的隐喻数量相对较少,这意味着中国的脱贫实践叙述被置于世界减贫事业语境之中,虽然世界银行对中国的脱贫攻坚实践有所认知,但并不充分。诚如有学者指出,话语权体现在全球治理之中,而全球治理话语权既体现为参与治理的权利,也体现为治理过程中的权力。国际组织是全球治理的主体之一,同时也是重要的话语平台,对话语的生产、传播有很强的影响力。[1] 世界银行媒介文本中关于中国的贫困治理实践及其经验占比较低,说明中国在全球贫困治理中的话语权需进一步提升。

四、结论与讨论

作为致力于消除贫困、促进共享繁荣的国际组织,世界银行在其公开的媒介文本中使用了事实层面的贫困隐喻和实践层面的脱贫隐喻来呈现中国的脱贫攻坚事业。事实层面的贫困隐喻凸显了贫困的负面含义以及贫困的难以摆脱,世界银行使用事实层面的贫困隐喻与其定义贫困的职责密切相关,定义贫困的背后涉及各国围绕国际贫困线标准的话语权之争。实践层面的脱贫隐喻主要表征了中国脱贫攻坚实践的进程和意义,表征进程的隐喻分为"旅程""战争"和"竞赛"三类,"旅程"隐喻表征了世界减贫事业的进程,"战争"隐喻凸显了世界银行对人类战胜贫困的决心和对各国团结一心的期望,"竞赛"隐喻折射出世界各国在经济发展中的激烈竞争,而中国是竞争中的优胜者之一。表征中国脱贫攻坚实践意义的隐喻中,世界银行肯定了中国基于本土经验的脱贫方案,认为中国是世界减贫事业的引领者、是世界银行的忠实伙伴、是其他发展中国家在减贫道路上的老师。与此同时,本研究发现,实践层面的中国脱贫攻坚隐喻在世界银行媒介文本中的使用率不高,印证了

---

[1] 孙吉胜. 当前全球治理与中国全球治理话语权提升[J]. 外交评论(外交学院学报), 2020, 37 (3): 1-22, 165.

中国的脱贫攻坚实践及其话语在全球贫困治理话语体系中的地位还有待提高。

"所谓全球治理，是以人类整体论和共同利益论为价值导向的，多元行为体平等对话、协商合作，共同应对全球变革和全球问题挑战的一种新的管理人类公共事务的规则、机制、方法和活动。"[1] 在涉及人类生存权和发展权的贫困问题的全球治理中，全球层面的对话、协商和合作是有效的治理机制，多主体、多部门合作是实施全球贫困治理的基本形式与有效机制，其中，世界银行发挥着关键作用。鉴于此，在全球治理视域下，关于中国脱贫攻坚实践及其对世界减贫事业贡献的国际传播，应主动瞄准作为全球贫困治理重要行为主体的国际组织，一方面，积极向世界银行提供关于中国脱贫攻坚实践的话语资源和话语表达，并将其有效嵌入世界银行关于全球贫困治理的公开信息发布之中，借助世界银行话语平台所具有的专业性和权威性，将中国话语转变为世界话语，促进完善国际社会对中国脱贫攻坚议题的认知，提升中国贫困治理方案的国际影响力；另一方面，中国政府、官方机构和媒体在国际舆论空间叙述中国贫困治理方案及其对国际社会的贡献时，可以积极援引世界银行等国际组织设立的相关标准，佐证中国方案的科学性和可信度。诚如上文所言，可以采用世界银行定义的国际贫困线标准来论证中国脱贫攻坚成果的价值及其对世界减贫事业的贡献，在呼应国际组织倡导的全球意识和全球价值的同时展现中国的全球责任。

本文尝试从国际组织的国际传播视角，即从世界银行媒介文本的隐喻使用考察中国脱贫攻坚议题及其话语的嵌入度，由此探讨中国在全球贫困治理领域的话语权现状。在后续研究中，还可以进一步考察国际社交媒体空间多元行为主体如何叙述中国的脱贫攻坚，多元话语表达中是否存在隐喻互动，隐喻使用及其互动背后体现了各类行为主体在全球贫困治理领域拥有怎样的话语权。希望这些研究能为在国际社会传播中国声音、提升中国在全球治理中的话语权提供一些新思路。

---

[1] 蔡拓.全球治理的中国视角与实践［J］.中国社会科学，2004（1）：94-106，207.

呈现与影响*
——中国驻欧盟使团的社交媒体公共外交效果初析

一般而言，公共外交是指一个国际行为主体通过与他国公众互动，进而影响国际环境的活动。① 与主权国家之间的传统外交相比，一国的公共外交活动所针对的是他国公众，通常以教育、文化、信息交流等形式，与他国公众形成互动，影响他国公众对本国的认知、态度与行为，最终影响他国的对外政策。近几年，伴随着互联网技术及其应用的迅速发展，"互联网背景下""新媒体语境下"的公共外交研究日益增多。究其本质，公共外交所强调的与他国公众之间的互动、影响在互联网语境下获得了新的实践形式，国家政府等行为主体获得了与他国公众直接沟通与对话的新路径，丰富了公共外交实践与研究的层次。

根据笔者的文献回顾，在现有的互联网背景下的公共外交研究中，在研究对象方面，针对外国驻华使馆利用博客、微博等新媒体技术对中国公众开展公共外交的研究比较多，如钟新、陆佳怡以美国驻华使馆微博、博客为例，分析了Web2.0技术对公共外交传受主体和传播模式的影响②；赵鸿燕、何苗则重点分析了外国驻华使馆的微博外交对中国公共外交的启示③。相较而言，

---

* 文章原载于《对外传播》2017年第11期，与董颖慧、张子晗合作，收入本书时，略有删改。
① CULL N J. Public diplomacy: lessons from the past [M]. LA: Figueroa Press, 2009.
② 钟新，陆佳怡. 公共外交2.0：美国驻华使馆微博博客研究 [J]. 国际新闻界，2011, 33（12）: 47-54.
③ 赵鸿燕，何苗. 外国驻华使馆"微博外交"及其启示 [J]. 现代国际关系，2013（8）: 50-55.

对中国外交部驻外机构使用新媒体技术对他国公众开展公共外交的研究比较少①。在研究内容方面，大部分研究主要关注国家政府等行为主体如何利用新媒体技术进行公共外交实践②，以及利用新媒体技术传递了哪些公共外交信息③，而对其效果的研究较少。

鉴于新媒体技术赋予公共外交实践创新的重要性，以及现有研究的不足，本文主要分析与评估中国外交部驻外机构在国外主要社交媒体上开展的公共外交活动。具体而言，第一，勾勒出中国外交部驻外机构利用国外社交媒体开展公共外交的概貌；第二，以利用国外社交媒体最广泛、最活跃的中国驻欧盟使团为例，分析其呈现内容，评估其效果。

一、中国外交部驻外机构利用国外社交媒体概况

为了勾勒出中国外交部驻外机构利用国外社交媒体的概貌，笔者根据中华人民共和国外交部官方网站的"驻外机构"名录④，对名录中的166个"驻外使馆"、93个"驻外总领馆"和13个"驻外团、处"，共计272个驻外机构利用国外主要社交媒体，即Twitter、Facebook、YouTube、Google+和Flickr的情况进行了调查⑤。中国驻欧盟使团在以上五个平台都开设了主页。中国驻加拿大大使馆和中国常驻联合国代表团在Twitter上开设了主页，中国驻旧金山总领事馆在Facebook上开设了主页。由此可见，在271个调查单位中，中国驻欧盟使团运用国外社交媒体最积极、最广泛，它在五个社交媒

---

① 宋黎磊，卞清. 新媒体时代公共外交的特征与实践：基于外交部欧洲司官方微博的案例分析［J］. 欧洲研究，2014，32（4）：112-129，8. 该文以中文微博为例，一般而言，中文微博所面对的主要还是国内公众而不是公共外交所面向的他国公众。
② 赵可金. 网络外交的兴起：机制与趋势［J］. 世界经济与政治，2011（5）：112-126，159.
③ 赵鸿燕，侯玉琨. 韩国对华"新公共外交"框架［J］. 国际新闻界，2014，36（10）：94-106.
④ 外交部. 驻外机构［EB/OL］.（2017）［2017-10-15］. http://www.fmprc.gov.cn/web/zwjg_674741/zwsg_674743/yz_674745/.
⑤ 需要说明的是，中国外交部驻外机构在国外社交媒体上开设的主页均以"官方认证"为标准，时间截至2017年8月1日。

体上开设的主页都使用了相同的徽标设计,以中国红为底色,映衬"中欧"两个白字。

表 1　中国驻欧盟使团利用国外社交媒体现状①

平台	Twitter	Facebook	YouTube	Google+	Flickr
开设时间	2013年9月	2015年2月	2015年1月	无资料显示	2015年1月

二、中国驻欧盟使团在国外社交媒体上的内容呈现

为了挖掘并分析中国驻欧盟使团通过这些新平台传递了哪些信息,笔者抓取了 2015 年 1 月 1 日至 2016 年 12 月 31 日两年间,中国驻欧盟使团在 Twitter、Facebook、YouTube 和 Flickr 上发布的所有文本、视频和图片信息,并利用线上词频统计软件(http://www.writewords.org.uk)对 Twitter 和 Facebook 的文本信息进行了词频分析。

(一)Twitter:发布中国官方信息的渠道

在 Twitter 平台上,"中欧关系"(27.93%)、中国"国内新闻"(26.60%)、"国际新闻"(15.55%)和中国驻欧盟使团的"使团活动"(13.90%)构成了中国驻欧盟使团推送的主要话题。其中,"中欧关系"话题包括中国与欧盟、中国与欧洲各国之间在政治、经济、外交、文化、科教等领域的合作信息,还包括了中国、欧盟和欧洲各国的政府部门或领导人发布的关于中欧关系的文件和讲话。"国际新闻"聚焦于重要的国际会议。会议期间,中国驻欧盟使团的 Twitter 主页会持续跟进和发布会议的重要议程,特别是连续报道中国领导人讲话、中国提出的议案等内容。

在"国内新闻"中,国内的热点政治、经济与社会议题占据了核心地位,比如,十三五规划(China's 13th Five-Year Plan)、两会(NPC& CPPCC)、

---

① 中国驻欧盟使团的 Google+ 主页没有发布任何内容,因此,以下的分析都不包含其在内。

"一带一路"（Belt and Road）、环保节能（Green Energy & Environment）等议题频繁出现。值得注意的是，在2016年的推文中，针对女性的暴力（Violence Against Women）与人权（Human Rights）两个议题反复出现。一方面，这与中国国内的政策导向密不可分。2016年3月1日起，中国正式实施《中华人民共和国反家庭暴力法》，将妇女权益提升到了一个新高度。2016年9月，由国务院新闻办和外交部牵头编制的《国家人权行动计划（2016—2020年）》发布，确定了2016—2020年尊重、保护和促进人权的目标与任务。另一方面，在中国和欧盟的双边关系中，人权议题一直是个敏感话题，更是欧盟对华战略与政策的重要内容之一。中国驻欧盟使团利用社交媒体及时、主动谈及人权并权威发布中国的人权理念和行动计划，既体现了一种开放、自信的姿态，也表明在人权问题上与欧盟乃至世界各国进行平等交流和对话的意愿。

词频分析可以发现，作为名词的"中国"（China）出现频率最高，其次是"欧盟"（EU）、"欧中关系/中欧关系"（EU-China/China-EU）和作为定语的"中国的"（China's）。如果与"经济/经济的"（economy/economic）、"贸易"（trade）和"投资"（investment）等高频词汇相联系，"中国的经济政策与经济发展成果""中欧经贸往来与合作"话题频繁出现，这证明了作为世界第二大经济体，谋求经济发展与合作是我国对外政策的重要内容，在作为传统外交补充的公共外交实践中也不例外。与此同时，"习主席"（President Xi）、"李总理"（Premier Li）和时任中国驻欧盟使团团长"杨燕怡"（Yang）也频繁作为外交活动的主要参与者出现在推文中。

（二）Facebook：中国视角下的中国与世界的联系

在Facebook主页上，中国"国内新闻"（41.85%）、"国际新闻"（18.15%）和中国驻欧盟使团的"使团活动"（15.56%）是其主要话题。与Twitter主页类似，在"国内新闻"与"国际新闻"中，Facebook主页上发布的内容紧跟国内与国际政治、经济、文化等领域的热点话题，两个平台在主题上多有重合。但是，有别于受字数限制的 Twitter 发布，Facebook 主页上发布的内容更翔实，而且发布文字也更为活泼和多样化，经常使用疑问句和感叹句，引入主题。比如，在对使团举行的"中国时尚之夜"（China Fashion Night）活动进行推介时，写道："错失了看 T 台的机会？那就看视频吧！"（Missed the catwalk? Watch the video!）当然，这类文字的使用与 Facebook 作为基于熟人或轻熟人关系而建立的具有更强互动性的社交网络平台直接相关。

与 Twitter 主页偏重时政话题不同的是，Facebook 主页更倾向于发布文化、科技、教育和娱乐方面的内容，比如，中国的世界文化遗产、中国大学排名与教育事业的发展、"互联网+"新举措、科技创新成果和大熊猫保护。

从词频分析来看，作为名词的"中国"（China）出现频次最高，其次是作为形容词的"中国的"（Chinese）和作为名词的"世界"（World），而作为中国驻欧盟使团的直接目标对象"欧盟"（EU）和"欧洲的"（European），出现频次较低。可以看出，中国驻欧盟使团的 Facebook 主页主要是从中国视角出发，关注中国与世界的联系。

（三）YouTube：调动视听感官的参与式内容呈现

在视频分享网站 YouTube 主页上，有关"使团活动"（34.48%）的视频资料最多，其次为"中欧关系"（31.03%）和"中国文化"（27.59%）。在"使团活动"话题下，2015 年中欧建交 40 周年庆祝活动期间举办的"中国精彩无限"（China Unlimited）有奖征集活动构成了主要内容[①]。该活动以"我眼中的中国和中欧关系"为主题，面向欧盟所有成员国公民征集文章、照片、绘画和视频作品，并将作品发布于网站，让全世界公众以网络投票等方式参与互动。

---

① China Unlimited. China unlimited creative contest［EB/OL］.（2017）［2017–10–15］. http://chinaunlimited.eu/.

相较于 Twitter 和 Facebook 主页上以文字为主的内容，中国驻欧盟使团的 YouTube 主页以视频为主，既可以调动公众的视听感官，又以参与内容制作等方式与欧盟公众进行互动，增强吸引力和感染力。

（四）Flickr：图片展示中欧关系

同 YouTube 主页类似，中国驻欧盟使团的 Flickr 主页内容涵盖了"中国文化""中欧关系"与"使团活动"三个话题，其中很多图片与 YouTube 主页内容重合。"使团活动"展示了关于"中国精彩无限"系列活动、使团开放日、中欧友谊乒乓锦标赛等活动的图片；"中国文化"体现了中国传统节日春节、国庆节和端午节期间举办的一系列集会与活动的场景；"中欧关系"则展示了中欧投资与合作论坛、中欧中心论坛、中欧高级别人文交流对话机制第三次会议等会议的图片。

基于以上分析可以发现，中国驻欧盟使团的 Twitter 主页更多地充当了官方信息的权威发布渠道，承担了权威发布、告知等功能。Facebook 主页文字更加活泼且多样化，展现了中国视角下的中国与世界的关系。YouTube 主页视听因素叠加，邀请欧盟公众参与内容生产。Flickr 主页通过图片展示中欧关系。但是，无论是文字还是视觉表达，词频分析可以发现，中国驻欧盟使团在这些社交媒体上主要还是立足中国视角对中国政治、经济、文化等诸多信息的自我呈现。

三、认知、态度与行为：中国驻欧盟使团的社交媒体公共外交效果初析

正如前文所述，公共外交活动所面对的是他国公众，因此，针对他国公众的效果评估是判断公共外交活动是否有效、是否有益于对外政策施行的关键步骤。但在现实环境下，鉴于公共外交活动所面对的是数量庞大且构成复杂的他国公众，效果评估向来是公共外交研究的难点。在以往的公共外交研究中，效果评估往往借用数据调查机构的二手数据，比如皮尤研究中心

 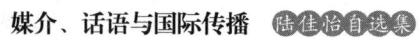

（Pew Research Center）的"全球态度与趋势"调查数据（Global Attitudes and Trends）①、BBC全球调查（BBC World Service Global Poll）的数据②，以及美国芝加哥全球事务委员会（The Chicago Council on Global Affairs）的舆论调查数据③。自2012年起，中国外文局对外传播研究中心也开始连续发布《中国国家形象调查报告》④。这些二手数据都出自知名、权威调查机构，评估的是国际公众对一国的整体认知与态度，而导致这种整体认知和态度的因素是多元化的，涵盖了一国的政治、军事、经济、文化、对外政策等诸多方面。公共外交属于对外政策的一部分，是影响这种整体认知和态度的因素之一而非唯一因素。因此，这些二手数据并不能成为准确评估公共外交活动效果的证明。

拥有在场、互动、分享等特点的社交媒体不仅赋予了国家政府等行为主体探索公共外交实践创新的平台，也为公共外交研究难点的效果评估提供了新的尝试空间。笔者依据王秀丽等归纳的社交媒体效果测量指标体系⑤，从认知、态度与行为（线上）三个层面建立社交媒体公共外交效果评估指标，并对中国驻欧盟使团在四个国外社交媒体上开展的公共外交活动进行分析。

---

① Pew Research Center. International affairs［EB/OL］.（2017）［2017-10-15］. http://www.pewglobal.org/.

② World Public Opinion. Sharp drop in world views of US，UK：global poll［EB/OL］.（2017-07-06）［2017-10-15］. http://worldpublicopinion.net/sharp-drop-in-world-views-of-us-uk-global-poll/.

③ The Chicago Council on Global Affairs. Public opinion［EB/OL］.（2017）［2017-10-15］. https://www.thechicagocouncil.org/issue/public-opinion.

④ 中国外文局对外传播研究中心. 中国国家形象调查报告［EB/OL］.（2013-05-06）［2017-10-15］. http://www.chinacics.org/achievement/.

⑤ 王秀丽，赵雯雯，袁天添. 社会化媒体效果测量与评估指标研究综述［J］. 国际新闻界，2017，39（4）：6-24.

表 2　社交媒体公共外交效果评估指标[①]

平台	Twitter	Facebook	YouTube	Flickr
认知	粉丝数量 (followers)	粉丝数量 (following)	订阅量 (Subscribers)	追踪者数量 (Followers)
态度	喜欢 (Like)	喜欢 (Like)	顶一下(I like this)/ 踩一下(I dislike this)	大爱 (Fave)
行为 (线上)	转推 (Retweet)	分享 (Share)	观看 (Views)	检视 (Views)

表 3　中国驻欧盟使团在国外社交媒体上的内容呈现与效果分析[②]

	内容呈现	认知	态度(喜欢)	行为
Twitter	"中欧关系" "国内新闻" "国际新闻"	4484名粉丝	"国内新闻" "中欧关系" "国际新闻"	"国内新闻"(1238次转推) "中欧关系"(710次转推) "国际新闻"(589次转推)
Facebook	"国内新闻" "国际新闻" "使团活动" "中欧关系" "中国文化"	3112名粉丝	"国内新闻" "使团活动" "中欧关系" "国际新闻" "中国文化"	"国内新闻"(38次分享) "国际新闻"(34次分享) "中欧关系"(21次分享) "使团活动"(15次分享) "中国文化"(12次分享)
YouTube	"使团活动" "中欧关系" "中国文化"	78名订阅者	"使团活动"	"使团活动" (观看764次)
Flickr	"中国文化" "中欧关系" "使团活动"	5名追踪者	"使团活动" "中国文化"	"使团活动" (检视316次)

在认知层面，中国驻欧盟使团的 Twitter 主页的粉丝数量最多，在开设不到四年时间内，粉丝量达 4484 名，其次是 Facebook 主页，粉丝数达 3112 名。相较而言，YouTube 主页（78 名）和 Flickr 主页（5 名）的认知程度不如

[①] 对于 Twitter 和 Facebook 而言，粉丝数量是针对整个账户而言的，而 YouTube 和 Flickr 账户的总浏览量是单条信息浏览量的总和。为了统一评估标准，本文将"认知"指标全部界定为针对账户而言的粉丝数量或订阅量。

[②] 各个平台都以主题为统计单位，"内容呈现"按主题出现频率大小依次排列；"态度"按主题喜欢次数多少依次排列；"行为"按主题被转推、分享、观看或检视次数多少依次排列。数据统计时间段与内容呈现部分一致，即 2015 年 1 月 1 日至 2016 年 12 月 31 日。

前面两个平台。

在态度层面，Twitter 主页最受"喜欢"的话题是"国内新闻"（463 次）、"中欧关系"（321 次）与"国际新闻"（214 次）。"一带一路"、中欧峰会、G20 峰会和联合国气候变化大会成为获点赞最多的话题。

Facebook 主页最受欢迎的主题依次是"国内新闻"（421 次）、"使团活动"（289 次）、"中欧关系"（190 次）、"国际新闻"（184 次）和"中国文化"（151 次）。介绍中国经济建设成果、科技进步和环保举措的内容最受追捧，中国驻欧盟使团所开展的活动与中欧建交 40 周年系列官方活动也备受推崇。

在 YouTube 主页，"中国精彩无限"活动获胜作品展示最受欢迎（7 次"顶一下"）。在 Flickr 主页，在 25 个相簿的 381 张分享照片中，获得"大爱"的照片仅有 20 张，其中 19 张展现了布鲁塞尔街头中国新年游行和使团举行的庆祝活动。

在行为层面，Twitter 主页、YouTube 主页和 Flickr 主页上的"转推""观看"和"检视"排序与态度层面的话题排序基本一致，这一定程度上证明了这些主页使用者的态度影响了其在线行为。不同的是，Facebook 主页上除了被分享次数最多的"国内新闻"与态度层面一致外，其他话题在态度与行为层面的排序并不一致。

根据最新的全球社交媒体活跃用户数据统计，Facebook 和 YouTube 依次排在前两位，Twitter 位列第十，目标受众更为小众化的 Flickr 排名更靠后。① 这说明基于一般的效果评估，Facebook 和 YouTube 的认知程度高于 Twitter。但是，从以上的分析可以看出，中国驻欧盟使团的 Twitter 主页认知程度最高，其次是 Facebook 主页，主要原因在于 Twitter 主页的开设时间早于其他平台，因此赢得了更多粉丝。值得注意的是，尽管中国驻欧盟使团在四个平台的内容呈现各有侧重，但从社交媒体使用者的态度和行为分析来看，在 Twitter 和 Facebook 主页，"国内新闻"最受喜爱，用户转推和分享的行为

---

① Statista. Most popular social networks worldwide as of January 2017, ranked by number of monthly active users [EB/OL].（2017）[2017-10-15]. https://www.statista.com/statistics/272014/global-social-networks-ranked-by-number-of-users/.

也最为活跃；在 YouTube 和 Flickr 主页，涵盖文化、体育等公共外交活动的"使团活动"最受追捧。

四、讨论与结论

从对中国驻欧盟使团的 Twitter、Facebook、YouTube 和 Flickr 主页的内容呈现与效果分析来看，内容层面主要还是立足中国视角的自我呈现。效果层面，这些主页的认知度还有待提升，内容输出一定程度上影响了社交媒体使用者的态度和在线行为，但是，这些使用者尚处于了解中国的阶段，希望通过参与内容生产、线下活动等方式增强互动，被广泛追捧的由欧盟公众参与的"中国精彩无限"活动证明了这一点。

基于以上分析还可以发现，利用国外社交媒体开展公共外交实践时需注意：

首先，社交媒体本身有着不同的定位，比如，Twitter、YouTube 和 Flickr 主要是基于内容的信息分享网络，其中，Twitter 以文字信息为主，YouTube 和 Flickr 分别以视频和图片信息为主，而 Facebook 则是基于人际关系网络。因此，公共外交行为主体在内容输出时需要针对不同平台特点，实现内容的差异化和层次化。

其次，要深入激活社交媒体的对话与互动功能，特别是利用 Facebook 构建与维系人际关系网络的特征。从以上分析可以看出，中国驻欧盟使团 Facebook 主页内容与其 Twitter 主页差异性不大，尽管在话题上更偏重文化、科技、教育和娱乐内容，但主要还是国家层面的单向输出，呈现了"中国与世界的联系"图景，这与普通公众的生活相距较远，难以形成对话与互动。

答案还是路径*
——"中国方案"的国际新闻图景

2014年3月28日,习近平主席应德国科尔伯基金会的邀请,在柏林发表重要演讲。习近平在演讲中表示,中国愿以开放包容心态加强同外界对话和沟通,"我们将从世界和平与发展的大义出发,贡献中国智慧、中国方案"①,这是"中国方案"被首次提及。此后,在多个国际场合,习近平主席都提到了"中国方案"。综合而言,习近平主席提及的"中国方案"主要涵盖了两个层面的含义:第一,"中国方案"可被视为新中国成立以来,特别是改革开放以来中国现代化道路和成功实践的总结,是中国作为世界最大的发展中国家的经验。第二,"中国方案"是当下与未来中国积极参与全球化和全球治理模式改革的表现,是中国对世界发展存在的普遍性问题所提出的立场、态度与解决方案。"中国方案"内涵丰富,本文旨在勾勒国内外主要英文媒体在国际新闻图景中所呈现的"中国方案",分析隐含在国际新闻图景之中的对"中国方案"的情感倾向。

一、"中国方案"的国际新闻图景

笔者在翻阅国内外主要英文媒体对"中国方案"的相关报道时发现,与中文"中国方案"对应的英文主要有两个,即 Chinese solution 和 Chinese approach。为了全面呈现"中国方案"的国际新闻图景,笔者选取了国内两

---

* 文章原载于《国际传播》2019年第1期,与董颖慧合作,收入本书时,略有删改。
① 杜尚泽,郑红. 习近平在德国发表重要演讲:强调中国坚定不移走和平发展道路[N]. 人民日报,2014–03–30(1).

家英文媒体——《中国日报》(China Daily)和《环球时报》(Global Times),同时利用数据库 LexisNexis[①],综合国家/地区、报纸影响力、权威性等因素,选取了 11 家国外英文媒体——《埃及独立报》(Egypt Independent)、《韩国先驱报》(The Korea Herald)、加拿大《环球邮报》(The Globe and Mail)、美国《纽约时报》(The NewYork Times)、美国《华盛顿邮报》(Washington Post)、南非《商报》(Business Day)、《阿拉伯新闻报》(Arab News)、土耳其《今日时报》(Today's Zaman)、新加坡《海峡时报》(The Straits Times)、《印度时报》(The Times of India)和英国《泰晤士报》(The Times)为研究对象,并以 Chinese solution 和 Chinese approach 为关键词,以 2014 年 3 月 1 日—2017 年 12 月 31 日为研究期间,进行全数据搜索,共获得相关报道 91 篇。

仔细阅读并分析国内外 13 家英文媒体对"中国方案"的报道,可以发现其所指向的具体领域分为"国防安全""政治体制""经济贸易""科技创新""外交""环保""教育""法律""医疗保健""文化艺术""媒体""思想理念"12 个类别。从图 1 可见,13 家英文媒体在报道"中国方案"时涉及最多的领域是"经济贸易"和"外交",分别占报道总量的 24.18%。

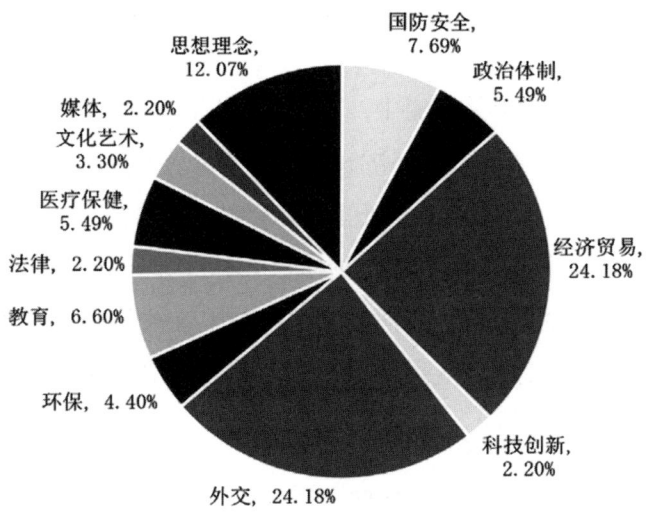

图 1 "中国方案"的国际新闻图景

---

① 经搜索发现,世界范围内,法国、俄罗斯、巴西、阿根廷、西班牙、瑞士和澳大利亚的英文报纸相关报道较少。

当然，在13家英文媒体所呈现的"中国方案"国际新闻图景中，国内与国外英文媒体突出了不同的重点。从图2可见，在《中国日报》和《环球时报》的相关报道中，"外交""经济贸易""思想理念"是其凸显的主要新闻图景。

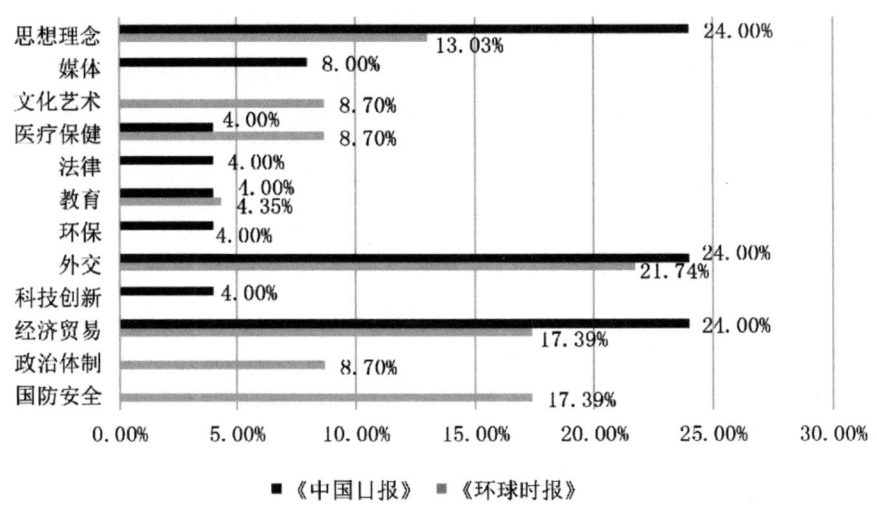

图2 《中国日报》和《环球时报》凸显的"中国方案"

在《中国日报》的相关报道中，"中国方案"指向的是中国40多年的改革开放历程，①是应对当今世界经济低迷、国际贸易下滑和反全球化情绪升温的一种模式与路径，②是解决人类所面临问题的一种路径。③可见，作为中国国家级英文媒体，《中国日报》更多地从理念层面向国际社会诠释了"中国方案"的历史渊源与发展方向。同时，又将"中国方案"置于"外交"与"经济贸易"两大具体语境下，通过书写中国与美国、中国与非洲、中国与中东

---

① Confidence, patience needed in understanding Chinese economy: Aussie economist [N]. China Daily, 2016-03-24.
② China's belt and road initiative delivering benefits to world [N]. China Daily, 2017-04-17; Initiative will help achieve shared growth [N]. China Daily, 2017-04-17.
③ CPC opens 19th national congress, declaring new "Era" of China's socialism [N]. China Daily, 2017-10-18.

国家的外交与贸易故事，重点论及"一带一路"倡议的共赢目的，强调"中国方案"对缓解世界经济低迷现状的作用。

相较于偏重理念阐释的《中国日报》，《环球时报》更直接地将"中国方案"指向具体的个案。比如，中国试验性改革模式可以为巴西商人提供范例，① 中国更加积极地为伊朗核谈判提供中国方案（solution），② 中国模式更适于受制裁之后的苏丹，③ 中国的外交方案更适于打造一个包容性的国际社会。④《环球时报》更是直言，相较挣扎于全球经济低迷之中的其他国家，中国拥有优于他们的一点，即指向未来明确路径的中国方案。与《中国日报》相似，《环球时报》也凸显了"一带一路"倡议在"中国方案"中的重要作用。

对比而言，国外11家英文媒体对"中国方案"的报道，在数量与所涉及议题上，并不如《中国日报》和《环球时报》那样广泛。⑤ 整体而言，国外11家英文媒体都将"中国方案"纳入该国与中国关系的议题之中，涉及最多的议题是"外交"与"经济贸易"。比如，在美国两家英文媒体对"中国方案"的报道中，《纽约时报》报道中的"中国方案"指向了中日岛屿争议、朝核事件的发酵、南海问题的持续冲突以及应对气候变化等问题，这些议题都是近年来中美之间产生摩擦或者存在争议的领域。值得注意的是，《纽约时报》仅是在涉及相关议题的报道中，客观列出解决这些问题的"中国方案"（Chinese approach），并无借鉴、学习等含义。相比较而言，《华盛顿邮报》的报道篇数更少，却直指中国法治（rule of law）、体制等问题，认为"中国方案"体现了中国成为"全球领导者"的政治意图。⑥

---

① Chinese model of experimental reforms offers example to Brazilian leaders [N]. Global Times，2014-05-12.
② Riyadh and Tehran Square off amid middle east turbulence [N]. Global Times，2014-04-08.
③ Chinese model a better fit for post-sanction Sudan [N]. Global Times，2014-04-08.
④ How China's diplomatic approach is creating a more inclusive world [N]. Global Times，2017-09-01.
⑤ 埃及、韩国、加拿大、沙特阿拉伯和土耳其的英文媒体报道数量在2篇以内，数量较少，故未在图表中呈现。
⑥ China moves toward totalitarianism [N]. The Washington Post，2017-10-30.

新加坡《海峡时报》也是将"中国方案"的报道纳入新加坡与中国外交关系框架之下，新加坡是"南海问题"利益攸关方，"南海仲裁案"成为其报道"中国方案"时频繁引用的背景，而该报对于"中国方案"的解读更倾向于认为其"体现了中国对外政策从韬光养晦到奋发有为，彰显自己大国身份的变化"①。南非《商报》主要将"中国方案"的报道置于中非贸易合作框架之下，这符合近十几年来中非关系发展的现状。《印度时报》的相关报道篇数不多，但其涉及的领域体现了中印关系的核心议题——"国防安全""外交"与"经济贸易"。

总体看来，作为国家权威英文媒体，《中国日报》着重于诠释"中国方案"的官方含义，同时辅以外交与贸易故事，凸显内涵丰富、以解决人类共同问题为目标的"中国方案"。通常被西方媒体冠以具有"民族主义"情结的《环球时报》，则更倾向于通过讲述商业合作、核谈判方案等具体故事，阐明"中国方案"在当下全球经济低迷、不稳定性加剧的国际语境下的可行性。由此可以看出，中国两家英文媒体旨在勾勒出一幅内涵丰富、能为世界现实问题带来解决答案或路径的"中国方案"的国际新闻图景。反观国外11家英文媒体，它们更倾向于从本国利益出发，基于本国与中国经济、外交关系的现状，选择性地报道"中国方案"在具体个案中的应用。

二、"中国方案"的国际新闻报道情感倾向

分析报道议题旨在勾勒13家英文媒体呈现的"中国方案"国际新闻图景，为了进一步挖掘隐含在国际新闻图景之中的情感倾向，笔者采用Python中的Textblob工具来测量与分析13家英文媒体中呈现的各方对"中国方案"的情感倾向。Textblob是Python语言中基于NLTK②的文本处理工具，它可以

---

① China does not need to always win to be great; in its rush to assert itself on the global stage, it has simply reaped acquiescence [N]. The Straits Times, 2016-07-15.
② Natural Language Toolkit，即自然语言处理工具包，是在自然语言处理领域中最常使用的一个Python库。

用来执行许多自然语言处理的任务，比如词性标注、名词性成分提取、情感分析等。笔者利用 Textblob 工具，对 91 篇报道样本中关键词 Chinese solution 和 Chinese approach 所在的语句进行情感倾向性分析，对报道的情感倾向（正面、负面、中性）和主客观性进行赋值打分。

情感分析主要研究人们针对实体（包括产品、服务、组织、机构、事件、话题等）表达出来的主观观点、情感、评价、态度和情绪，[①] 通常意义上的情感分析一般包括情感倾向分析、情感程度分析、主客观分析三项指标。[②] 情感倾向分析旨在对文本进行正面、负面、中性的判断。情感程度分析主要是在同一情感倾向中再细分，以描述该倾向的强度，比如"喜爱"和"敬爱"都是褒义词，但是两者"积极"的程度不同。主客观分析主要为了区分文本中哪些部分是不带情感色彩的客观称述，哪些是带有情感色彩的主观描述。只要是属于客观陈述的文本，其情感倾向值都为零，即中性，不存在正面和负面的区分；但反过来，当情感倾向为中性时，主客观性并不确定。本文主要采用情感倾向分析的结果（图3），情感程度分析和主客观分析仅作为参考。

可以看出，英国、美国、新加坡、南非、印度的英文媒体对"中国方案"的报道中，情感倾向为负面的报道所占比例较大，其他英文媒体对"中国方案"的情感倾向基本为正面。仔细分析情感倾向较为负面的报道，可以发现这些报道主要指向了"南海问题"[③]"中印洞朗对峙"[④]"中国收购塞尔维亚工厂"[⑤] 等国际热点或争议事件。这些报道一定程度上反映了有些国家对"中国方案"的推行意图和效果的质疑、不满与抵触，恐其成为中国向外施压和权

---

① PANG B, LEE L. Opinion mining and sentiment analysis [J]. Foundations and trends in information retrieval, 2008, 2 (1-2): 1-135.
② KAUR H, MANGAT V. A survey of sentiment analysis techniques [C]. International conference on I-SMAC, 2017.
③ Start of China's coercive diplomacy towards Singapore [N]. The Straits Times, 2016-10-06.
④ Not just land disputes, China has been unilaterally changing maritime boundaries [N]. The Times of India, 2017-07-27.
⑤ As China moves in, Serbs reap benefits, with a few strings [N]. The New York Times, 2017-09-10.

力扩张的代名词。值得一提的是，南非《商报》在总结"中国方案"（Chinese solution）是否适用于非洲时，提到"我们不能成为意识形态的实验场，我们不是中国，我们不能用中国方案来解决南非的问题"①。

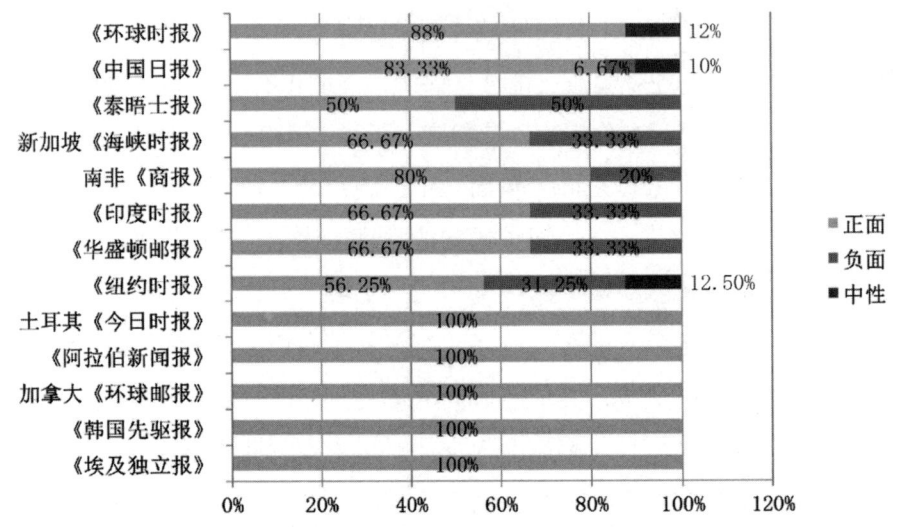

图 3　国内外 13 家英文媒体中呈现的对"中国方案"的情感倾向②

三、"中国方案"：答案还是路径？

基于上文对国内外 13 家英文媒体对"中国方案"的国际新闻图景的考察，以及对隐含在国际新闻报道中的情感倾向的分析，可以发现，中国两家英文媒体想要向国际社会传递的理念性、范例性"中国方案"并未得到其他国外英文媒体的很好接收与呈现。阅读 91 篇报道样本可以发现，中国两家英文媒体旨在向国际社会传递结论式的、范例式的中国方案，而其他 11 家英文媒体更多地将中国方案视为一种解决具体问题的方法或路径。

事实上，这种差别也体现在 13 家英文媒体对"中国方案"的不同英文表

---

① Stop making us fight for a bad idea [N]. Business Day, 2015-02-20.
② 在《中国日报》有关"中国方案"的报道中，有 2 篇直接引用了国际社会对"中国方案"的负面评价，因此出现了 6.67% 的负面情感倾向。

述上。查阅韦氏词典可以发现,solution 主要强调既成事实的问题的答案,[1] 而作为名词的 approach 意为达成某种目标的路径。[2]

南非《商报》是采用作为"答案"的中国方案次数最多的媒体,一共出现了三次。一次是援引习近平主席的讲话,"中国多年来取得的重大成就,为发展中国家开辟了现代化道路,为人类面临的问题提供了中国智慧和中国方案"[3];一次是论及中国的科技发展成果,"'新四大发明'再一次重塑了中国和世界人民的生活,为世界带来了应对发展挑战的中国智慧与中国方案"[4];还有一次是认为中国的发展道路并不适用于非洲。[5]

新加坡《海峡时报》在 2016 年 7 月海牙仲裁法庭对南海仲裁案做出"最终裁决"后不久,在报道中使用了作为"答案"的中国方案,它援引了习近平主席对"中国方案"的解读,即"构建人类命运共同体",但同时也直接指出,这"体现了中国对外政策从韬光养晦到奋发有为,彰显自己大国身份的变化"[6]。《韩国先驱报》和英国《泰晤士报》也分别是在援引习近平主席讲话[7]和中国为英国核电投资提供解决方案[8]时采用了 Chinese solution 这一表述。

由此可见,11 家国外媒体大都在援引习近平主席提及"中国方案"的原话时采用了作为"答案"的 solution,而在大部分情况下都采用了指向路径的 Chinese approach 这一表述,来指代经贸、外交、技术等具体领域与本国密切相关问题的中国方法和举措(图4)。

---

[1] Merriam-Webster. Solution [EB/OL]. [2018-10-01]. https://www.merriam-webster.com/dictionary/solution.

[2] Merriam-Webster. Approach [EB/OL]. [2018-10-01]. https://www.merriam-webster.com/dictionary/approach.

[3] China's "All-round, Well-off Society" an inspiration for whole world [N]. Business Day, 2017-09-26.

[4] A modern life in the making: how innovation and technology are changing everything in China [N]. Business Day, 2017-09-26.

[5] Stop making us fight for a bad idea [N]. Business Day, 2015-02-20.

[6] China does not need to always win to be great; in its rush to assert itself on the global stage, it has simply reaped acquiescence [N]. The Straits Times, 2016-07-15.

[7] Double-Edged offer [N]. The Korea Herald, 2017-12-22.

[8] Beijing to back British nuclear build? mere Chinese whispers [N]. The Times, 2013-02-15.

媒介、话语与国际传播 陆佳怡自选集

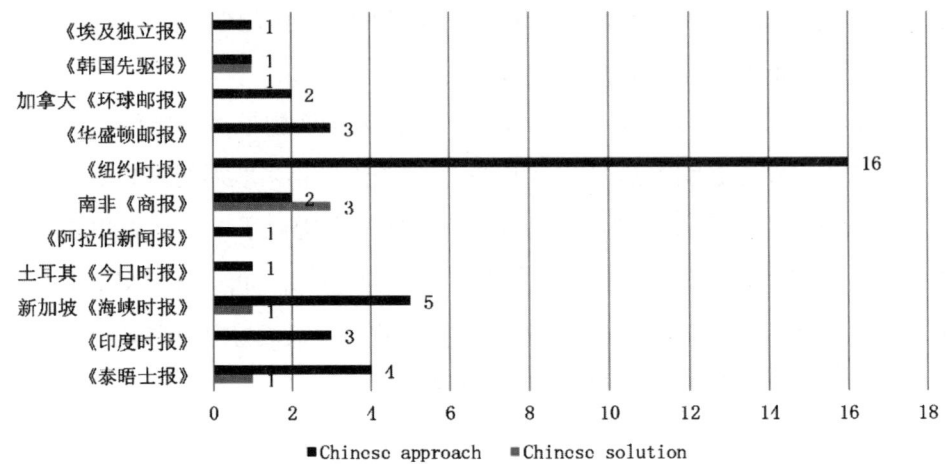

图 4　11 家国外英文媒体对"中国方案"一词的不同表述所占比例

就两家国内英文媒体而言（图 5），尽管《中国日报》在报道中选择使用更贴近国际英文媒体使用习惯的 approach 一词，但其核心内容却最贴近中文语境中"中国方案"的官方含义，这符合《中国日报》作为国家级权威英文媒体的身份，以彰显国家立场。《环球时报》在报道中国的"一带一路"倡议和对全球化的积极推动时，采用了作为"答案"的 solution 一词；在有关"中国方案"的具体合作和协商的故事中则更多采用了作为"路径"的 approach 一词，在这一语境下，其本意是体现"中国方案"的可行性与范例性。

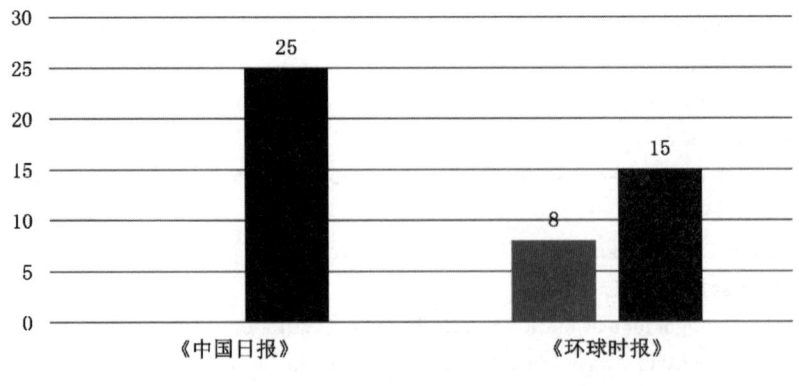

图 5　《中国日报》和《环球时报》对"中国方案"不同表述的使用比例

在中国的官方话语中,"中国方案"是改革开放以来中国现代化道路和成功实践的总结,是其他发展中国家可资借鉴的经验;与此同时,"中国方案"也是当下与未来中国积极应对全球经济低迷、反全球化声音迭起的主要解决方案。从前文的分析可以看出,范例性的、答案式的"中国方案"遭到了南非媒体的否定,但理念性的"中国方案"内涵过于丰富,国际媒体在接收过程中仍表现出惯有的质疑与抵触,其中还夹杂着对中国向外施压和权力扩张的担忧。

事实上,从现有的国际英文媒体实践来看,作为"路径"的"中国方案"更为中外媒体所接受。就中国英文媒体而言,与其独白式地倡导"中国方案"的范例性与理念含义,不如将亚投行、"一带一路"倡议等中国方案置于具体的国际语境之中,即考量不同国家与中国在政治、经济、外交等方面的关系现状,在国际新闻报道中讲述鲜活的合作、协商故事,探讨这些中国方案在解决具体双边或多边议题上的适用性与可行性。

媒介、话语与国际传播 陆佳怡自选集

对话与独白*
——联合国气候变化大会美欧中公开发言的隐喻互动

一、研究背景

气候变化是个全球性议题。自《联合国气候变化框架公约》于1992年在巴西里约热内卢环发大会上通过并于1994年3月生效以来,缔约国大会,即联合国气候变化大会便成为各缔约方就减排、排放贸易、清洁发展机制等议题进行谈判与磋商的重要场合。对于缔约国来说,这些议题直接影响其经济发展的规模与速度。因此,每届联合国气候变化大会都会成为缔约国进行经济与政治博弈的角斗场,也势必成为各国媒体关注的焦点。

在历届联合国气候变化大会的议程中,高级别会议通常会安排出席缔约方会议的部长和其他代表团团长做3—4分钟的简短政策公开发言。各国政府代表会借此机会,向国际社会介绍该国气候治理情况。对于气候谈判中的大国和国家集团而言,公开发言也是阐述如何履行本国/集团责任、兑现减排承诺,与其他大国和国家集团展开气候外交博弈的重要平台。

---

* 文章原载于《现代传播》(中国传媒大学学报)2019年第8期,与张子晗合作,收入本书时,略有删改。

二、传播研究中的"对话"与"对话性"

官方公开发言经常被认为是独白式的，缺乏对话性。翻阅传播研究中有关对话的研究，存在两种观点。第一种观点以苏格拉底的哲学思想为基础，即对话既是主体间相互沟通的完美方式，也是探求真理的辩证法则。实用主义学者将这一哲学基础纳入传播的对话研究中，强调了对话的社会和政治意义。詹姆士（William James）和米德（George Mead）分别论证了不同心灵在共同经验世界汇合的可能性[①]以及共同体中不同自我互动交流的方式[②]。杜威（John Dewey）则借助对话定义了与贵族政治相反的民主概念，认为实现民主主义的必要特点之一是"互相讨论与互相咨询，并最后通过综合和归纳一切人的观念与欲望的表现而达到社会支配"[③]。在实用主义之外，媒介技术派学者伊尼斯（Harold Innis）的出发点与杜威不同，在对比大众传播的时空偏向中，他认为口头传统的重大意义在于集会的立场、民主的兴起、戏剧的出现中，也表现在柏拉图的对话，以及众多的演说词中。[④]凯瑞（James Carey）在杜威和伊尼斯的基础上，认为传播的本质是如同一场会话的互动行为，意义由行为建构，"人类以互动的方式赋予这个灵动而抗拒的世界以充分的一致和秩序"[⑤]。尽管这些学者所处的背景不同，但对于传播活动中的对话均指向现实中一对一、面对面的口语交流，同时将对话视作维系社群和社会的基础，整体上具有理想主义取向。

第二种观点把矛头指向了对话本身，认为理想的对话难以实现，也不一定成为民主政治的保障。舒德森（Michael Schudson）把对话引申到日常会话（conversation），认为杜威、哈贝马斯和凯瑞的问题解决式对话（problem-solving model）并非理想中的自发、平等行为，它对参加者的能力、善意具

---

① 詹姆士.彻底的经验主义［M］.庞景仁，译.上海：上海人民出版社，1987：42.
② 米德.心灵、自我与社会［M］.赵月瑟，译.上海：上海译文出版社，1997：177.
③ 杜威.人的问题［M］.傅统先，邱椿，译.上海：上海人民出版社，1986：26.
④ 伊尼斯.传播的偏向［M］.何道宽，译.北京：中国人民大学出版社，2003：6.
⑤ 凯瑞.作为文化的传播［M］.丁未，译.北京：华夏出版社，2005：63.

有一定要求，强调以解决问题为目标，对话可能会因为参与者害怕尴尬和批评而失败。因此，真正的民主对话需要理性的规则约束，双方在文明中参与，并依赖于大众媒体。① 彼得斯（John Durham Peters）通过对比撒播与对话，进一步指出了第一种对话观点的危险性。他一方面通过引介诸多唯心主义学者的观点来证明心灵之间的直接交流是不可能的，一切交流都是远距离的、媒介化的交流；另一方面从传播伦理的角度质疑对话的对等互惠理想，认为互惠逻辑要求对话必须得到应答，应答的强制性暗含可能的粗暴和霸道。②

当传播研究中的上述两种对话观点就其政治功能进行争论时，一些学者则尝试从对话实践上升到哲学层面，论述传播活动的对话性，认为对话是一切人类活动的必然的关系和性质。布伯（Martin Buber）指出原初词"我—它"控制着功利的经验世界，而"我—你"创造了一个关系世界。③ 在这个无法割裂的关系世界中，"我"与"你"超越了实体概念的范畴，二者之间的互动关系成为直接的必然的活动。俄国哲学家、文学批评家巴赫金（Mikhail Mikhailovich Bakhtin）在西方哲学体系中提取出人类行为中的参与性思维，认为"我以唯一而不可重复的方式参与存在，我在唯一的存在中占据着唯一的、不可重复的、不可替代的、他人无法进入的位置"④。在此基础上，不同主体间的参与证实了彼此的存在，在具体形态上纵然是最简单的眼神交汇、打个照面，在哲学上也是"参与存在"的体现。因此，"参与存在"是每个主体的强制责任。巴赫金进而将行为哲学中的参与性引入语言学领域，构成了文本的对话性（dialogicality）。言语的相互作用是语言现实的基础，对话是相互作用的形式之一，也是最重要的形式，这种形式表现积极接受他人言语的

---

① SCHUDSON M. Why conversation is not the soul of democracy? [J]. Critical studies in mass communication, 1997（14）: 297-309.
② 彼得斯. 对空言说：传播的观念史 [M]. 邓建国, 译. 上海：上海译文出版社, 2017: 81-83, 306.
③ 布伯. 我与你 [M]. 陈维纲, 译. 北京：生活·读书·新知三联书店, 1986: 20.
④ 巴赫金. 巴赫金全集：第一卷 [M]. 晓河, 贾泽林, 张杰, 等译. 石家庄：河北教育出版社, 1998: 41.

倾向。① 可以发现，在巴赫金后期的作品中，对话性已不再局限于语言学层面，他认为"一切发生关联的话语或意义相互之间都构成对话关系，因此都具有对话性。从而，曾被他视为'独白话语'的语篇也就具有一定程度的对话性"。②

基于以上的分析可以发现，对话（包括现实中的交谈、会话和前文"民主的对话"）是对话性的客观表现之一，对话性扩大了对话的范畴，在哲学上转变为内在的对话态度，在传播实践中转变为话语中的两个或多个声音，意义产生于不同声音之间的互动。彼得斯在著作的注脚里提到过他对巴赫金的理解，他认为巴赫金的对话思想不同于赋予对话绝对道德优势的"对话主义"，它指的是覆盖在话语上的多种声音（voices）。③ 从这个角度而言，可以通过挖掘与分析联合国气候变化大会缔约方官方公开发言中的多种声音及之间的互动，论证其对话性。

三、对话性与批判性隐喻分析

巴赫金为其对话性思想找到的登陆点是文学批评领域，他重点探讨了陀思妥耶夫斯基长篇小说中的复调特征。在陀氏的小说中，客观世界并不是在作者的统一意识支配下展开，而是小说中众多地位平等的意识连接为它们各自的世界。其具体表现是，小说中主人公发表议论的功能，并不局限于作者的人物刻画或情节推动，也不是作者个人议论的表现。相反，主人公发表的议论就是另一个人的意识，与其他所有人物的意识，甚至与作者的意识均处于平等的地位，具有同样的分量和价值。在上述复调特征的影响下，小说的对话性表现在小说不是某一个人（包括作者）的完整意识，而是几个意识相

---

① 巴赫金. 巴赫金全集：第二卷［M］. 李辉凡，张捷，张杰，等译. 石家庄：河北教育出版社，1998：447，468，350.
② 李曙光. 语篇对话性与英语书面新闻语篇分析［J］. 外语学刊，2007（6）：109-114.
③ 彼得斯. 对空言说：传播的观念史［M］. 邓建国，译. 上海：上海译文出版社，2017：81-83，306.

互作用而形成的总体①。此后，对话性的研究对象超出了文学领域，涵盖了日常生活中的人际传播②、组织传播③和媒体传播④。基于此，对话性分析工具也需要在借鉴巴赫金应用于文学批评领域的对话性分析方法基础上有所拓展。

现代隐喻研究认为，隐喻本质上是人类理解周围事物的一种无意识行为，通过直觉上可理解的、具有整体结构的始源域，人们可以体验那些模糊、难以理解的目标域。⑤区别于传统隐喻研究将隐喻视作一种可有可无的装饰性修辞现象，现代隐喻研究尝试将修辞层面的隐喻提升至人的认知层面，基于此，布莱克（Jonathan Charteris-Black）扩大了隐喻概念范围，认为其应包括语言（linguistic）、语用（pragmatic）和认知（cognitive）三个维度。认知维度中的隐喻，由始源域的语言表达和目标域的指示物之间的心理关联造成。在具体语境中，语篇中的大量隐喻表征拥有了说者的目的，发挥着劝服的功能，即语用标准。⑥换言之，认知维度揭示了如何理解隐喻，而语用维度则回答了为什么使用特定类型的隐喻。⑦在结合认知和语用维度基础上，布莱克继而提出了批判性隐喻分析（Critical Metaphor Analysis）方法，该方法分为三个步骤：隐喻识别，即提取样本隐喻，利用语料库确定隐喻关键字并检验；隐喻阐释，

---

① 巴赫金.巴赫金全集：第五卷［M］.白春仁，顾亚铃，译.石家庄：河北教育出版社，1998：4-5.
② RICHARD H. Bakhtin dimensions of language and the analysis of conversation［J］. Communication quarterly，2003，51（2）：225-245；MATTHEW S T. Bakhtin applied：employing dialogismto analyze the interplay of the ideologies of individualism and community within the discourse of alcoholics anonymous［J］. Journal of applied communication research，2006，34（4）：349-367；SARI P，HANNELE D. Voices in discourses：dialogism，critical discourse analysis and ethnic identity［J］. Journal of sociolinguistics，2006，10（2）：205-224.
③ RALPH B. Dialogue and communication：exploring the centrifugal force metaphor［J］. Communication Journal of New Zealand，2004（5）：1-19.
④ 辛斌，陈腾澜.语篇的对话性分析初探［J］.外国语（上海外国语大学学报），1999（5）：8-13.
⑤ PAUL C. Analyzing political discourse：theory and practice［M］. London：Routledge，2004：51-52.
⑥ JONATHAN C B. Corpus approaches to critical metaphor analysis［M］. New York：Palgrave Macmillan，2004：21.
⑦ JONATHAN C B. Corpus approaches to critical metaphor analysis［M］. New York：Palgrave Macmillan，2004：247.

即确定影响隐喻的认知因素和语用因素；隐喻解释，即从隐喻话语功能（即劝服）的角度揭示隐喻背后的意识形态和修辞动机。① 目前，该方法已被应用于外交话语②和大众媒体话语③的研究中。

本研究尝试将批判性隐喻分析纳入对话性研究之中。首先，巴赫金承认符号的意识形态特征，认为符号作为现实的一部分存在着，同时也反映和折射、歪曲和证实着另外一个现实。④ 这与语用维度下对隐喻的理解一致。其次，隐喻表征具备对话性，使用者与隐喻中的"内在声音"（voice within）对话，由此形成听众对意义建构过程的参与。⑤ 最后，隐喻是一个建构过程，它在心理认知和语用表达之后并没有结束，而是可能继续引起回应，开始下一次建构和表达。在多主体的互动中，隐喻不是单一主体建构的、闭合的定式，而是动态建构的、开放的、多声的话语体系。批判性隐喻分析提供了解构对话过程与意义的路径之一。

四、研究样本与研究问题

本研究通过联合国气候变化大会官方网站，获取了 2013—2017 年美国、

---

① JONATHAN C B. Corpus approaches to critical metaphor analysis [M]. New York：Palgrave Macmillan，2004：34-35.
② 张巨岩，巩昕顗，宋婧. 公共外交与修辞中的隐喻：美国"911"后公共外交修辞中的系列隐喻 [J]. 国际新闻界，2010，32（8）：42-49；翁青青. 政治话语中的隐喻和身份构建：以英国、加拿大、中国在德班气候大会上的发言为例 [J]. 国际新闻界，2013，35（8）：26-36；CARUSO A. A roadmap to peace：journey metaphors in political speeches on the Middle East peace process [J]. Linguee Linguaggi，2014（11）：77-92.
③ LULE J. War and its metaphors：news language and the prelude to War in Iraq [J]. Journalism studies，2004，5（2）：179-190；甘莅豪. 媒介话语分析的认知途径：中美报道南海问题的隐喻建构 [J]. 国际新闻界，2011，33（8）：83-90；ARRESE A. Euro crisis metaphors in the Spanish press [J]. Communication & society，2015，28（2）：19-38.
④ 巴赫金. 巴赫金全集：第二卷 [M]. 李辉凡，张捷，张杰，等译. 石家庄：河北教育出版社，1998：447，468，350.
⑤ JONATHAN C B. Corpus approaches to critical metaphor analysis [M]. New York：Palgrave Macmillan，2004：10-11.

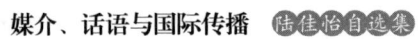

欧盟和中国三方领导人或代表在联合国气候变化大会高级别会议上的发言（见表1）。本文采用批判性隐喻分析，试图回答以下问题：

表1 2013—2017年联合国气候变化大会中、美、欧三方发言人简表[①]

届别	国家/政府组织	发言人
华沙气候大会（2013）	中国	中国国家发展和改革委员会副主任 解振华
	美国	美国气候变化问题特使 托德·斯特恩
	欧盟	欧盟气候行动专员 康妮·赫泽高
利马气候大会（2014）	美国	美国气候变化问题特使 托德·斯特恩
	欧盟	意大利环境、国土与海洋部部长 吉安·卢卡·加莱蒂 欧盟能源专员 米格尔·阿里亚斯·卡涅特
巴黎气候大会（2015）	欧盟	意大利环境、国土与海洋部部长 吉安·卢卡·加莱蒂 欧盟能源专员 米格尔·阿里亚斯·卡涅特
	美国	美国总统奥巴马
马拉喀什气候大会（2016）	中国	中国气候变化事务特别代表 解振华
	美国	美国气候变化特别代表 乔纳森·珀欣
	欧盟	斯洛伐克环境部部长 绍约姆·拉斯洛
波恩气候大会（2017）	美国	美国海洋、国际环境与科学事务助理部长 朱迪斯·加伯
	欧盟	爱沙尼亚环境部部长 西姆·吉斯勒 欧盟能源专员 米格尔·阿里亚斯·卡涅特

问题1：三方领导人或代表在气候大会的公开发言中的隐喻使用特征是什么？

问题2：三方领导人或代表的公开发言隐喻的对话性特征是什么？其中哪些部分接受对话性，哪些部分拒斥对话性？接受与拒斥的原因分别是什么？

[①] 笔者在联合国气候变化大会官方网站上未能找到2018年波兰卡托维兹气候大会上中、美公开发言文本，因此，将研究时间段设定为了2013年至2017年。笔者获得的发言文本均由各国官方向联合国提交。其中，中方在2014年和2017年的公开发言未在网站公布。

五、研究发现

（一）隐喻使用特征

在描述隐喻使用特征时，本研究采用布莱克提出的语料库方法，确定每篇文本中的隐喻，同时用隐喻关键词个数与隐喻关键词出现总次数的乘积求取隐喻的总鸣值和总鸣值百分比。

从数据来看，在2013年华沙气候大会上，美国、欧盟和中国的公开发言中，旅程隐喻总鸣值均为最高，分别为72.58%、89.34%和66.94%。在2014年利马气候大会上，美国的旅程隐喻总鸣值最高（77.67%），战争隐喻居次（15.53%），欧盟的旅程隐喻总鸣值达到了97.30%。

在2015年巴黎气候大会上，美欧中三方的公开发言使用了更为丰富的隐喻。美国的旅程隐喻（44.89%）和战争隐喻（29.83%）总鸣值较高，欧盟的旅程隐喻（62.22%）总鸣值最高，集体隐喻（16.67%）和人的隐喻（13.33%）分居二、三位。中国的情况稍显复杂，集体隐喻（32.47%）比重最高，旅程隐喻（21.59%）居其次，建筑隐喻（17.71%）和道德隐喻（15.50%）的总鸣值较为接近，战争隐喻的总鸣值也达到了10.33%。

在2016年马拉喀什气候大会上，美欧中三方恢复了以旅程隐喻为主。美国和欧盟的旅程隐喻总鸣值分别达到了93.97%和80.49%。中国除了旅程隐喻（65.22%）之外，还主要使用了集体隐喻（16.64%）和道德隐喻（9.07%）。

在2017年波恩气候大会上，美欧两方的隐喻使用出现了分化。欧盟依旧以旅程隐喻（82.74%）为主，美国在保持旅程隐喻（65.79%）主导的前提下，集体隐喻总鸣值上升至30.70%。

（二）隐喻的对话性特征

1. 不同始源域的对话：基于认知差异

相同的目标域构成始源域对话的基础。简言之，不同始源域间的对话就是对话主体为表达同一现实目标，采用了不同类别的隐喻。以此为依据，美欧中对于"气候谈判"和"气候治理"产生了两次始源域间的对话。

在 2013 年华沙气候大会上，中国和欧盟就如何利用隐喻描述"气候谈判"产生对话。在中国方面，气候谈判是一场战争，而引起战争的"导火索"是发达国家不履行资金承诺，使得气候谈判的多边机制面临严重的信任危机（a severe crisis of trust）。同时，这场"战争"——气候谈判——胜利的标志，是在 2015 年达成协定（secure an agreement）的。在欧盟方面，气候谈判是一次旅程，其特点是谈判过程步伐缓慢（slow pace）。而欧盟在谈判中采取步进式的（step-wise）方法，鼓励各国在 2015 年协定中做出减排承诺，华沙气候大会上的谈判将为后续的评估和磋商阶段铺平道路（pave the way）。

另一次始源域间的对话出现在 2015 年巴黎气候大会上美国和中国的公开发言中。在美国方面，气候治理是一次旅程。奥巴马在其演讲中，反复强调气候治理的进步（progress）。这些进步包括各国同意减排氢氟碳化合物、超过 180 个国家在巴黎气候大会前确定减排目标等。值得关注的是，尽管奥巴马称美国在全球气候治理中存在一股美国潮流（American trend），但并未强调旅程的主角是美国。在中国方面，气候治理是一座建筑，建设者是气候大会中的世界各国，而建设的对象是中国极为具体的气候治理措施。例如，习近平在发言中要求建立刺激机制（set up incentive mechanism）、国际法治（build international rule of law）、低碳能源系统（build low-carbon system）和全国碳排放交易市场（build a nation-wide carbon emission trading market）等。同时，科技创新和体制机制创新是气候治理这座建筑的基础（on the basis of technological and institutional innovation）。

从本质上讲，上述两次始源域间的对话体现了不同主体的认知差异。在华沙气候大会上，与欧盟对气候谈判按部就班的表态相比，中国的战争隐喻表现出对谈判（尤其是对发达国家）的疑虑。在巴黎，美国的旅程隐喻反复强调气候治理成果，一定程度上将 2015 年气候大会当作了气候治理过程中一个较为乐观的时间节点。但是，在中国领导人的发言中，建筑隐喻刻画下的气候治理突出了各项具体措施，呈现出审慎、稳健的特征。

2. 不同隐喻载体的对话：扩展与延伸

（1）气候谈判/治理是一次旅程

美欧中三方使用频率最高的隐喻类型为旅程隐喻，都认为"气候谈判/治理是一次旅程"。三方借助扩展和延伸旅程隐喻载体，实践隐喻对话性。

例1：There should be a clear road map for providing 100 billion USD each year by 2020.（中，2013年华沙）

例2：The U.S. has led the way in the relief effort just as we typically do.（美，2013年华沙）

例3：The world rightly expects the United States to lead and we are doing that.（美，2014年利马）

例4：Here we should learn from the economic policies: if targets are not met, normally you don't change the target. No, you add more policies in order to achieve the target.（欧，2013年华沙）

中国使用路线图（road map）隐喻的原因是明确的，自2001年美国以"发展中国家不承担减排义务"为由首先退出《京都议定书》后，相继有发达国家退出，部分发达国家仍有搅局、开倒车的行为，如华沙气候大会上，日本和澳大利亚两国的减排目标不降反升。因此，艰难的气候治理旅程，必须有一张清晰的路线图。类似地，欧盟使用了目标（target）隐喻，强调气候治理旅程需要有一个明确的目标。中欧通过不同的隐喻载体，体现出对气候治理的共识。相比之下，美国在认可治理是漫长旅程的基础上，更强调自身是气候治理旅程的领导者（lead the way）。自哥本哈根会议开始，尤其是在奥巴马政府的第二任期内，美国愈加积极地谋求全球气候治理的领导地位。究其原因，客观上讲，美国近年气温上升、龙卷风频发，2015年12月更创下了121年来最潮湿、最温暖的历史；主观上讲，奥巴马政府不愿坐视欧盟及其他发展中国家就气候问题达成各类多边、双边协议，更不愿将未来低碳经济、减排市场主导权拱手让于欧盟或其他发展中大国。在旅程隐喻的对话中，美国与中欧之间的分歧显现，当中欧为旅程寻找方向和目标时，美国更关注自身在所有旅行者中的地位。

旅程隐喻对话中的分歧在 2015 年和 2016 年的气候大会上被大大消弭，取而代之的是对《巴黎协定》在气候治理旅程中的重要意义的认可。如在 2015 年巴黎气候大会上，中国认为此次大会并不是气候治理的终点（the finishing line），而是一个全新的起点（a new start point）。在 2016 年马拉喀什大会上，美国认为必须利用巴黎大会的全球势头（global momentum）使协定尽快生效。同时，欧盟也表示，各国应全速前进（move at full speed），尽快让一纸协定成为可付诸行动的计划。

在 2017 年波恩气候大会上，旅程隐喻的载体大大简化，美欧之间的对话主要围绕"继续"一词展开。双方依旧认可气候谈判和治理是一次旅程，但双方在旅程中遵循着不同的原则。欧盟代表表示，欧盟与各谈判伙伴将继续对话（continue the conversation），对于发展中国家的气候资金支持不会止步（our support will not stop here）。但为了在气候治理的旅途中一起走得更远、更快（go further, faster, together），欧盟认为各国应当互相激励鼓舞。美国一方面表示将继续担任清洁能源与创新的领导者，另一方面对旅行的原则（guiding principles）提出新的解释，美国需要的是全球各国普遍获得可靠能源，以及开放的竞争性市场。美国将在考虑全球能源结构基础上，继续支持以兼顾的方法（a balanced approach）解决气候变化、经济发展和能源安全等问题。美欧产生不同原则的原因是显而易见的。2017 年 6 月，美国总统特朗普宣布退出《巴黎协定》，并于两个月后向联合国递交文书。在此背景下召开的波恩大会，全球气候治理的下一步走向势必最受关注。因此，美欧代表在发言中反复强调"继续"一词。但是，双方对于如何继续旅途存在异议，欧盟认为各国应相互激励，美国也表示会加强与谈判伙伴的合作，但复杂的是，美国为下一段旅程附加了新的原则，即"兼顾的方法"。

（2）气候治理/保护环境是道德责任

在道德隐喻使用中，中国与欧盟就道德责任的承担者是谁、承担多少道德责任形成了对话。

例 5：We are now carrying out internal consultations and analysis for further enhanced actions, and will continue to work tirelessly in order to contribute to the post 2020 global efforts in addressing climate change.（中，2013 年华沙）

例 6：Given the difference between developed and developing countries in historical responsibility, developing stage and coping capability, the principle of common but differentiated responsibilities, instead of being obsolete, must continue to be adhered to.（中，2015 年巴黎）

例 7：In 2015-six years after Copenhagen, four years after Durban-no country will have a legitimate excuse for not having done its homework, for not having prepared its pledge and its fair share of the contribution.（欧，2013 年华沙）

例 8：The world has changed for the better, and every-one needs to take responsibility.（欧，2015 年巴黎）

中国清楚地认识到目前国际社会对发展中大国的强制性减排呼声越来越大，因而在使用道德隐喻时首先突出了中国承担的大国责任。但中国仍然坚持《联合国气候变化框架公约》中的"共同但有区别的责任"（common but differentiated responsibilities，简称"共区原则"）原则，发达国家应首先承担减排责任，并向作为受害者的发展中国家提供资金和技术支持。相反，欧盟在道德隐喻中强调承担者是"每个人"（everyone），承担责任量是"公平的贡献份额"（fair share of the contribution）。这符合欧盟近年的一贯立场，表面上不反对《联合国气候变化框架公约》原则，但强调用"当代的和动态的"方式对待"共区原则"。

（3）气候变化是一场严峻的战争

中美在战争隐喻的对话中存在共鸣之处，即认为气候变化给人类生存环境带来了威胁（threat）和危机（crisis）。但是，双方的另一部分战争隐喻均在强调自身立场。

例 9：The first is the launch of the National Low Carbon Day for the first time ...（中，2013 年华沙）

例 10：Next year, China will launch cooperation projects to set up 10 pilot low-carbon industrial parks ...（中，2015 年巴黎）

例 11：Political disruptions that trigger new conflict, and even more floods of desperate peoples seeking the sanctuary of nations not their own.（美，2015 年巴黎）

例 12：We have broken the old arguments for inaction. We have proved that strong economic growth and a safer environment no longer have to conflict with one another; they can work in concert with one another.（美，2015 年巴黎）

例 13：One of the enemies that we'll be fighting at this conference is cynicism, the notion we can't do anything about climate change.（美，2015 年巴黎）

在例 9 和例 10 中，中国突出了本国应对"战争"的手段，即通过具体行动（如发起全国低碳日、建立 10 个试点低碳工业园的合作项目）与"气候变化"开展斗争。目前中国已经成为世界第一大碳排放国，同时也是世界节能和利用新能源、可再生能源第一大国。面对着发达国家要求强制性减排的压力，中国没有选择推诿和逃避，而是主动承担国际责任，体现了发展中大国的表率作用。

相反，美国在使用战争隐喻时更关注"敌人"究竟是谁。如例 11、12 和 13 所示，美国是唯一使用了"敌人"（enemy）一词的国家（集团），在其看来，"敌人"不只是气候变暖，"敌人"就在谈判大会当中。与此同时，凭借强有力的经济增长和更安全的自然环境，上述这些"敌人"终将被战胜。美国在将谈判中的争吵、国家（集团）间的激烈博弈编码为"恶"的同时，又勾勒出一个胜利的、积极的未来。美国建构起了一套进步叙事，在这个叙事中，美国是平息混乱、走向胜利的关键引领者。

六、结论与讨论

本文发现三方在公开发言中的不同隐喻呈现出了对话与独白两个面向。

首先，中国和欧盟的发言者在道德隐喻中实现了对话，形成了对话关系。正如前文强调，隐喻对话性的主要特征是使用不同的始源域建构同一个目标域，或对同一隐喻进行延伸、赞成、遮蔽或反对。在道德隐喻中，中国和欧盟共同表达全球气候治理是道德责任,但对始源域"道德责任"进行了不同的细化。中国认为自身承担着大国责任的同时,发达国家应为主要的道德承担者,发展中国家对道德的承担范围是有限的,欧盟则强调平等的道德承担。双方的发言均借责任(responsibility)和贡献(contribution)为由,用现实发声阐述己方观点,用潜在的对话反对对方观点,呈现出了主体的内在对话性。

其次,三方大量的旅程隐喻和战争隐喻仅用于展示立场和观点,未形成实质对话,其根本原因在于发言各方目标域的过度扩张,即对同一隐喻扩展出丰富的隐喻载体,缺失了对话中必需的相对统一的主题,进而削弱了实质对话的可能性。需要指出的是,在旅程隐喻和战争隐喻的使用中,潜在的对话主体并非不存在。例如美国对"战争"中领导地位的反复强调,实质上是对欧盟和中国的全球气候治理地位的回应,而中国使用战争隐喻主要强调的是本国在气候治理中已经和将要付出的努力。同一个始源域"战争"或"旅程"被用来建构起大量的目标域,潜在对话主体的地位逐渐消弭,最终被目标域的庞大掩盖。换言之,发言者不太关注是否回应了一个潜在的观点,更关注自我观点是否在形式上获得了表达。

最后,三方在使用团体隐喻、建筑隐喻和人的隐喻时一定程度上体现了独白性。与对话性相反的独白性,不存在话语内部的他者关系,呈现出闭合、单向的特点。以团体隐喻和建筑隐喻为例,中国使用这两类隐喻的独树一帜,恰恰反映了话语中的独白现象,即缺少话语内部的回应主体,单纯重复以强调己方立场与观点。同时,这也进一步显示出思维中的独白意识,是否存在一个潜在的听者或辩论对象并不重要,重要的是明确传递团体隐喻和建筑隐喻的积极色彩,通俗来讲,即始源域中较为突出的"团结协作"和"稳扎稳打"的意识。但美欧对上述始源域的接受程度极为有限。因此,从某种程度来看,官方公开发言中的独白式隐喻虽然可以展示政治立场,但不及对话式隐喻那样具有较强的说服功能。

通过上文分析,可以发现,在看似独白式的公开发言中存在着不同维度的对话性。其一,对话主体采用不同类别的隐喻来表达同一现实目标,从而产生基于认知差异的实质对话。在本文中,基于对"气候变化"和"气候治

理"两个理念的不同认知,美欧中采用了不同的隐喻,在互动中形成实质对话;其二,对话主体各自扩展出不同的隐喻载体,产生了实质对话和形式对话。在本文中,中欧在道德隐喻互动中形成了实质对话,美欧中在旅程隐喻和战争隐喻使用中,由于隐喻载体过度扩张,导致缺失了对话中必需的相对统一的主题,进而削弱了实质对话的可能性,只构成形式对话。此外,从上文分析可见,中国的官方发言由于采用与其他国家官方发言不同的隐喻,既难以在形式上与美欧共振,更无法与之在实质上展开对话,从传播效果上来讲,说服功能较为欠缺。

如何做好碳达峰、碳中和中国方案的国际传播*

环境危机已然成为全球挑战，而气候变化所带来的环境危机直接涉及人类的生存问题，因此被视为最大的环境危机。在国际社会，环境危机所引发的环境议题在制度政策制定与国际舆论引导两方面长期以来一直为西方世界所主导。自20世纪70年代起，一些发达国家先后牵头成立联合国环境规划署（UNEP）、联合国政府间气候变化专门委员会（IPCC）、世界气象组织（WMO）等国际环境组织，《京都议定书》（1997）、《哥本哈根协议》（2009）、《巴黎协定》（2015）等一系列环境保护公约也是在发达国家的主导下签署。与此同时，一些发达国家借助其主要媒体的国际影响力，主导了环境议题的国际话语权。

2020年9月22日，习近平主席在第75届联合国大会一般性辩论的视频讲话中提出中国力争于2030年前二氧化碳排放达到峰值（碳达峰），2060年前实现碳中和的环境治理目标，一时引发热议。中国提出碳达峰、碳中和（以下简称"双碳"）环境治理目标的时机有些特殊。一方面，美国特朗普政府于2019年11月正式启动退出应对气候变化的《巴黎协定》程序，美国的"退群"令国际社会对应对气候危机产生疑虑，对美国政府的单边主义行为失望。另一方面，2020年年初席卷全球的新冠疫情令世界各国再次深刻意识到，在事关人类生命与健康的全球性议题上，对话、协商、合作才是出路。

---

* 文章原载于《对外传播》2021年第10期，收入本书时，略有删改。

本文聚焦于习近平总书记提出的"双碳"环境治理目标，从官方话语、社会话语和公众话语三个维度考察这一方案的国际传播现状，提出作为中国方案的"双碳"的国际传播策略。

一、官方话语维度"双碳"目标的国际传播现状

自习近平主席首次提出"双碳"环境治理目标起，他先后在不同的国际场合共发表 8 次相关讲话，① 图 1 勾勒出了习近平主席在"双碳"目标表达中所用高频词的共现矩阵。

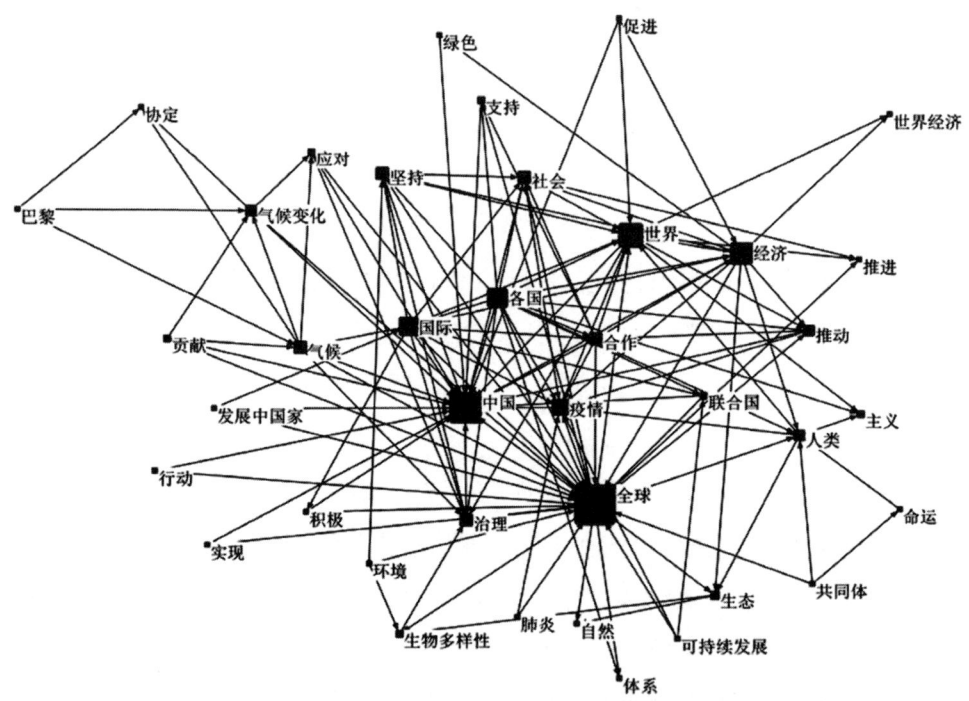

图 1　习近平总书记 8 次讲话的高频词共现图

---

① 其余 7 次讲话分别是：2020 年 9 月 30 日，在联合国生物多样性峰会上的讲话；2020 年 11 月 12 日，在第三届巴黎和平论坛的致辞；2020 年 11 月 17 日，在金砖国家领导人第十二次会晤上的讲话；2020 年 11 月 22 日，在二十国集团领导人利雅得峰会"守护地球"主题边会上的致辞；2020 年 12 月 12 日，在气候雄心峰会上的讲话；2021 年 1 月 25 日，在世界经济论坛"达沃斯议程"对话会上的特别致辞；2021 年 4 月 22 日，在"领导人气候峰会"上的讲话。

习近平主席的话语表述强调了新冠疫情令世人更加懂得人类命运与共、世界各国紧密相连。在后疫情时代，全球治理应该秉持共商、共建、共享原则，维护以联合国为核心的国际体系，推动各国权利平等、机会平等、规则平等。换言之，中国"双碳"目标的实现必须依赖包括中国在内的世界各国的合作与协同治理。

中国驻外使领馆和中国外交部发言人构成了国际舆论空间"双碳"方案的主要官方话语主体。中国驻外使领馆以驻外大使在国外媒体发表文章、接受驻在国媒体采访的方式回应国际社会对此方案的关切。中国驻孟加拉国大使李极明在孟加拉国主流英文报纸《每日太阳报》上发文，通过列举事实：中国已是全球可再生能源第一大国，仅云南一省水电装机容量就超过了 7000 万千瓦，在锂电池、新能源汽车、光伏发电等众多产业领域均处于行业前列，[①] 论证这一目标可达成。中国驻意大利大使李军华在接受意大利新闻社书面采访时指出，在环保领域，中国 2019 年二氧化碳排放强度比 2005 年累计下降 48.1%，非化石能源消费比重达 15.3%。可再生能源投资连续 5 年超过 1000 亿美元，新能源汽车保有量占世界一半以上，[②] 用上述科学数据证明中国环境治理、生态文明建设的行动与成果。外交部发言人华春莹在推特官方账号（@SpokespersonCHN）上复述了"双碳"目标，同时以链接形式援引了中国国际电视台讲述的广东省中山市小榄镇一个社区居民如何践行低碳生活、实现碳中和的故事（图 2）。

---

① 外交部. 驻孟加拉国大使李极明在孟《每日太阳报》发表署名文章［EB/OL］.（2020-12-26）［2021-01-15］. 外交部网站，https://www.fmprc.gov.cn/web/wjdt_674879/zwbd_674895/t1843202.shtml.

② 外交部. 驻意大利大使李军华接受意新闻社书面采访［EB/OL］.（2020-12-15）［2021-01-15］. 外交部网站，https://www.fmprc.gov.cn/web/wjdt_674879/zwbd_674895/t1840730.shtml.

媒介、话语与国际传播 陆佳怡自选集

图2 外交部发言人华春莹的推特官方账号复述了碳达峰、
碳中和目标，援引了广东省中山市小榄镇一个低碳社区的故事

二、社会话语维度"双碳"方案的国际传播现状

在国际舆论空间，各国媒体、各类环保组织和非营利组织是"双碳"议题的主要话语主体。欧美国家的主要媒体自习近平主席提出"双碳"目标后，就在报道中表达出观望、怀疑的态度，主要的质疑点是"中国政府并未提出具体的路线图"①。有媒体通过横向比较，暗示中国提出的目标实际上滞后于许

---

① Matt McGrath. Climate change：China aims for "carbon neutrality by 2060"［EB/OL］.（2020-09-22）［2021-01-15］. https://www.bbc.com /news/science-environment-54256826.

多国家:"目前世界上有60多个国家已经承诺到2050年实现碳中和,这是科学家认为必须满足的最后期限。目前中国占全世界排放量的28%,相较于中国,这些国家的排放规模很小。"①有媒体援引国际环保组织预测数据,称中国快速增长的数字化基础设施,比如5G基站和数据中心,到2035年碳排放量将增加一倍以上,数值可能会增加到3.1亿吨,超过法国的总排放量。②

显然,这些欧美媒体是在脱离历史排放量主要由欧美发达国家造成的历史语境基础上拣选了部分事实和细节,作出了倾向性报道。对此,中国媒体未能作出有力的回应与阐释。《中国日报》在论证"这个目标是否可行"时,多次直接援引习近平主席叙述的"2030年前碳达峰,2060年前碳中和"目标;在具体做法上,提到了"十四五"规划和2035年远景目标纲要中实现"双碳"的路径安排;在具体个案方面,提及亚洲最大炼油集团——中国石化集团承诺如何帮助实现"双碳"目标。中国国际电视台在讨论"外界如何看待这个目标"时,援引了中国环保专家、国际环保组织机构专家的观点。整体而言,中国媒体的报道缺乏历史视野和有说服力的科学数据,对于有代表性、有说服力的个案也未展开叙述,没有构成生动的环境治理故事。

相较而言,一些环保组织和非营利组织提供了相对中立、客观的话语资源。由6家国际智库联合开发的能源政策追踪器(Energy Policy Tracker)发布数据,称2020年4月中国政府在基本控制新冠疫情的情况下,开始将注意力放在保护公众健康和刺激经济快速复苏上来,对清洁能源领域的投资达275亿美元,仅次于德国。③总部位于伦敦的非营利组织中外对话(China Dialogue Trust)撰文称,中国的"十四五"规划具体化了实现2030/2060目

---

① Steven Lee Myers. China's pledge to be carbon neutral by 2060:what it means[EB/OL].(2020–09–23)[2021–01–15]. https://www.nytimes.com/2020/09/23/world/asia/china–climate–change.html.

② Bloomberg News. China's data centers,5G network set to double emissions by 2035[EB/OL].(2021–05–28)[2021–06–15]. https://www.bloomberg.com/news/articles/2021–05–28/china–s–data–centers–5g–network–set–to–double–emissions–by–2035.

③ Energy policy tracker[EB/OL].(2021–08–07)[2021–08–15]. https://www.energypolicytracker.org/country/china.

标的细节:在"十四五"末期,单位国内生产总值(GDP)能耗和二氧化碳排放分别降低13.5%和18%,非化石能源占一次能源消费比重从16%提升至20%左右。①

三、公众话语维度"双碳"目标的国际传播现状

在国际社交媒体平台,环境问题研究者、国际环保组织政策顾问、长期从事环保事业的个人等构成了"双碳"议题的主要公众话语主体(表1)。这些话语主体一方面对中国提出2030/2060目标、助力解决碳排放问题表示肯定和期待,另一方面也注意到许多跨国公司已经调整了对中国市场的计划,以实现中国碳排放目标。

表1 推特平台"碳达峰,碳中和"议题的主要个人账号

推特账号	认证身份
@aldatweets	加州大学伯克利分校社会学助理教授
@LiShuo_GP	绿色和平组织资深政策顾问
@EmilDimanchev	气候政策研究员
@lachlanrcarey	美国智库国际战略研究中心能源安全与气候变化项目副研究员
@PeterBosshard	非政府组织日出项目(Sunrise Project)财务总监
@Sustainable2050	从事可持续事业35年的工作者

四、"双碳"作为中国方案的国际传播策略

当下,事关人类生命安全的议题最能引发国际社会的关注,环境议题是重要议题之一;不仅如此,环境议题还涉及经济、科技等领域,具有巨大的政治能量。2021年1月,刚刚宣誓就职的美国总统拜登就签署了行政命令,

---

① China Dialogue. The 14th five year plan sends mixed message about China's near-term climate trajectory [EB/OL]. (2021-03-08)[2021-04-15]. https://chinadialogue.net/en/energy/the-14th-five-year-plan-sends-mixed-message-about-chinas-near-term-climate-trajectory.

宣布美国重返巴黎气候协定。由此可见环境议题及其国际传播必将成为各国环境政策与话语权角力的重点。

基于上文对中国"双碳"方案的国际传播现状分析，笔者认为，围绕国际重要议题形成的中国方案的国际传播，应由官方、社会与公众三类话语主体形成合力，官方话语发挥引领功能，社会话语起到注解作用，公众话语进行补充。

（一）官方话语引领

一般来说，中文官方话语中展现、解释和诠释中国制度、中国模式、中国方案及其所取得的成绩很难直接转译为外文表述，因此，如何用贴近外国受众思维习惯和语言习惯的叙事方式有效转化官方话语并发挥引领作用，是中国方案国际传播实践中面临的最大难题。就"双碳"目标的国际传播而言，首先，在官方话语的国际传播中，可以采用类比方法让外国受众理解话语内核。比如，依据中国相关部门的核算，要实现碳中和目标，在从2020年到2050年的30年间，中国政府总共需要投资100万亿元人民币（即14.725万亿美元）以上，平均每年投资4900亿美元。①官方话语在表述这一系列数字时，为了能够让外国受众理解投资数额之大、中国执行方案决心之大，可以做个类比：二战后马歇尔计划的总投入折合成现在的货币价值为1350亿美元，2008年金融危机二十国集团（G20）提供的财政刺激总金额为1.1万亿美元。在类比的同时，强调这些资金的投入，带来的是新的经济增长点和新的就业机会，风电、太阳能等新能源领域可以吸收的就业人数是传统能源行业的1.5至3倍。

其次，可以在官方话语中嵌入更多行动方案和执行过程中的具体做法，在话语表述上更为日常化。比如，国务院新闻办公室、国家发展和改革委员会等政府部门可以采用数据可视化方式将国内主要省、自治区、直辖市制定

---

① ODI. Five expert views on China's pledge to become carbon neutral by 2060 [EB/OL].（2021-03-09）[2021-04-15]. https://odi.org/en/insights/five-expert-views-on-chinas-pledge-to-become-carbon-neutral-by-2060.

的行动方案呈现出来，由此展现中国"双碳"的整体行动路线图。又如，直接选取普通中国人节能减排的环保故事，在国际社交媒体空间以图文、短视频等方式讲述普通中国人如何身体力行，致力于环境治理。

（二）社会话语注解

从中国媒体的"双碳"国际传播现状来看，一方面亟须改变仅靠直播、转述官方话语的传播方式。2020年12月21日，国务院新闻办公室发布了《新时代的中国能源发展》白皮书，新华社、中国国际电视台都进行了直播。假如能在直播之余，配合播发一些政策制定主体的幕后故事、普通中国人的节能日常故事，解释力会更强。另一方面，中国媒体可以援引环保组织、非营利组织等机构出具的研究报告，用科学数据叙述作为后发国家的中国是在发达国家自工业革命以来无节制排放温室气体换取高增长、20世纪90年代后西方国家将高污染行业向第三世界迁移，造成气候变化的基础上发展起来的，从历史和现实两个维度论证中国"双碳"目标的难度与决心之大。

环境议题本身兼具科学、经济等多重属性，这意味着在国际舆论空间，除媒体之外，还应引入科技、市场领域的话语主体，阐释中国"双碳"目标。以主动设置话题、直接援引等方式，让专业环保组织和非营利组织用学术话语发声，在环境治理的国际学术话语场域中介绍中国方案，触及和影响各国环境治理的专业人士和社会精英。

中国是制造业大国，自改革开放以来，不少中国企业先后在海外上市，在国际市场享有盛誉，其中很多企业在环保实践和环保理念上走在了世界前列，它们的成功故事就是中国"双碳"目标的最佳注解。因此，不妨让这些企业成为诠释和注解中国方案的社会话语主体，在国际舆论空间讲数据、摆事实。2021年，中国新能源企业比亚迪入选"全球最佳可持续发展企业百强"（2021 Global 100：the world's most sustainable companies）名单，作为一家初创时仅有20多人的民营汽车制造商，比亚迪从小团队发展成为掌握核心技术的全球新能源汽车龙头企业，在国际市场依据市场法则跻身全球新能源企业前列，参与并引领国际新能源汽车行业的标准、规则。比亚迪的新能源故事无疑是具有说服力的注解。

（三）公众话语补充

目前，国外环境问题研究者、国际环保组织政策顾问和国外环保人士构成了国际社交媒体平台上有关中国"双碳"目标的主要个体发声者，更多中国个体应该加入其中。一方面，在各类环境组织和非营利组织中具有国际交往能力的中国专业人士，可以就自己所从事的环保行业、所目睹的环境治理个案主动发声；另一方面，具有国际交往能力的普通环保人士也可在国际社交媒体平台主动讲述自己的故事。这样，无数个体的故事得以从不同角度、不同方面拼凑起多维立体的中国故事，在国际舆论空间展现出中国方案的全貌。官方话语主体也可主动纳入更多普通中国个体的环保故事，在内容和表述两方面拉近与外国受众之间的心理距离。

2021年5月31日，习近平总书记在中共中央政治局就加强我国国际传播能力建设的集体学习中强调，要广泛宣介中国主张、中国智慧、中国方案。在具体做法上，明确指出：要善于运用各种生动感人的事例，说明中国发展本身就是对世界的最大贡献、为解决人类问题贡献了智慧。[①] 随着中国在世界舞台逐步走向中心位置，根植于中国改革与发展历程的各类中国方案必将是中国在国际传播领域参与话语权角力的重要支点。整体而言，中国方案的国际传播，首先需要找到话语内核。纵向来看，中国方案都可以被纳入中国发展故事内核之中，连接中国的过去、现状与未来。比如，本文所讨论的"双碳"目标其实质就是中国节能减排、中国环境治理的发展故事。横向来看，涉及各类议题的中国方案能对接不同的国际重要议题，与世界发展的核心主旨相符，与人类共有价值相连。其次，应围绕话语内核，构建不同层次和不同维度的话语主体体系，从不同视角讲述中国发展故事。

---

① 新华社. 习近平在中共中央政治局第三十次集体学习时强调加强和改进国际传播工作展示真实立体全面的中国 [EB/OL]. (2021-06-01) [2021-06-15]. http://www.xinhuanet .com/politics/leaders/2021-06-01/c_1127517461.htm.

关于"中国方案"话语国际传播策略的思考*

2014年3月28日，习近平主席应德国科尔伯基金会邀请，在柏林发表重要演讲时首次提到"我们将从世界和平与发展的大义出发，贡献中国智慧、中国方案"①。之后，"中国方案"频繁出现于党和国家的重要官方文件、领导人的公开讲话之中。可以说，"中国方案"本身构成了国际传播的重要话语资源。费尔克拉夫认为，话语是围绕特定语境中的特定文本所形成的话语实践和社会实践。话语不仅是一种表现形式，在社会意义方面还具有建构性。②本文从"中国方案"这一话语生成的发生语境出发，从政策话语、学术话语和日常话语三个维度探讨作为话语的"中国方案"的国际传播可能性，旨在提出面向未来的国际传播策略，并对国际传播研究本土化问题进行思考。

一、作为政策话语的"中国方案"的国际传播现状与未来策略

（一）作为政策话语的"中国方案"的国际传播现状

在中文语境中，政策话语主要来源于党和国家的政策文件及重要领导人

---

* 文章原载于《对外传播》2023年第10期，收入本书时，略有删改。
① 杜尚泽，郑红. 习近平在德国发表重要演讲：强调中国坚定不移走和平发展道路[N]. 人民日报，2014-03-30（1）.
② 费尔克拉夫. 话语与社会变迁[M]. 殷晓蓉，译. 北京：华夏出版社，2003：3-4.

的相关论述，因此，"中国方案"本质上属于政策话语。政策话语通常具有较强的渠道传播能力，从中央到地方的传统主流媒体，以及主流媒体衍生出的各类新媒体，都是传播政策话语的重要渠道。但是，在国际舆论场，政策话语如果缺乏恰当的传播策略的话，国际接受度较弱。为了客观展现作为政策话语的"中国方案"在国际传播场域中的传播现状，笔者综合国家/地区、权威性、报纸影响力等因素，选取了全球14家英文媒体作为研究对象，包括《中国日报》(China Daily)、《环球时报》(Global Times)、《悉尼先驱晨报》(The Sydney Morning Herald)、《埃及独立报》(Egypt Independent)、《韩国先驱报》(The Korea Herald)、加拿大《环球邮报》(The Globeand Mail)、美国《纽约时报》(The NewYork Times)、美国《华盛顿邮报》(Washington Post)、南非《商报》(Business Day)、《阿拉伯新闻报》(Arab News)、土耳其《今日时报》(Todays Zaman)、新加坡《海峡时报》(The Straits Times)、《印度时报》(The Times of India)和英国《泰晤士报》(The Times)，以"Chinese solution"和"Chinese approach"作为关键词，在数据库LexisNexis中获取2014年3月1日至2023年7月1日之间的有效报道样本262篇。

从中外媒体相关报道的词频图（图1、图2）可以看出，中外媒体的报道角度不同。中国媒体《中国日报》和《环球时报》宏观与微观角度并重，既注重"中国方案"理念和内涵的阐释，也关注"中国方案"的实际应用案例。相较而言，国外媒体以微观角度切入居多，对"中国方案"宏观理念的关注较少，相关报道主要关注与本国利益攸关的案例，如美国《纽约时报》关注俄乌事件[①]，新加坡《海峡时报》关注南海问题[②]等。

---

① Xi, cast as peacemaker, wades into Russia's war in Ukraine; news analysis [N]. The New York Times, 2023-03-17.

② China does not need to always win to be great; in its rush to assert itself on the global stage, it has simply reaped acquiescence [N]. The Straits Times, 2016-07-15.

图 1　中国媒体报道的"中国方案"词频图

图 2　国外媒体报道的"中国方案"词频图

中外媒体对"中国方案"的不同解读，反映的是其不同的价值理念，即中国媒体关注发展和共赢，国外媒体则关注权力和经济。"中国方案"指的是国际协商合作的路径，强调的是共商共建共享，正如《中国日报》所述："'中国方案'并不是其他国家必须采用的千篇一律的方法。每个国家和地区都有自己的方案，这些方案必须与当地的文化、地理以及人民生活条件相适应"（However, the "Chinese solution" is not a cookie-cutter approach to be adopted by other countries .Each country and region has its own solution that must be built on the culture, geography and conditions of the people and the place.）①。鉴于国家利益、价值理念和文化差异等因素，大部分国外媒体并不承认中国就全球议题提出了具体的解决方案，对"中国方案"的可行性提出质疑。尤其是新冠疫情暴发以来，国外媒体针对中国的误读、曲解增多，进一步加深了对中国的污名化。此外，部分国外媒体质疑中国提出"中国方案"的真实意图，将"互助共赢""人类命运共同体"等理念看成是一种惯用的"宣传"手法，认为中国提出"中国方案"的真正目的并不是为了共赢，而是意图获取权力。

（二）作为政策话语的"中国方案"的未来国际传播策略

首先，作为路径（approach）而非既定答案（solution）的"中国方案"应成为中国媒体在国际舆论场的叙事内核。查阅韦氏词典可以发现，solution主要强调既成事实的问题的答案，②而作为名词的approach意为达成某种目标的路径。③国外媒体针对"中国方案"的质疑，很大程度原因在于抵触作为范例性、答案式的"中国方案"，其抵触情绪的背后是对所谓"中国权力扩张"的担忧。鉴于此，中国媒体在对作为政策话语的"中国方案"进行国际报道时，应强调分享而非强加，是国际合作的纽带而非捆绑。正如《中国日报》对于"一带一路"倡议的阐释："建设一带一路是为了建立一个互利的合作网络，而不是制造任何势力范围"（Building the Belt and Road is to establish a cooperation network of mutual benefit rather than creating any sphere of

---

① A new era of all together, nobody first［N］. China Daily，2018-04-13.
② Citation. merriam-webster［EB/OL］.（2023-08-12）［2023-08-15］. https://www.merriam-webster.com/dictionary/solution.
③ Citation. merriam-webster［EB/OL］.（2023-08-12）［2023-08-15］. https://www.merriam-webster.com/dictionary/solution.

influence.)①。

其次,将作为政策话语的"中国方案"适度降维,即减少抽象化、宏观化、理论化叙述,将宏观政策转化为微观叙事,把"中国方案"融入具体个案,聚焦小人物和小故事,用事实明辨真理,以此回应国外媒体对"中国方案"可行性的质疑。如,在全球减贫、中国脱贫攻坚这类宏大议题中,河北省张家口市的"网红瑜伽村"因全体村民在村支书的带领下通过练习瑜伽而脱贫致富的故事吸引了《纽约时报》等国外媒体的关注。这些报道聚焦中国农民,语言诙谐幽默,人物鲜活生动,打破了西方媒体长期以来塑造的中国农民封闭、保守、落后的刻板印象,取得了较好的国际传播效果。②

最后,鉴于东西方在文化背景、价值观念、思维方式等方面的差异,不同地区、不同国家的受众对于同一事件的理解往往大相径庭,因此,在国际传播实践中,要主动寻找自身文化与他国文化的契合点,贴近不同受众的文化背景和接受习惯,找到符合全人类普遍价值观的话题。如,2021年的"云象北迁"事件自中央电视台《新闻联播》首次报道后,很快引起了国外媒体的大量关注和积极正面报道。《纽约时报》写道:"象群北迁的原因可能是由于人们对象群的严格保护降低了它们对于人类的恐惧"(The elephants' growing proximity to humans-and their strictly protected status-has emboldened the animals.)③。中国政府和中国人民对于象群的保护得到了国外媒体的赞许,人类对动物的爱护引发了共情,其背后传递的是"人与自然和谐共生"的普遍价值观。

二、作为学术话语的"中国方案"的国际传播现状与未来策略

(一)作为学术话语的"中国方案"的国际传播现状

作为学术话语的"中国方案",主要是指在学术场域中以学术为业的研

---

① Promoting mutual trust and win-win cooperation[N]. China Daily, 2018-09-13.
② Aging Chinese village adopts new hobby: Yoga[N]. The New York Times, 2018-06-25.
③ Trunks take to the road: 15 elephants baffle China[N]. The New York Times, 2021-06-05.

究者如何看待"中国方案"。为了全面呈现在国际学术场域中有关"中国方案"的国际学术发表情况，笔者以 Chinese approach 和 Chinese solution 为标题，在数据库 web of science 核心合集搜索，在不设定时间限制的条件下，共获取文献 49 篇。最早的相关文献发表于 1968 年，讲述中国传统伦理问题。1979—1982 年和 2020—2022 年是相关文献发表比较密集的两个时间段，1979—1982 年的学术论文聚焦于中国的城市化（Urbanization）、社会主义改革方式和计划生育政策（Family-Planing）；2020—2022 年的学术论文关注的议题更多元化，如自由和平（Liberal peace）、气候变化（Climate change）、污染（Pollution）、人权（Human rights）、全球治理（Global Governance）、建设（Construction）与机制（Mechanism）、中国法律（Chinese law）和高等教育（Higher education）等。

为了与政策话语和日常话语的分析数据统一，笔者选取 2014—2023 年间的 22 篇文献进行计量分析，呈现这一时间段内作为学术话语的"中国方案"的国际传播现状。首先，"中国方案"研究议题下的相关研究者之间尚未形成合作关系，单个作者发文量最多为 2 篇，尚未形成以 Chinese approach/solution 为话语中心的学者群；其次，就文献发表的国家图谱来看，仅存在中国和美国两个核心节点（node），其中中国学者共发文 15 篇，美国学者共发文 4 篇；第三，文献发表的研究机构图谱只形成了中国科学院植物研究所（Institute of Botany）一个核心节点。在该节点关系中，除了美国波士顿大学（Boston University）外，其余均为中国的高校或者研究机构。值得一提的是，该节点关系范畴下的 2 篇论文都是环保议题，一篇是关于佛山市"无废城市"建设的案例研究，论文将佛山经验标识为中国可持续发展目标的解决方案，继而认为这项中国方案可以为全球制造业导向型城市发展提供借鉴。[①]另一篇比较研究了中美自然保护区建设，认为每个国家的保护区建设方法在保护价

---

① QIN T, SHE L, WANG Z, et al. The practical experience of "zero waste city" construction in Foshan city condenses the Chinese solution to the sustainable development goals [J]. Sustainability, 2022, 14（19）: 12118.

值、与当地社区的互动以及可持续性方面都各有优缺点。①

为进一步考察国际学术场域中,作为学术话语的"中国方案"所涉及的具体议题,笔者利用 VOSviewer 软件对 22 篇文献进行网络语义分析(图 3),发现共有 5 个相对集中的聚类网络,即聚类 1 涉及集体成果(Collective outcome)、高等教育(Higher education)等;聚类 2 涉及市场(Market)、机制(Mechanism)、纳税人(Taxpayer)等;聚类 3 涉及中国(China)、和平自由(Liberal peace)、制裁(Sanction)等;聚类 4 涉及可持续发展目标(Sustainable Development Goals)、无废城市(Zero Waste City)、中国方案(Chinese solution)等;聚类 5 涉及经济发展(Economic development)、保护区(Protected area)、美国(United States)等。这 5 个聚类涵盖了教育、市场、法律、环保、国际贸易等多个领域,印证了在国际学术场域,作为学术话语的"中国方案"的研究议题多元。

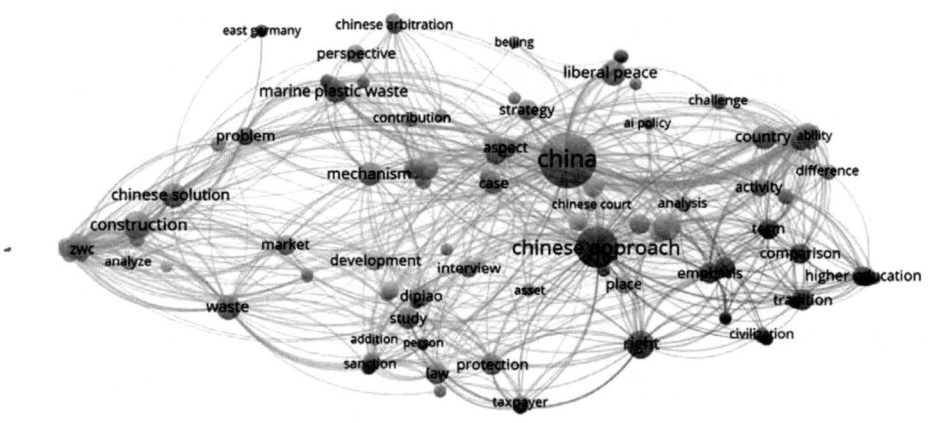

图 3　Chinese approach/solution 文献的网络语义分析

(二)作为学术话语的"中国方案"的未来国际传播策略

在国际学术场域,作为学术话语的"中国方案"具有一定的潜力和张力。

---

① ABRAHAM J, RICHARD B, KEPING M, et al. A Chinese approach to protected areas: a case study comparison with the United States [J]. Biological conservation, 2017: 210, 101-112.

既有学术研究主要是基于中国经验的个案研究和比较研究，议题多元但较为分散，未形成话语合力。一方面从意识形态色彩较弱而又为国际社会普遍关心的议题，如上述研究聚焦的环保议题切入，逐步建构"中国方案"学术话语的规范性与普适性，提高其传播力；另一方面通过跨国、跨学科合作，推动学者及其学术研究自觉形成有关"中国方案"的国际学者群、研究议题群，在挖掘"中国方案"研究国际学术价值的同时发挥"中国方案"学术话语在国际传播场域中的建构性效果。

其次，在在地经验与全球发展的对话与协商中，确立全球视野下作为学术话语的"中国方案"的自主性与创新性。在世界范围内，中国历史和实践经验具有独到性，从封建官僚制度、科举制度、科技观念到近世的社会转型、中国共产党在国家建设方面的成功经验、中国改革开放以来的脱贫经验等，既构成了"中国方案"学术话语的历史面向，又能引发不同研究领域的国际学者就多元议题展开多学科领域、多问题层次的对话和讨论，在实现"中国方案"学术话语为国际学术共同体所"受"到所"用"的自觉行为中，推动国际传播研究的中国面向和范式更新。

三、作为日常话语的"中国方案"的国际传播现状与未来策略

（一）作为日常话语的"中国方案"的国际传播现状

作为日常话语的"中国方案"，主要是指普通公众如何看待"中国方案"。为了勾勒国际舆论场中作为日常话语的"中国方案"的国际传播现状，笔者以推特、照片墙和YouTube三家国际主要社交媒体为数据来源，以Chinese approach 和 Chinese solution 为关键词，爬取了2014年3月1日至2023年7月1日之间的有效数据3090条，发现有关"中国方案"的讨论主要集中于推特平台，讨论形式以文字居多，视频和图像内容较少；参与讨论的主体更多是个人账号，非政府组织（NGO）等社会机构账号较少。

媒介、话语与国际传播 陆佳怡自选集

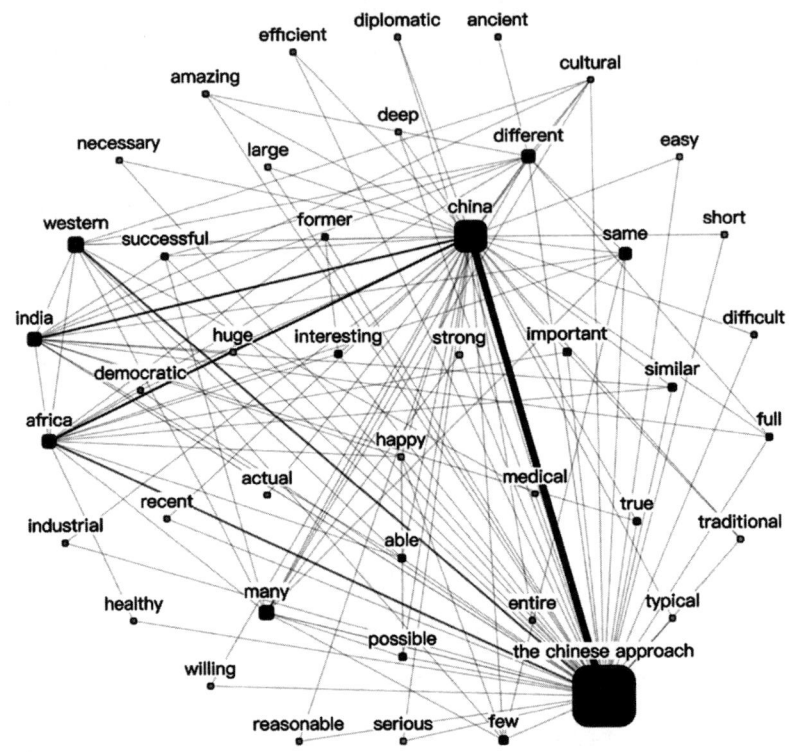

图 4　国际主要社交媒体平台"中国方案"高频词共现图

从图 4 可以发现：首先，国际主要社交媒体上关于"中国方案"的讨论议题分散，主要涉及文化、医疗、外交、工业等领域，国际公众更关注中国在具体领域所给出的解决方案。如，新冠疫情期间中国如何做，是其讨论的重点议题之一。其次，联系与比较是国际公众叙述"中国方案"的主要视角，在他们的日常讨论中，经常将具体的中国方案与其他国家或者整个国际社会联系起来。如，以印度、南非等国家为例，探讨"中国方案"是否具有在其他国家推广的适用性，有网友认为，"考虑到南非的犯罪数量，中国方案是唯一的出路（the only way forward）"。再如，对比中国方案和西方国家的举措，有网友认为中国方案是"不战而屈人之兵（the opponent will give up without fighting）"，而西方则更倾向于"像动物一样相互打击（fighting tends to be more like animals）"。最后，国际公众对"中国方案"的整体评价较为积极，

amazing（了不起）、successful（成功）、necessary（必要的）出现频率较高。

（二）作为日常话语的"中国方案"的未来国际传播策略

首先，在国际社交媒体传播场域中，将通常作为宏大叙事议题的"中国方案"拆解并融入日常生活或个人生活叙事中，实现传播内容日常化。中国现代化发展进程中鲜活而丰富的日常案例都可以成为国际社交媒体舆论场的讨论话题。如，脱贫攻坚历程中许多个体奋斗、社会互助的扶贫、脱贫故事可供公众在国际社交媒体平台传播与讨论，在谈及国家政策对个体、农村影响的同时彰显从"国家赋能"向"自我赋能"转化的深层社会意义，实现以小见大的传播效果。

其次，从日常生活或个人生活叙事中挖掘共情元素，以情服人。有学者指出，基于新媒体传播技术的应用，共情比说理更能被当下社交网络中生存的人接受，"非理性要素便成为新的社会互动与社会重构中最为重要的甚至是决定性的要素"，传播逐渐变为"以情服人"的实践行动[1]。共情传播通常有两条路径：一方面通过情感唤起调动生理反应来实现人内传播，并帮助个体调节认知；另一方面个体通过情感的唤醒，产生分享欲望，带动社会行为（例如点赞、转发等），进而产生基于个体关系网络的复合式传播[2]。在既有的国际传播实践案例中，"李子柒"个案具有典型性，她通过个性化、生活化的视频叙事方式，将展现中华传统文化的日常生活实践呈现给国际公众，在日常生活体验与经验层面引发国际公众的共情，进而在人与人之间情感体验的普遍联系中，令国际公众对中国文化乃至中国形成新的认知，实现认同。扎根于中国现代化进程的"中国方案"本身具有丰富的内涵，找到日常化个案中跨越文化差异的共同情感元素，与国际公众建立情感连接，易引发共情与认同。

最后，借助新技术手段，实现传播内容音视频化，打造沉浸式虚拟传播空间，令国际公众"在场"感知中国方案的实际效应。既有数据显示，目前

---

[1] 喻国明."破圈"：未来社会发展中至为关键的重大命题[J].新闻与写作，2021（6）：1.
[2] 马龙，李虹.论共情在"转文化传播"中的作用机制[J].现代传播（中国传媒大学学报），2022，44（2）：77-83.

照片墙和YouTube平台上有关"中国方案"的讨论较少，鉴于此，可以调动不同资源在国际社交媒体平台展开多角度、多元化数字叙事。如，挖掘中华优秀传统文化的艺术性与观赏性，借助虚拟现实、增强现实手段，融合听觉、视觉多种感官，为国际公众创造身临其境的网络体验空间，"数字故宫""数字敦煌"和"云上考古"三星堆都是数字场景中的现实案例。

四、结语

"中国方案"是世界百年未有之大变局背景下应对全球性挑战、破解人类共同难题而提出的中国理念、中国主张。① 立足中国，"中国方案"是中国现代化道路进程中实践经验的总结，勾连起中国历史与未来、中国发展与崛起、中国经验与全球发展；放眼世界，"中国方案"在为人类对更好社会制度的探索提供中国经验的同时，又从解决特殊性问题的角度思考了世界发展的普遍性问题。可以说，"中国方案"本身为中国日益走近世界舞台中央、与国际社会开展平等和建设性对话提供了丰富多元的话语资源。

基于本文的探索性研究，笔者认为作为话语的"中国方案"的国际传播实践与研究兼具现实与学术价值，可以为构建中国自主的国际传播知识体系提供思路，而基于三类话语的国际传播策略，即政策话语降维体现普遍价值观，学术话语推动国际传播研究的中国面向，以及日常话语以情服人，可以为中国未来国际传播策略提供参考。

---

① 唐爱军.中国方案的哲学阐释［J］.人民论坛，2022（2）：82-84.

三、文本、话语与数字叙事

"消除贫困"典型报道中的社会变迁*
——以《人民日报》相关报道（1978—2017）为例

贫困是个全球性议题。打开联合国网站，可以看到消除贫困（ending poverty）是联合国工作重点之一。自20世纪中叶以来，全球消除贫困工作任重道远，而贫困问题也一直是中国社会面临的主要问题之一。自1978年改革开放以来，中国历经扶贫开发、综合扶贫和扶贫攻坚等贫困治理阶段，① 成为国际社会贫困治理领域的领跑者。根据国家统计局的数据，1978年，我国农村贫困人口为7.7亿人，到2018年年末，我国农村贫困人口1660万人，比1978年减少了7.5亿人；贫困发生率从1978年的97.5%下降至1.7%，下降了95.8个百分点。② 基于此，中国成为最早实现联合国千年发展目标中减贫目标的发展中国家。

站在2020年全面完成脱贫攻坚的历史节点，回看中国应对贫困问题的历史，可以发现，消除贫困已然构成了贯穿中国改革开放整个历程的一条主要脉络。贫困问题从来不是简单的经济问题，贫困问题的解决也不能只依靠经济手段，需要调动政府、社会、市场等多元力量。可以说，消除贫困的过程

---

* 文章原载于《中国新闻传播研究》2020年第3期，与崔妍合作，收入本书时，略有删改。
① 向德平，华汛子. 改革开放四十年中国贫困治理的历程、经验与前瞻［J］.新疆师范大学学报（哲学社会科学版），2019，40（2）：59-69.
② 国家统计局. 国际地位显著提高　国际影响力持续增强：新中国成立70周年经济社会发展成就系列报告之二十三［R/OL］.（2019-08-29）［2020-01-15］. http://www.stats.gov.cn/tjsj/zxfb/201908/t201908292.html. 所有数据按照我国现行农村贫困标准（2010年价格水平每人每年2300元）测算。

是中国改革开放历程的一个缩影，消除贫困可以成为回溯中国过去40年社会变迁的独特视角。

鉴于消除贫困议题的重要性与独特性，以及新闻媒体对社会现实的建构性，本文旨在通过对消除贫困议题的媒体报道文本的历时分析，展现中国社会的变迁，并解读其中的意义。具体而言，本文旨在通过分析《人民日报》在1978—2017年刊登的"消除贫困"的典型报道，探讨改革开放40年间中国社会的变迁。

一、文献综述

（一）消除贫困议题的媒体呈现研究

在现有消除贫困议题的媒体呈现研究中，"消除贫困""扶贫""扶贫开发""精准扶贫"等词频繁交替使用，大部分研究主要聚焦于中国主流媒体的相关报道，业务层面的探讨比较多。比如，有学者考察了20世纪80年代中期以来中国媒体对扶贫的报道，在总结不同类型媒体呈现情况，分析报道的框架、话语、修辞等之后，发现媒体对扶贫问题的报道缺乏人文关怀，负面报道、思辨性报道偏少。[①]

有学者从比较宏观的角度划分了中国媒体报道贫困议题的大致历史阶段，即1949—1978年，意识形态主导与贫困报道的政治化阶段；1979—1993年，新闻体制创新与贫困报道的标签化阶段；1993年至今，媒体生态演进与贫困报道的理性化阶段。[②]也有学者通过媒体贫困议题的报道样本，分析了媒体对不同贫困地区的差异化关注。比如，有学者以《安徽日报》扶贫报道为样本，通过十年的总结研究，发现贫困地区受到关注和重视的程度明显不够，尚处于"边缘"状态。同时，贫困地区各县之间也存在着

---

① 严俊.扶贫与中国传媒：考察1980年代中期以来中国传媒的扶贫报道［D］.上海：上海外国语大学，2004.
② 陈开和.试论中国媒体的贫困报道［J］.北大新闻与传播评论，2013（8）：167-182.

十分显著的"信息差距"。①

在对主流媒体消除贫困议题呈现的研究中，有关《人民日报》消除贫困议题的媒体呈现研究较多。有学者总结了《人民日报》扶贫报道的框架，主要分为三类：地方扶贫案例框架、领导人扶贫工作及政策解读框架、扶贫对策框架。②还有学者从宏观、中观和微观角度，指出在《人民日报》关于贫困议题的报道中，"主要事件""后果"和"口头反应"三个新闻图式场景建构较多，"背景"和"评论"两个图式范畴出现较少。在用词上，多使用积极正面的词汇；在行为主体上，突出政府主导的作用；在引述中，大多引自政府官员，突出官方话语体系框架。③也有研究指出，本来是为贫困群体说话的新闻报道，通过模式化的表现手法，再加上缩小贫困议题的报道范围，实际上却传播了对他们不利的印象，造成了"他者化"的效应。④

综上，目前有关贫困问题报道的措辞尚不统一，"消除贫困""扶贫""扶贫开发""精准扶贫"等词混用，相关的研究大都在业务层面展开。从联合国和国家统计局的数据可以看出，中国对全球消除贫困事业做出了巨大的贡献，可谓为全球减贫事业提供了中国方案，但现有的媒体呈现研究并未涉及这个层面的意义，没有将消除贫困议题嵌入中国社会的发展乃至全球语境中去考量。

（二）典型报道的相关研究

典型报道是中国独特的新闻实践形式，伴随着 20 世纪 40 年代中共党报理论的形成而出现。典型报道所涉及的不仅仅是报道手法、报道题材等业务问题，它还鲜明而集中地代表着中国新闻实践的思维方式、逻辑基础、运作

---

① 谢天勇，张国良. 大众传媒与扶贫报道：以 1990—1999 年《安徽日报》为例 [J]. 新闻大学，2001（2）：23-29.
② 刘东建，高红梅.《人民日报》扶贫报道的框架分析 [J]. 新闻爱好者，2018（10）：45-48.
③ 张科辉.《人民日报》精准扶贫报道新闻框架研究（2013—2018）[D]. 保定：河北大学，2019.
④ 高海建.《人民日报》贫困报道研究 [J]. 青年记者，2016（27）：31-32.

理念和历史传统。①

有学者总结了典型报道的社会功能，即社会整合、榜样示范、时代象征三大方面。②更多学者则立足中国典型报道的实践，总结不同历史时期典型报道的特点。比如，陈力丹在总结中提到，1978年以前典型报道被过多地赋予政治内涵，政治作为唯一被呈现的意义核心，渗透到典型叙事中。20世纪90年代中后期，新闻报道方式的结构性变化表现得越来越突出，多种社会力量的碰撞、融合、妥协，在新闻报道方式的变化中留下了种种痕迹。③

有学者从具体个案出发，以小见大，与理论互为印证。比如，有学者分析了1963—2003年《人民日报》对青年典型人物雷锋的报道的媒介框架变化，从典型人物在不同时期被赋予的不同意义，展现典型人物与政治、社会变迁之间的关系。④有学者将典型人物从个体扩大到群体，研究主流媒体对"榜样女性"的塑造。⑤也有学者基于典型人物的报道，从媒介化政治角度，反思典型报道所面临的挑战。⑥

伴随着中国社会的发展，有关典型报道的研究也被赋予了更多社会层面的思考。比如，有学者从社会记忆和社会建构角度重新认识典型报道，⑦并从社会动员的角度探究典型报道如何通过媒体来进行组织传播，形成极具影响力的政治动员方式。⑧还有学者从社会发展中的媒介变迁角度，尤其是

---

① 王辰瑶.意义的困惑：从典型报道看最近30年新闻理论的艰难探索[J].国际新闻界，2009（9）：50-54，66.

② 孙玮.典型报道的社会功能[J].新闻大学，1997（1）：11-13.

③ 陈力丹.新中国成立60年来典型报道演变的环境与理念[J].当代传播，2009（5）：4-8.

④ 陈阳.青年典型人物的建构与嬗变：《人民日报》塑造的雷锋形象（1963—2003）[J].国际新闻界，2008（3）：18-22，72.

⑤ 高焕静.主流媒体中"榜样女性"形象的呈现与变迁：《人民日报》（1960—2013）[J].云南民族大学学报（哲学社会科学版），2014，31（6）：139-144.

⑥ 郑亚楠. 媒介化政治：回应典型报道面临的挑战——兼谈"最美女教师张丽莉"的报道[J].现代传播（中国传媒大学学报），2012，34（9）：29-33.

⑦ 周海燕.吴满有：从记忆到遗忘——《解放日报》首个"典型报道"的新闻生产与社会记忆建构[J].江苏社会科学，2012（3）：236-240.

⑧ 周海燕.话语即权力大生产运动典型报道中的"新闻生产—政治动员"[J].当代传播，2012（3）：29-31.

新媒体发展的角度，探讨了新媒体环境下典型报道叙述策略和报道形态的变化。①

在中国语境下，典型报道包括典型人物报道和典型事件报道，典型的示范意义都是通过政府的肯定来确立的，并推而广之。作为中国最权威的报纸，《人民日报》往往成为报道典型、宣传典型最重要的媒介渠道，现有关于典型报道的个案研究足以证明这一点。但是，现有研究更多关注了较为微观的典型人物或典型事件，尚未涉及历时性、更具宏观意义的议题。

基于以上对消除贫困议题的媒体呈现和典型报道研究的综述，本文旨在将具有历时性、广泛社会和世界意义的中国消除贫困的案例置于具有中国新闻实践特色的典型报道之中考察，既拓展典型报道研究的外延，又尝试通过消除贫困的媒介镜像，解读中国社会的变迁。

二、研究问题与研究方法

在目前有关贫困议题的研究中，"消除贫困""扶贫""扶贫开发""精准扶贫"等词频繁交替使用，本文采用联合国对该议题的表述，即"消除贫困"。本文旨在分析《人民日报》在改革开放40年间（1978—2017）"消除贫困"的典型报道，具体回答以下三个问题：

问题1：改革开放40年间，《人民日报》通过"消除贫困"典型报道，呈现了哪些典型的媒介形象？

问题2：改革开放40年间，《人民日报》在"消除贫困"典型报道中，通过呈现典型，倡导了什么样的榜样示范？又发生了哪种变化？

问题3：《人民日报》"消除贫困"典型报道中的典型反映出中国贫困治理理念的何种变化以及中国社会的何种变迁？

为了回答以上问题，本文以"消除贫困"为关键词，在《人民日报》数

---

① 麦尚文. 新时期中国典型人物"媒介形象"的变迁与突破[J]. 新闻大学, 2006（2）：70-75, 82；许向东, 郭萌萌. 新媒体环境下典型人物的报道策略：以周炳耀先进事迹报道为例[J]. 新闻与写作, 2016（12）：69-71.

据库搜索1978—2017年的相关报道，共获得报道样本197篇。通过阅读样本，笔者发现，有关"消除贫困"的典型报道都是围绕以下两个奖项展开的：1996年，联合国开发计划署与中国青少年发展基金会共同设立"国际青少年消除贫困奖"，旨在表彰在中国消除贫困事业中做出突出贡献的中国青少年。①1996—2002年，该奖项共评选了6届，共有56名中国青少年获奖。2003年，中国扶贫基金会以树立行业表彰示范为宗旨，启动了"中国消除贫困奖"评选。②2004—2017年，该奖项共评选了5届，获奖者包括王光美等35名个体以及中国青少年发展基金会希望工程项目等23个项目和组织，其中包括联合国开发计划署等国际组织。基于此，本文将《人民日报》围绕"国际青少年消除贫困奖"和"中国消除贫困奖"两个奖项的36篇典型报道作为研究对象，采用文本分析法，并结合国家贫困治理政策对研究对象加以分析、解读。

三、示范榜样：从普通人到背景多元的群体

学者孙玮在论述典型报道的社会功能时，总结了各个时期的典型报道对象的变化：20世纪50年代英雄式的人物、60年代神话式人物，到80年代回归了普通人。③基于对"国际青少年消除贫困奖"和"中国消除贫困奖"两个奖项授予对象的分析，笔者发现，个体层面的授予对象大都是日常生活中的普通一员，他们来自各个岗位，有些授予对象本身就是贫困群体中的一员。但是，自2003年启动的"中国消除贫困奖"开始，授予对象由个体层面扩大至各类群体层面，包括科研群体、基金会、行业协会和国际组织（见表1）。

---

① 李新彦，王娜梅.首届国际青少年消除贫困奖揭晓五名中国青少年获殊荣［N］.人民日报，1996-12-12（5）.
② 孟扬.中国消除贫困奖评选表彰活动启动［N］.人民日报，2003-10-19（2）.
③ 孙玮.典型报道的社会功能［J］.新闻大学，1997（1）：11-13.

表1 "国际青少年消除贫困奖"和"中国消除贫困奖"授予对象

奖项名称	授予对象(个体)	授予对象(群体)
国际青少年消除贫困奖（1996—2002）	自立自强、逆境成才的学生,下乡支教的乡村教师,劳动致富、扶贫的农民代表,开展脱贫工作的乡村干部,热心公益的农民企业家、军官、普通社会人士等56名个体	—
中国消除贫困奖（2003—2017）	幸福工程发起人王光美、香港乐施会总干事庄陈有、"杂交水稻之父"袁隆平、广东碧桂园集团创始人杨国强、"中华民族公益之魂"白方礼等35名个体	中国青少年发展基金会希望工程项目、中国社会科学院农发所小额信贷课题组、爱德基金会、山西永济农民协会、春晖行动、联合国开发计划署等23个项目或社会团体

由此可见,《人民日报》通过"消除贫困"的典型报道,呈现了日常生活中普普通通但又富有个性特征的个体、组织,构成多元且涉及社会各个方面的群体。

（一）普通人的榜样示范

《人民日报》自1996年起连续报道了6届"国际青少年消除贫困奖"的获奖情况,重点报道了用4年时间治荒1.2万亩的青年农民郭七保[①]、用爱心和艰辛唤起数万人组成"助学大军"资助山区3200多名贫困学生的谢国江[②]、用微薄津贴圆苗族女童读书梦的何方礼[③]等。这些个体都来自基层,很多人本身就来自贫困地区,他们都具有自强不息、务实苦干的特点,但通过媒体的报道,人们又可以发现这些典型人物就是日常生活中的普通一员。典型报道还原了这些学生、教师、农民、军人治贫、扶贫的经历,宣扬他们的事迹旨在发挥其激励更多青少年投入消除贫困事业之中的榜样示范作用。

《人民日报》在呈现这些典型人物时,通过与公众记忆中代表着"自强

---

① 胡晓梦.郭七保等获国际青少年消除贫困奖[N].人民日报,1997-01-23(4).
② 蒋永武,李增瑞,陈长辉,等.一个士兵和三千贫困学子:记"国际青少年消除贫困奖"荣获者、济南陆军学院学员谢国江[N].人民日报,2000-08-31(3).
③ 黄秋生,文雁,罗昌爱.爱洒瑶山育春蕾:记荣获"国际青少年消除贫困奖"的武警警官何方礼[N].人民日报,2001-01-17(1).

不息、个人奋斗"精神的典型人物产生联系，寓意榜样示范精神的传承。在1996年首届"国际青少年消除贫困奖"侧记中，《人民日报》重点报道了"20世纪60年代初从北京市带头下乡的'特别姑娘'、现任天津市宝坻县副县长侯隽"将奖项颁给了"闻名广东的'希望使者'、放弃优裕侨乡生活支教偏远地区的大学生陈凤霞"，"中国当代保尔、济南市专业作家张海迪"为"出身贫苦、敢于向命运挑战的甘肃学生李勇"颁奖，"为中国解放和建设事业奋斗62个春秋的国际友人爱泼斯坦"来到现场，为"15岁起献身山区教育事业、一人办一校的湖北乡村代课女教师宋芳蓉"颁奖。① 侯隽、张海迪和爱泼斯坦分别是20世纪60年代"知识青年上山下乡"的典型人物、20世纪80年代的"新雷锋"和一生致力于向世界报道真实中国的国际主义战士，《人民日报》通过报道这些颁奖细节，凸显了矢志不渝、苦干务实精神在不同时代典型人物之间的传递。

（二）背景多元群体的榜样示范

随着2002年第6届"国际青少年消除贫困奖"颁奖典礼的落幕，在2003年10月17日"国际消除贫困日"，中国扶贫基金会联合国内主要媒体机构启动了"中国消除贫困奖"，并依据在各个行业树立示范标杆的目标，设置了国际奖、项目奖、科研奖、创新奖、捐赠奖、自强奖、奋斗奖等奖项，授予对象不再局限于个人，还包括各类群体，授予对象也不受年龄和国籍的限制。"中国消除贫困奖"的获奖者既有"杂交水稻之父"袁隆平、幸福工程发起人王光美，也有扶贫赤脚医生邓万祥、推广希望工程的摄影师解海龙，涉及各个年龄层、各个社会阶层。除个体以外，可口可乐公司、加多宝集团、大连万达集团等跨国公司和国内企业，联合国开发计划署、澳大利亚国际开发署等国际组织也成为被报道的典型。

从《人民日报》对该奖项的报道可以发现，典型报道弱化了对个体示范

---

① 李新彦，杨明方. 希望交响曲："国际青少年消除贫困奖"颁奖侧记［N］. 人民日报，1997-01-27（5）.

作用的宣扬，转而强调集全球、全社会各界努力共同消除贫困的重要性："消除贫困是全社会共同的事业，需要社会各界继续付出巨大的爱心，进行坚持不懈的努力。"① 面对奖项授予对象的多元化，《人民日报》通过呈现背景多元群体的扶贫故事，发挥了"动员社会各界更广泛参与中国扶贫事业，建设社会主义和谐社会"②的作用，这与进入 21 世纪后逐渐丰富的社会特征和开放竞争的社会环境相呼应。

四、《人民日报》"消除贫困"典型报道中的中国贫困治理理念

在中国语境下，典型报道是特定时期政治、社会需求的产物，同时也构成了体现当时社会现实的媒介镜像。典型报道中的典型人物或事件，通过官方的认可，再经由权威媒体传播，构成了所处时代的某些抽象原则的实际载体，代表了那个时代所倡导的价值观或者理念。《人民日报》对改革开放 40 年间两个消除贫困奖项展开的典型报道，呈现了不同时期的不同示范榜样，也折射出 40 年间中国贫困治理理念的演进。

（一）政府主导、多元主体参与的中国贫困治理理念

与世界上许多发展中国家单一依赖外援解决贫困问题不同，中国一直倡导以政府为主导的贫困治理理念。中国真正意义上的消除贫困始于 1978 年。自此，中国政府由 1949 年新中国成立起实行的计划经济体制下的救济式扶贫逐步转向以政府为主导、政府—社会—市场协同推进的大规模开发式扶贫。③进入 2000 年后，伴随中国与国际社会的联系日益密切、全面建设小康社会步伐的加快，中国进入了以人力资本投资为主导、以参与式为导向的新世纪开

---

① 顾仲阳.第二届中国消除贫困奖颁奖大会在京举行：温家宝作出重要批示［N］.人民日报，2006-10-18（1）.
② 夏珺."第二届中国消除贫困奖"候选单位和个人产生［N］.人民日报，2006-09-25（4）.
③ 黄承伟.中国扶贫开发道路研究：评述与展望［J］.中国农业大学学报（社会科学版），2016，33（5）：5-17.

发扶贫阶段，①并逐步形成了"具有中国特色的PPP（政府和社会资本合作）模式"②。

这种政府主导、多元主体参与的贫困治理理念的变化直接体现在《人民日报》所报道的两个消除贫困奖项的设置上。20世纪90年代创立的"国际青少年消除贫困奖"由联合国开发计划署与中国青少年发展基金会联合发起，获奖者限定为中国的青少年。2003年开始启动的"中国消除贫困奖"则将表彰对象拓展至社会各个层面，以及国际援助。典型范畴的拓展意味着进入21世纪后，中国贫困治理理念在突出政府主导的基础上，逐渐强调社会捐赠、市场驱动、国际援助等机制的协同作用。

（二）开发式扶贫、开放共享式扶贫的中国贫困治理理念

《人民日报》通过连续报道两个消除贫困奖项，呈现了一批自力更生、务实苦干的典型，既与中国自改革开放后倡导的开发式扶贫理念相吻合，又体现了从单纯依靠体力劳动扶贫向依托知识与技术扶贫的理念演变。在报道的典型人物中，获得第1届"国际青少年消除贫困奖"的郭七保，在4年时间里凭借自身的苦干治荒1.2万亩，使荒山披上绿装，这是"自力更生、务实苦干"的典型。自第3届开始，获奖的典型人物更多是借助知识与技术手段消除贫困。比如科技下乡、助农致富的青年志愿者樊江平，扶贫扶智的希望小学校长柳教军，开发水力资源、造福贫苦乡村的重庆水电站干部钟涛，他们依靠知识、先进技术脱贫、扶贫。《人民日报》在2001年1月17日第1版专辟人物特稿，详细讲述了武警警官何方礼在大瑶山推广科学种养、改良作物品种的事迹。

进入21世纪，面对互联网技术在消除贫困事业中的重要作用，"中国消除贫困奖"单设科研奖、创新奖，鼓励消除贫困事业中创新性地利用先进技术脱贫、扶贫的先进个人和单位，《人民日报》通过报道积极采用新技术脱

---

① 郭佩霞，邓晓丽.中国贫困治理历程、特征与路径创新：基于制度变迁视角[J].贵州社会科学，2014，291（3）：108-113.
② 胡鞍钢.中国减贫成功的世界意义[N].人民日报（海外版），2014-10-17.

贫、扶贫的典型，宣传消除贫困理念的变化。比如，《人民日报》专门报道了第4届"中国消除贫困奖"感动奖获得者——残友集团董事长郑卫宁，宣传其通过"百城万人——重残残疾人电商批量就业项目"极大地改变了残疾人的生存方式的事迹①；第5届"中国消除贫困奖"创新奖获得者——甘肃陇南市扶贫开发办公室，赞赏其探索出了"电商扶贫"新模式，"鼓励引导和支持大学生村官、返乡青年、农村致富带头人开办网店"，使得陇南大量贫困村通过电子商务把土特产销售至全国各地②。

中国的消除贫困事业贯穿中国改革开放的整个进程，开放、共享一直是中国贫困治理理念的重要元素。在改革开放之初，联合国开发计划署成为与中国政府开展合作的第一个国际组织，在中国消除贫困事业的起步阶段给予了政策和资金支持。1996年，联合国开发计划署与中国青少年发展基金会联合设立"国际青少年消除贫困奖"正是这种合作的体现。随着中国脱贫攻坚任务的逐步达成，作为回馈，中国也开始不断向世界分享自己的理念、贡献自己的力量。比如，2006年第2届"中国消除贫困奖"国际奖就颁发给了联合国开发计划署，以表彰其在中国扶贫领域的创新实践中扮演了良好的推动与示范角色。③第3届"中国消除贫困奖"全球奖颁发给了佛教慈济慈善事业基金会，以表彰其在近20年的时间里为世界扶贫和人道主义救援事业做出的贡献。《人民日报》在相关报道中直言："在逐渐成为世界第二大经济体的今天，中国应该也能够为全球扶贫和人道主义援助作出更多的贡献。"④

---

① 吕绍刚.凭自己的价值活着（向贫困宣战·2015年中国消除贫困奖获得者）：记第四届中国消除贫困奖获得者郑卫宁［N］.人民日报，2016-03-04（6）.
② 林治波，曹树林.甘肃陇南集中力量精准帮扶25个特困片区：土特产傍电商山沟里发货忙（向贫困宣战·走近2015中国消除贫困奖获得者）［N］.人民日报，2015-11-17（9）.
③ 第二届中国消除贫困奖入围候选单位及个人介绍［N］.人民日报，2006-09-28（16）.
④ 扶贫：科学与方法的导向，道德与精神的昭彰——第三届中国消除贫困奖获奖人事迹介绍［N］.人民日报，2010-10-21（16）.

五、结语

在中国,典型报道形成于特殊的革命历史时期,"典型报道不仅在党和国家领导人的倡导下大力发展,而且它始终与政府的方针政策相一致。当代中国各时期的典型报道,无不是为宣传党的方针政策而推出的,典型报道自始至终都肩负着政治使命"[①]。透过典型报道拼凑的媒介镜像,我们可以看到典型报道所根植的时代的中国社会变迁。

本文选取了"消除贫困"这一自改革开放以来中国取得巨大成绩的重要议题,并以权威报纸《人民日报》的"消除贫困"典型报道为例,透过具有时代象征、社会标识作用的典型,分析其榜样示范作用的变化。在改革开放40年间,"消除贫困"的示范榜样逐渐从普通个体拓展至背景多元、价值多元的群体,这种变化与改革开放后中国加快融入国际社会、国内社会结构日益复杂、中国公众个体意识增强和价值取向多元相呼应。从全球消除贫困事业来看,中国在40年间经历了从自力更生、接受国际资金与政策援助到向世界其他发展中国家输出减贫方案的巨大转变,其背后是中国自改革开放以来一直秉持的开放和共享的理念。

---

① 张威.典型报道:渊源与命运[J].新闻与传播研究,2002(2):38–49,96.

共现、凸显与遮蔽*

——基于对《人民日报》1978年和2018年读者来信的考察

一、研究缘起

伴随互联网及其应用的广泛普及，以文字、图像和影像等方式进行个人书写和记录，继而进入公共传播视域已成为当下的主要传播形态。本文旨在考察大众媒介时代一种典型的个人书写方式——读者来信。读者来信一般是新闻媒体为读者开辟的反映问题、提出批判与建议的专栏，主要由读者个人书写并投稿，讲述的是读者个人遇到的实际问题，或者由读者观察和体验到的社会现实。本文从话语主体、话语主题和话语组织三个维度考察中共中央党报《人民日报》的读者来信，探讨来信话语与话语组织背后的社会与媒介理念变迁，思考读者来信这种个人书写方式在互联网时代的现实功能与意义。

二、文献回顾

翻阅目前关于读者来信的研究，大致可以分为三类。第一类从政治沟通角度讨论了不同历史时期报刊的读者来信栏目在社会场域中的公共论坛功能。比如，彭垒对民国时期十余份报纸的读者来信栏目进行考察，指出这些栏目

---

* 文章原载于《中国新闻传播研究》2021年第2期，与黄媛合作，收入本书时，略有删改。

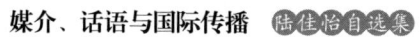

"扮演了引导民众参与政治的全新角色,民众的自我意识不断被唤醒,最终由漠视国事到积极参与讨论政治"①,凸显读者来信栏目在社会公共生活中的作用。田秋生在考察 20 世纪 40 年代《观察》周刊的"读者投书"栏目后提出,"读者投书"具有"在营造公共话语场域、推动公共舆论的形成、构建身份认同进而形成'知识人社会'等方面则功不可没"②的功能。

第二类研究聚焦于中共中央党报《人民日报》的"读者来信"专栏,采用历时性个案研究和比较研究方法,分析了《人民日报》读者来信在新中国成立后的不同历史时期所发挥的上情下达、下情上传的功能,以及人民群众通过读者来信对国家和社会发展的监督与参与功能。③ 通过与西方国家报刊的"读者来信"专栏的比较,归纳与分析作为党报的《人民日报》"读者来信"专栏的功能与特点。④

第三类研究从更为微观的政治修辞角度,抽取了 1949 至 2017 年间《人民日报》读者来信的样本,从修辞功能、修辞结构和修辞框架分析了读者通过"读者来信"栏目与政治系统之间的互动,探讨了 1978 年前后这一互动的不同修辞特点,进而提出《人民日报》读者来信可被视为中国的政治沟通体裁。⑤

由此可见,既有的研究主要关注"读者来信"栏目在社会场域中的论坛、监督功能,以及"读者来信"栏目在文本层面的政治修辞特点,而作为这种个人书写形式的主体,即书写者并未被纳入现有的研究。与此同时,读者来

---

① 彭垒.民国时期报刊读者来信栏目考察[J].当代传播,2007(4):73-75.
② 田秋生.战后普通知识群体的报刊论政:《观察》周刊"读者投书"栏考[J].现代传播(中国传媒大学学报),2018(1):50-57.
③ 陈慧慧.建国后《人民日报》读者来信版的流变[D].武汉:华中师范大学,2008;马会玲.《人民日报》读者来信版研究(1949—1952)[D].南京:南京大学,2013;高鹏远.《人民日报》"读者来信"专栏研究(1977—1992)[D].南京:南京大学,2016.
④ 王彩霞.人民日报与纽约时报读者来信版比较研究[D].北京:中国社会科学院研究生院,2002.
⑤ 徐开彬,杜忆竹.从国家情感到个体利益:《人民日报》读者来信作为一种政治沟通体裁的嬗变[J].新闻与传播研究,2019(2):73-95,127.

信稿件的编辑把关及其背后的媒介理念与社会变迁的动因也未有涉及。本文旨在对以上两点进行回应，梳理和再现读者来信的话语主体、话语主题和话语组织，同时回到具体的历史语境，在社会与媒介理念变迁的背景下阐释个人书写、话语表征与话语组织变化的动因。

三、研究问题与研究方法

本文选取《人民日报》在 1978 年和 2018 年这两个具有历史节点意义的年份所刊登的读者来信文本作为研究对象，具体回答：1978 年和 2018 年读者来信的话语主体分别是谁？1978 年和 2018 年读者来信呈现了哪些主题？话语表征具有哪些特点？1978 年和 2018 年读者来信的话语组织有哪些变化？这些变化背后的动因是什么？

通过人民数据库搜索和阅读 1978 年和 2018 年的《人民日报》读者来信后发现，1978 年的读者来信不规律、不定时地分散在一周出报的各个版面；同时，编辑部不定时开辟"读者评报"栏目，其内容也主要是读者来信。2018 年拥有了完整、定时的"读者来信"专栏。经数据清理，最后获得 1978 年的 245 篇和 2018 年的 350 篇读者来信作为分析样本。

本文主要采用内容分析法和 SNA 语义网络分析法。在内容分析层面，两位编码员根据"书写者""被书写者"和"叙事视角"三个类目进行编码和交叉分析，在统一变量编码原则基础上的信度值为 0.903。在语义分析层面，本文采用 ROSTCM6 软件挖掘并呈现读者来信文本内容的"语义集束"，通过关键词之间的意义联系提炼来信议题。

四、研究发现

（一）话语主体：两个时代的言说者与失声者

整体而言，在 1978 年的读者来信中，书写者通常会在来信的末尾标注自己的身份,例如"农民""××公社干部",而2018年的书写者通常以"××省××市/县××"署名,有些来信会在行文中提及书写者的身份,比如"我是来自于×××地的一名小学老师",但大部分来信都未告知书写者的身份。

为了勾勒并比较这两年读者来信的书写者身份群像,笔者通过交叉分析发现,1978年读者来信的书写者身份较之2018年呈复杂样态分布,涵盖基层办事人员、国家机关、编辑部、工人、农民和军人等广泛群体。在2018年的读者来信中,未知群体、市民和编辑部成了主要书写者,而曾经作为1978年读者来信主要书写者的几类群体出现频次明显减少,甚至消失。比如,国家机关由17.1%下降至0.3%,农民由9.4%下降至0.6%,军人由5.7%下降至0.3%,工人由13.1%下降至0(见图1)。作为2018年读者来信最主要书写者的未知群体,他们来信的写作风格类似于公文写作,体现出书写者较高的文化素养。

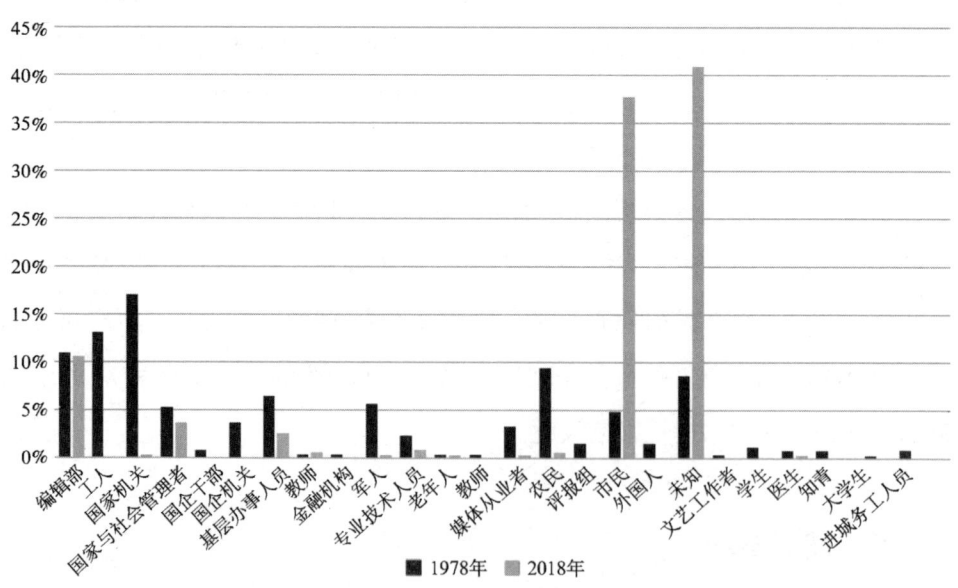

图1　1978年和2018年《人民日报》读者来信书写者出现频次对比

通过比较可以发现,历经40年的时代变迁,曾经作为读者来信主要书写者的国家机关、工人、军人和农民逐渐由"言说者"变成了"失声者",市民和具有较高文化素养的未知群体成为新的主要书写者。

(二)话语主题:被书写者、议题呈现与话语表征

1. 1978年和2018年读者来信中的被书写者

将这两年读者来信所书写的对象,即被书写者进行交叉分析后,笔者发现被书写者也发生了很大变化(见图2)。

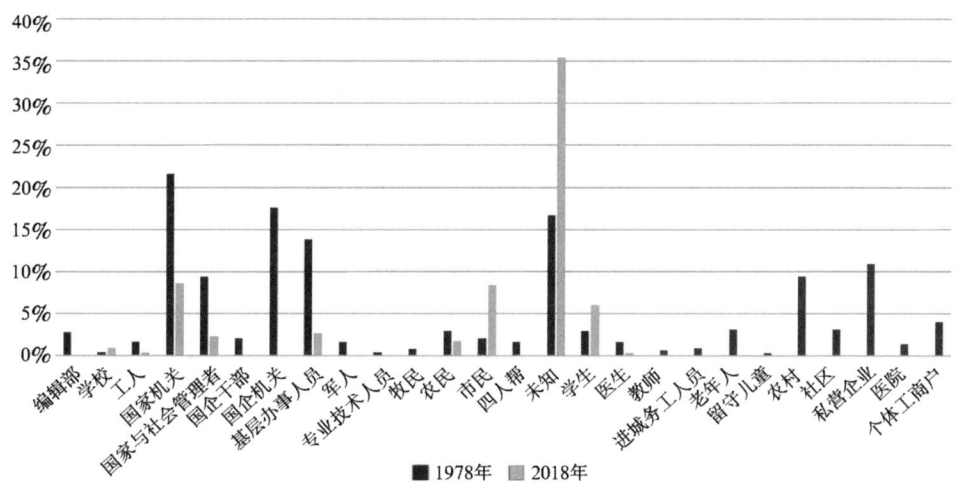

图2 1978年和2018年《人民日报》读者来信被书写者出现频次对比

从图2中可以看出,1978年出现频次较高的被书写者国家机关从20.8%下降至8.6%,国家与社会管理者从9.4%下降至2.3%,基层办事人员从13.8%下降至2.6%,军人和国企机关分别从1.6%和17.6%下降至0,而未知群体则由1978年的16.7%猛增至2018年的35.4%,成为2018年读者来信中最主要的被书写者。

观察和比较这两年被书写者群像,可以发现,2018年的来信中出现了9类新的被书写者。其中有:伴随市场经济而出现的地摊商贩、小额贷款公司、诈骗皮包企业、物业公司等"私营企业"、餐馆等"个体工商户",伴随市场经济发展和城市化进程而出现的"进城务工人员""留守儿童""农村"和"社区"。

2. 1978年和2018年读者来信的议题呈现：共现时代议题

利用ROSTCM6软件制作的语义网络图直观呈现了高频词，以及以这些高频词为节点而形成的意义网络（图3和图4），凸显了来信议题。

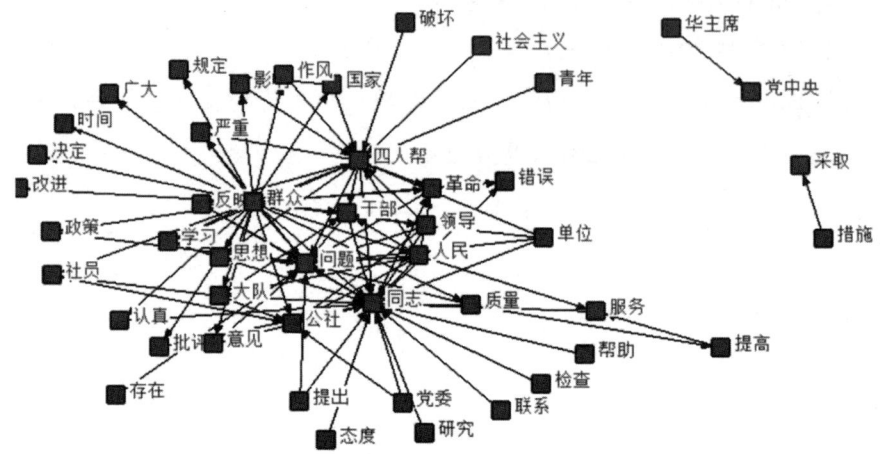

图3 《人民日报》1978年全部读者来信文本的语义网络

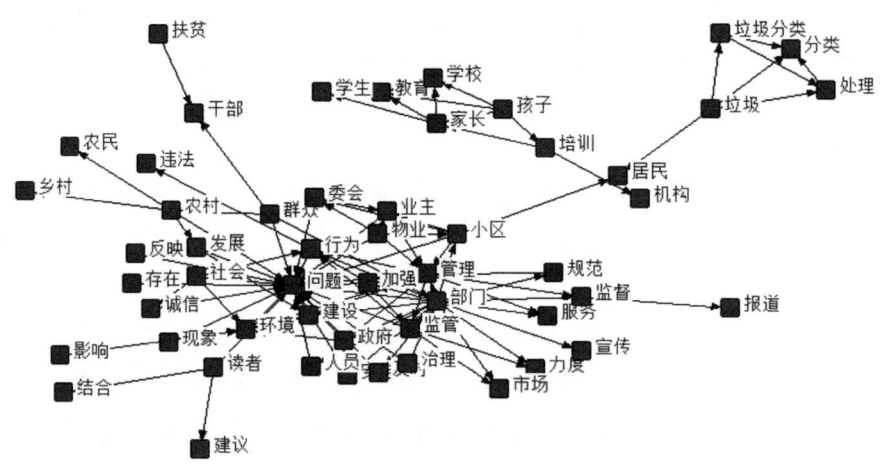

图4 《人民日报》2018年全部读者来信文本的语义网络

在1978年的来信中，出现频率最高的词语为"同志""问题""干部""群众""革命""思想""四人帮""公社""大队""人民"等，这些高频词与其他关键词节点相连并组成了词组"人民同志""提出问题""四人帮严重破坏""领导革命""群众思想"等，共现了1978年前后"粉碎四人帮""拨乱反正"的时代议题。

相较而言，2018年读者来信的语义网络更为复杂多样，呈现出三大语义集束。第一部分出现频率最高的词语有"问题""加强""部门""监管""管理""小区""建设""环境"等，与之相连的其他关键词节点有"乡村""环境""扶贫""违法""市场""监督"等。第二部分语义集束聚焦于"学校""家长""教育""孩子""学生""培训"。第三部分语义集束聚焦于"垃圾分类""处理"。这三大语义集束集中共现了改革开放40年后日益显现的市场监管、小区建设、乡村振兴、教育、诚信建设等社会治理议题。

3. 1978年和2018年读者来信的话语表征：个体情感与社会观照

一般认为，话语是语言系统与社会环境的交汇点，话语既是陈述主体表达的结果，又总是处于特定的社会环境和历史时间，它以特定的方式表达出来，在运转中组成关系网络，它的含义和功能在运行中移动、改变和被确认。① 为了勾勒出1978年和2018年读者来信的话语表征，笔者从词语、句式和叙事视角三个层面予以分析。

（1）词语

比较1978年和2018年读者来信文本的语义网络（见图3和图4）可以发现，与1978年来信的高频词相连的关键词多数为具有强烈施动含义的谓语动词，比如"提出""学习""规定""改进""决定""领导""提高"等，而在2018年的语义网络中，施动性谓语动词急剧减少，代之以明显的"名词化"特征。

比如，1978年的来信《不必"和父亲断绝一切关系"》写道：

> 我认为问题的中心在于批判反动的血统论，肃清唯成份论的影响，使家庭出身不好的青年能正确理解党的方针政策，正确处理同家庭的关系，并使他们感到和其他青年一样有着光明的前途。②

---

① 曾庆香.新闻叙事学［M］.北京：中国广播电视出版社，2005：5.
② 钱伟.不必"和父亲断绝一切关系"［N］.人民日报，1978-09-24（3）.

在这封来信中，书写者大量使用了"批判""肃清"等施动性谓语动词，这使得受其支配的名词全部隐藏，即书写者没有指出"谁"来"批判反动的血统论"，"谁"要"肃清唯成份论"的影响，从而强调了受其支配的宾语"反动的血统论""唯成份论"等被批判的政治话语，书写者对"文革"时期相关政策和措施的强烈批评态度跃然纸上。

又如，在2018年的来信《基于乡情，探索"治理有效"》中，书写者将全文分为三部分，每部分以主干中心句为开头。如：

> 基于中国国情深刻把握"治理有效"的中国特色。……
> 深刻把握"治理有效"的逻辑。……
> 以"三治结合"深入探索"治理有效"的实现路径。……

而在正文中这样写道：

> 我国乡村的"治理有效"，应该从乡村微观主体的农民赋权和自主治理出发，然后建立一套平等的民主协商、市场议价机制，形成由内而外、内外结合的乡村治理结构。①

在这封来信中，大量动词与宾语共同组合成"名词化"主语，如动词"探索"和宾语"治理有效"、动词"把握"与宾语"治理有效的逻辑"、动词"建立"与宾语"乡村治理结构"等，在名词化过程中，真正的行动主体消失，复杂的社会互动与社会建构过程被简化为一种静止状态与抽象概念，在隐藏或掩盖主体责任的同时强调了作为乡村振兴战略实施之策的"治理有效"之法本身。

（2）句式

1978年来信的书写者主要采用了行动型和精神型句式，强调行动主体经历的心理认知过程，而2018年来信的书写者主要采用了强调事件状态的状态

---

① 黄祖辉.基于乡情，探索"治理有效"[N].人民日报，2018-01-09（20）.

型句式。

比如，1978年的来信《两次乘船的感受》这样写道：

> 看见报纸登载不少单位全心全意为人民服务的事迹，想起了我经历的一件颇感动人的事情。
>
> ……当时，我把东西举到胸前，他只要稍一弯腰用手一拎就上去了。可惜他竟连这点忙都不肯帮。我气得真想吵一场。然而，事情更有甚者。旁边走来了一个老船工，对我说："你不要剥削别人的劳力嘛！"这句话说得我愣了好大工夫，气得一句话也说不出来。有两位旅客看不下去，帮我把货托到了舱顶上。
>
> ……我被他拉到后边一看，一碗热腾腾的米饭摆在桌上。原来他把饭重新烧了一下，还给我做了一碗汤。这顿饭虽然没菜，却觉得特别好吃。①

在这封来信中，书写者即事件的经历者，所采用的行动型句式：施动者（我）+动词（取出、举到、弯腰、拎、托）+受事者（他）和精神型句式："觉得特别好吃""我愣了好大工夫，气得一句话也说不出来"，在描述两次乘船情景的过程中直接道出了自己的感受，具有很强的个人色彩。

又如，2018年的来信《村官"脱岗"百姓犯难》这样写道：

> 回农村老家探亲时，得知村支部书记和村委会主任很少在村里办公，"脱岗"现象比较严重，村民有个大事小情很难找到他们，即便打通了手机，他们也是不耐烦地三言两语就挂了。
>
> ……
>
> 因此，村干部要彻底破除浮躁作风，主动与村民打成一片，做到零距离接触，心贴心交流，面对面互动，实打实服务，尽心竭力为村民办实事、解难题、促和谐、保稳定。②

---

① 顾明.两次乘船的感受[N].人民日报，1978-01-04（2）.
② 许贵元.村官"脱岗"百姓犯难[N].人民日报，2018-01-09（20）.

在这封来信中，书写者描述了"村官脱岗"现象的具体表现形式，但书写者本身处于被动状态，所书写的问题不由书写者本身控制，强调的是这一社会现象的普遍性。

（3）叙事视角

通过对两年读者来信文本的议题编码分类，笔者发现，在1978年的来信中，从个人视角叙述的"第一人称视角"（53%）和"第三人称视角"（22%）成为主要的叙事视角。两者之间的区别在于，采用"第一人称视角"的书写者是所述议题的亲历者和见证者，而采用"第三人称视角"的书写者在所述议题中不充当任何角色，只是叙述和转述议题。与此相对照，在2018年的来信中，"中性全知视角"（54%）成为主要的叙事视角，而使用"第一人称视角"（32%）和"第三人称视角"（14%）的来信减少（见图5）。

在1978年的来信中，书写者大都立足个人视角，叙述了亲身经历或见证的事，或者叙述了他人遇到的一件事，"我"视角的叙述流露出书写者的真情实感。2018年的来信更多采用了新闻话语中普遍运用的中性的全知叙事视角，不涉及个人的内心活动，注重客观、全面地叙述事实本身。

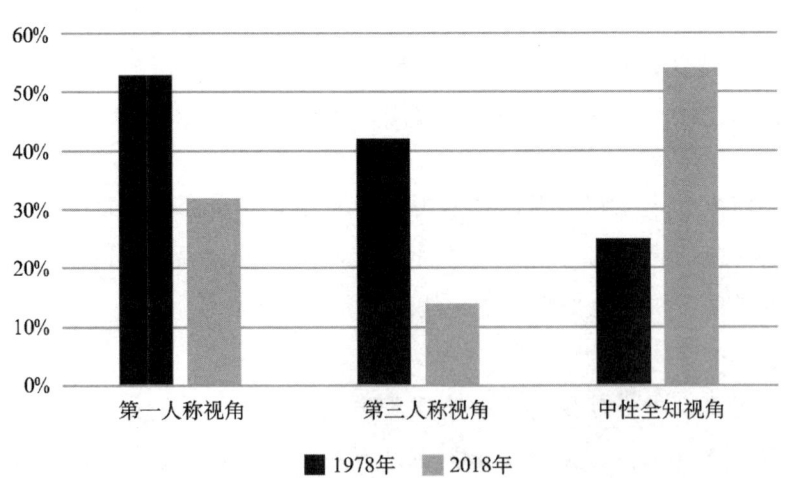

图5　1978年与2018年《人民日报》读者来信叙事视角对比

比如，在1978年的《上海港口的好青年》来信中，开头即这样写道：

> 我年近七十了。去年十月中旬去上海探亲，今年一月十九日由上海搭东方红三十五号轮回宜昌。

结尾这样写道：

> 从这件事情上，抚今思昔，我很受感动。我体会到，只有在毛泽东思想抚育下的青年人，才有这样的共产主义风格。特写此信，通过党报感谢上海港口青年服务员同志。[1]

又如，2018年的《农村废弃物须多元治理》来信这样写道：

> ……许多地方和企业在生产上想得多，在农业废弃物处理上做得少，急需补齐短板。
>
> ……多数企业在退城后形成了在农村散户养殖，加工留在企业的格局。即使采用供种、饲料、防疫、加工"四统一"生产模式，却很难将散养户纳入生产的全程监管，还增加了运输中可能的疫情传播和动物交叉感染等问题。有关部门应探寻多元农村废弃物处理办法。[2]

通过上述分析可以发现，在1978年的来信中，书写者通过采用施动性谓语动词、行动型和精神型句式，主要从"我"视角突出书写者作为经历者、见证者和转述者的真情实感。在2018年的来信中，书写者主要从非人格化的中性全知视角叙述社会现象、社会问题，在遮蔽个体情感和个体能动性的同时，凸显了社会问题、抽象理念本身。

---

[1] 文英.上海港口的好青年[N].人民日报，1978-02-07（3）.
[2] 周志鹏.农村废弃物须多元治理[N].人民日报，2018-01-02（20）.

（三）话语组织：读者来信的组稿方式

《人民日报》自创刊之日即有读者来信。1949 年到 1956 年，《人民日报》读者来信处于探索阶段，以反映"三大改造"的社会气象、监督批评工作为主要特点。1957 年至 1976 年，由于受到"左"倾思想的影响，《人民日报》读者来信数量下降，内容单调、乏味，舆论监督功能一度被空泛的意识形态批判取代。1977 年"拨乱反正"到 1978 年的改革开放使得《人民日报》重新调整，读者来信开始恢复、转型、改革。① 作为党报内容的重要组成部分，读者来信稿件必定经过编辑部的选择与编辑，通读 1978 年和 2018 年的所有来信可以发现，这两年的组稿方式存在明显不同。

2018 年全年的"读者来信"专栏共 42 期，编辑部对 30 期进行了提前预告，主动设置下一期来信议题。

比如，在 2018 年 1 月 2 日的"读者来信"专栏中，编辑部写道：

下期话题：乡村治理，民主有效。欢迎读者讲述身边的故事，说说当前农村在村民自治、农村安全、基层管理等方面存在的问题，并提出意见建议。欢迎提供舆论监督报道线索。②

相较而言，在 1978 年刊出的 245 篇读者来信中，编辑部主动设置议题的痕迹不明显；相反，编辑部还经常以转寄来信的方式促成问题的解决。在这一年的来信中，有 15 篇是来自被监督方的反馈，其中有 4 篇《答复》提道：编辑部将来信反映的问题进行寄送，并责成核实和整改。

比如，1978 年的来信《交通部办公厅认真对待群众批评》写道：

人民日报编辑部：

四月五日《人民日报》刊登两篇批评交通运输工作的人民来信。

---

① 高鹏远.《人民日报》"读者来信"专栏研究（1977—1992）[D]. 南京：南京大学，2016：15-23.
② 本报编辑部. 预告[N]. 人民日报，2018-01-02（20）.

我们收到报社送来的清样时，找了有关部门核实，并给报社一封复信，表示同意在上刊登……

——交通部办公厅 ①

又如，1978年的来信《中共河南省委的答复》写道：

人民日报编辑部：

寄来群众批评信和新乡地委、获嘉县委核对小组的调查报告，以及你们写的"编后"，同意在报纸上全文公布……

——中共河南省委 ②

此外，栏目编辑部还会根据来信中相似的内容主动了解情况并写成来信综述，或者根据群众反映较多的问题编发"编者的话""编后""编者按"进行统一答复。

比如，1978年的《"搭配"之风不可长——读者来信综述》开篇即提道：

一批来自不同地区的群众来信，批评同一种怪现象：你要买一种你所需要的商品，要"搭配"上一种你所不需要的东西。③

又如，1978年的《语言应该规范化》中提道：

本报八月二十四日发表《语言是活的东西》来信后，陆续收到很多读者来信……现摘登《中国语文》编辑部就群众来信来稿所编的一篇综述。关于这一问题的来信，就不一一答复了。

——编者 ④

---

① 交通部办公厅认真对待群众批评[N].人民日报，1978-05-29（2）.
② 中共河南省委的答复[N].人民日报，1978-05-15（4）.
③ "搭配"之风不可长：读者来信综述[N].人民日报，1978-08-12（3）.
④ 语言应该规范化[N].人民日报，1978-11-20（2）.

从上述比较可以发现，1978年读者来信的组稿方式恰是20世纪40年代《解放日报》改版之后所确立的"群众办报"党报指导工作理念的体现，在转寄来信的过程中，党报直接敦促相关部门解决问题。2018年读者来信编辑部在主动设置议题的过程中体现出较强的舆论引导功能。

五、结论与讨论

纵观中国改革开放的历史进程，1978年和2018年构成了两个具有节点意义的历史截面，由此折射出中国40年来的发展与变化。本文聚焦于1978年和2018年中共中央党报《人民日报》的读者来信，通过分析话语主体、话语主题和话语组织，勾勒并比较了这两个历史节点的读者来信书写者、被书写者、书写议题、议题表征与组稿方式，结合不同的历史语境，发现变化背后的诸多动因。

（一）话语主体：离场与进场

在1978年和2018年来信的书写者中，1978年来信的书写者乐于在来信末尾直接表明自己的身份，而2018年来信的书写者除了标明自己的地理位置，很少写出自己的身份。纵向比较这两年来信的书写者，曾经作为1978年主要书写者的工人、军人和农民逐渐失声，甚至离场，市民和未知群体成为新的主要书写者。40年间读者来信书写者的变化正是改革开放所带来的社会阶层分化与多样化的缩影。

伴随改革开放而出现的经济结构变化促成了中国社会的阶层分化与多元化，原有的固化的"两个阶级，一个阶层"（工人阶级、农民阶级和知识分子阶层）逐渐分化，一些新阶层开始出现，比如私营企业主阶层、经理阶层和进城务工人员群体。[①] 在改革开放之前，几乎所有的社会成员都依据"城乡户籍制度""干部身份制度""所有制身份制度""单位体制"等被区分为不

---

① 陆学艺. 当代中国社会阶层的分化与流动 [J]. 江苏社会科学，2003（4）：1.

同的社会群体,享有不同的权利和社会机会。[①] 在社会阶层构成简单且家庭出身具有代际延续性的时代,个体身份与升学、就业、养老有着密不可分的关系,个体身份既是历史印记,更是社会标签,因此每个人对自己的身份有着清晰的认识。改革开放后,以职业为基础的社会阶层分化机制打破了这种"身份社会"或"身份体制",先赋性(ascribed)政治身份被次要化,自致性(achieved)奋斗成为时代主流,个体在新社会阶层和新社会群体不断产生且个体自由流动的背景下,逐渐模糊了对自己身份的认知。在1978年的来信中,书写者大都能够明确标明自己的身份或所从事的工作,对个体身份有着很强的自我认知和认同感,而在历经改革开放40年后的2018年,先赋性政治身份不再成为捆绑或约束个体社会行为的标签,社会阶层构成的多元化与复杂化进一步使个体身份认知日益模糊。这也体现在2018年的来信中,这些书写者主要阐明自己所要反映的问题或表达的观点,就事论事,不留太多的个人痕迹。改革开放40年间,中国社会的现代化与城市化进程是读者来信书写者离场与进场的主要背景与主要原因,改革开放初期的主要阶级与阶层被社会转型过程中新出现的阶层取代,市民与具有较高文化素养的未知群体成了新时代读者来信的主要书写者。

(二)话语表征:凸显与遮蔽

作为社会实践一部分的话语并非脱离社会环境而独立存在,话语受到意识形态的影响,也反作用于意识形态,二者又源于一定的社会结构和权力关系并为之服务。特定的话语建构意味着特定的意识形态和社会土壤,正如福柯所言:"话语不是关于对象的,更确切地说,倒是话语构成了对象。"[②] 比较1978年和2018年读者来信的话语表征,话语主体明显或隐蔽的情感倾向既反映了两个时代不同的现实语境,又是现实语境作用的结果。

[①] 李路路.社会结构阶层化和利益关系市场化:中国社会管理面临的新挑战[J].社会学研究,2012(2):4.
[②] 谢里登.求真意志:密歇尔·福柯的心路历程[M].尚志英,许林,译.上海:上海人民出版社,1997:129.

在集体主义彰显的新中国前30年里，个人声音几近消弭。1978年《光明日报》刊载的《实践是检验真理的唯一标准》拉开了思想解放大幕，由"阶级斗争为纲"向"以经济建设为中心"的时代主题更迭赋予了普通个体价值空前释放的机会，正如经济领域的改革由小岗村的普通个体开始，站在1978年历史节点的普通民众亟待通过对自我生活的书写不断论证改革开放的必要性及有效性。尽管仍然留有"文革"时代政治性话语的时代痕迹，但1978年的来信话语通过个体化的第一人称叙事视角，凸显了书写者在自我凝视中明显的情感倾向，即"我要说一个我的事情"。

改革开放40年后的2018年处于完全不同的历史阶段。在全面深化改革的总目标下，"推进国家治理体系和治理能力现代化"、满足人民日益增长的美好生活的需要已成为当下的主要任务。在2018年的来信中，三大语义集束所呈现的社会治理议题，正是社会总体推进中宏大叙事的凸显，而中性化全知视角的大量使用，在弱化私人书信的同时遮蔽了个体化情感，即"不知道是谁说了一个社会上的事情"。

（三）话语组织：监督与引导

在相隔40年的读者来信中，个体从凸显到消失，议题由个人走向公共，除却来信话语所根植的现实社会的变迁，党报媒介理念的变化也是重要动因。

《人民日报》"读者来信"专栏在1977年5月被恢复，取代了"文革"时期以刊登造反派来信为主的"革命读者来信"和"革命师生来信"，重新成为民众表达意见、反映个人生活的重要渠道。据称，恢复之后的读者来信群工部每天收到读者来信多达2000封左右[①]，由此可见改革开放初期民众自我表达的强烈意愿。1978年的《人民日报》读者来信或分散在2、3、4某个版面中，并冠以"读者来信"名称；或在版面的随意一角，单列几篇来信。在充满不确定性的改革初期，党报被亟待发出声音的个体视为反映问题、通过自上而

---

① 高鹏远.《人民日报》"读者来信"专栏研究（1977—1992）[D].南京：南京大学，2016：22-23.

下方式寻求问题解决的党的相关部门,《人民日报》读者来信的舆论监督功能得以恢复和凸显。

历经40年改革与发展,中国社会进入了稳定发展期,《人民日报》也在社会转型的过程中完成了向尊重新闻传播规律、"新闻本位"的回归。据人民数据库显示,2002年1月起,"读者来信"成为《人民日报》每周四第11版的固定栏目,之后又历经几次改版,"读者来信"栏目在具有政治导向的专业编辑方针指引下成为理性的公共论坛。相较于1978年读者来信通过来信转寄、问题综述等手段促成问题解决的舆论监督功能,2018年读者来信编辑部更倾向于主动设置议题,配以编辑部对读者所反映情况的新闻性判断,派遣记者进行深度调查,在"上连党心,下接民心"的党报媒介实践中实现了由舆论监督向舆论引导功能的转变。

事实上,在互联网技术更迭加速、公众表达渠道多样化的当下,区别于个体化、情绪化的网络论坛,作为公共论坛的《人民日报》读者来信的现实意义与研究价值被低估,后者不仅是政治把关和新闻专业把关后的话语呈现,更是不同历史语境下中国媒介理念与时代主流价值的直接映射。

媒介、话语与国际传播 陆佳怡自选集

零度控制与镜像场景*
——公民新闻的透明性叙事

基于数字技术、网络技术、通信技术基础之上，以互联网为肇始、方兴未艾的一系列新媒体不仅变革了传者和受者的关系，改变了媒介生产样态与图景，而且在一定程度上撼动了新闻职业道德规范。由此有学者提出用透明性来代替客观性，以适应新媒体的特征①。"透明性原则这个朴素的观念中最有价值的一点，恐怕是它天生与互联网的新型开放式架构不谋而合。"②，所有关于透明性原则的文献可简单归为一点："新闻是如何获得的以及为什么要用这种方式表达。"③

对于专业媒体的新闻报道（简称专业新闻，既包括专业媒体在报纸、广播、电视等传统媒体所发布的新闻，也包括他们在网站、微博和微信公众号等新媒体所发布的新闻）来说，透明性是长久以来被坚持又被诟病的客观性原则在新媒体语境下的补救与自证性策略，是客观性在互联网时代的发展，是互联网开放、互动、共享精神在新闻客观性的体现。针对专业新闻来说，

---

* 文章原载于《国际新闻界》2019 年第 5 期，与仇筠茜、高红梅合作，收入本书时，略有删改。

① 科瓦齐，罗森斯蒂尔. 新闻的十大基本原则：新闻从业者须知和公众的期待[M]. 刘海龙，连晓东，译. 北京：北京大学出版社，2001/2014：97-98.

② 科瓦齐，罗森斯蒂尔. 新闻的十大基本原则：新闻从业者须知和公众的期待[M]. 刘海龙，连晓东，译. 北京：北京大学出版社，2001/2014：111.

③ 科瓦齐，罗森斯蒂尔. 新闻的十大基本原则：新闻从业者须知和公众的期待[M]. 刘海龙，连晓东，译. 北京：北京大学出版社，2001/2014：118.

新闻叙事的透明性主要有两点：一是在新闻文本中呈现事件行为者、相关人员或部门所发布的文字或视频的截图，如《环球时报》公众号的"榆林产妇坠楼事件中，这个黑幕绝不能轻易放过！"一文，既有"榆林一院"的"情况说明"及其中的监控录像截图，又有其他专业媒体采访榆林一院医生和护士以及产妇丈夫的视频新闻截图，还有网民微博议论此事的截图。二是在文本中或者文本结尾处直接给予链接跳转。它的透明性显然是为了让受众直接触摸事件人物，从而更接近事件本身，因此是一种叙事技巧。

然而，新媒体尤其自媒体出现后，新闻生产者的外延大大扩展，已不再局限于专业记者。当事人或目击者或相关人员都可生产新闻。他们生产的新闻具有天然的透明性。本文拟就公民新闻的透明性进行论述。

一、文献综述与关键概念

（一）公民新闻

1998年1月17日，美国人德拉吉对克林顿"拉链门"性丑闻的率先报道，引发了人们对公民新闻的关注。随着web2.0自媒体的到来，公民新闻也进入遍地开花的时代，业界与学界对它的研究也开展得如火如荼。

公民新闻作为一种新的新闻种类，自然引发众多学者对这一概念的内涵与外延进行界定，如美国新媒体学者马克·格拉泽（Mark Glaser）将其定义为：没有接受过专业新闻训练的普通公众通过新的传播技术并利用网络全球传播的特点来创作新闻信息。其作用既可以为传统媒体增加报道素材，又可以检验和查证传统媒体所报道的内容，报道既可由一个人完成，也可由多人共同完成。而重大事件亲历者的报道，则可能影响整个历史[1]。综观这些定义，可发现学者们一般是从生产者、生产过程、生产目的三个角度进行界定的。有的学者认为只要有公民参与生产的新闻就是公民新闻，因此把公民新闻又

---

[1] 蔡雯，郭翠玲. 从"公共新闻"到"公民新闻"：试析西方国家新闻传播正在发生的变化[J]. 新闻记者，2008（8）：43-46.

称为参与式新闻;有的学者认为只有那些完全由非记者,即普通公民(可以是个人,也可以是群体)生产与发布的新闻才是公民新闻,公民作为爆料人等方式参与记者生产的新闻不属于公民新闻。

对公民新闻外延的研究既体现在对公民新闻的类型的划分之上,如申金霞[①]从政治意义视角把公民新闻分为三类:利益诉求类、探询真相类、社会动员类,而斯蒂夫·奥汀[②]则从公民参与新闻生产的程度认为公民新闻存在着11种潜在变体;又体现在对公民新闻的源流以及它与其他概念如公共新闻、参与式新闻等的种属关系的分析之上,如有学者认为公民新闻是20世纪90年代美国公共新闻(Public Journalism)的发展与延续[③]。也有学者认为公民新闻迥异于公共新闻[④]。首先,二者产生的时代背景不同,前者兴起于20世纪80年代的新闻改革运动,后者始于互联网及其论坛以及自媒体的普及。其次,二者生产主体不同,前者是专业媒体和记者邀请公民参与新闻生产,但新闻生产主体仍为专业记者;后者的新闻生产主体为公民,其生产未被专业媒体和记者染指。同时,有学者认为公民新闻等同于参与式新闻(Participatory Journalism),即凡是在新闻生产过程中有公民参与的新闻都是公民新闻[⑤]。也有学者认为只有公民自主生产的新闻,即不经过专业媒体编辑、过滤的新闻才是公民新闻[⑥]。

作为一种在新媒体语境下产生的新闻种类,公民新闻的传播机制与专业

---

① 申金霞.自媒体时代的公民新闻[M].北京:中国广播电视出版社,2013.

② 奥汀.公民新闻:一种全新的尝试与冲击[J].赵俊峰,张羽,朱浩林,编译.今传媒,2006(3):19-22.

③ 申金霞.自媒体时代的公民新闻[M].北京:中国广播电视出版社,2013;范东升.公民新闻的兴起和启示[J].国际新闻界,2006(1):60-63.

④ 余建清.公共新闻与公民新闻辨析[J].国际新闻界,2008(7):58-61.

⑤ 奥汀.公民新闻:一种全新的尝试与冲击[J].赵俊峰,张羽,朱浩林,编译.今传媒,2006(3):19-22;范东升.公民新闻的兴起和启示[J].国际新闻界,2006(1):60-63;BOWMAN S, WILLIS C. We media: how audiences are shaping the future of news and information [M]. Reston: The Media Center at the American Press Institute,2003:1-65.

⑥ 杨保军.简论"后新闻传播时代"的开启[J].现代传播(中国传媒大学学报),2008(6):33-36;杨保军.简论网络语境下的民间新闻[J].新闻记者,2008(3):20-23;杨保军.新闻的社会构成:民间新闻与职业新闻[J].国际新闻界,2008(2):30-34.

新闻的传播机制自然有显著不同。张楠①认为公民新闻的传播受到三种机制的影响，一是公民的社会网络，二是网民的自组织，三是网络社区的舆论领袖。

公民新闻甫一出现，便在很多领域带来了较深影响，在社会上产生了较大功效。这些影响与功效归根结底在于公民话语权得到了真正的实现，因此引发了业界与学界在社会学、政治学等层面对公民新闻展开论述，包括公民新闻与话语权、言论自由和民主之间的关系阐释，如有学者指出公民话语权与公民新闻有着天然的内在联系，认为公民话语权催生了公民新闻，公民新闻的发展促进了公民话语权的实现②，是公民表达自由、言论自由的体现③。Shayne Bowman 和 Chris Willis 认为公民新闻因提供了民主社会所需要的信息而有助于民主实现④；也包括对公民新闻的赋权与舆论监督作用的论述，如有学者从赋权的视角论述公民新闻，认为公民新闻是公民争取权益，进行抗争和社会动员、建立认同与促进公民行动的途径与渠道⑤，指出公民新闻是公民实现舆论监督的理想手段，因为权力机构与权力人物处在无时无处不在的公民记者的监测之下⑥。当然，公民新闻对新闻生态、新闻叙事样态的影响则更是得到了不少学者的论述，如杨保军指出，公民新闻出现之后，新闻的社会构成包括两个部分：民间新闻与职业新闻。⑦曾庆香则指出，公民记者的出现导致背书式新闻、对话式新闻、注解式新闻等叙事样态。⑧申金霞则从情感动员角度指出公民新闻具有三种叙事模式：受难叙事、对抗叙事与反讽叙事。⑨

---

① 张楠.影响公民新闻活动的三种机制［J］.明日风尚，2016（9）：125.
② 张金桐，郝治丽.从公民话语权看公民新闻的发展［J］.新闻爱好者，2011（21）：40-41.
③ 陈丽莉.论自媒体时代的言论自由［J］.中国检察官，2013（15）：39-42.
④ BOWMAN S，WILLIS C. We media：how audiences are shaping the future of news and information［M］. Reston：The Media Center at the American Press Institute，2003：1-65.
⑤ 陈楚洁.公民媒体的构建与使用：传播赋权与公民行动——以台湾 PeoPo 公民新闻平台为例［J］.公共管理学报，2010，7（4）：111-121，128；申金霞.自媒体时代的公民新闻［M］.北京：中国广播电视出版社，2013.
⑥ 姜华.公民新闻及其民主监督作用初探［J］.国际新闻界，2013，35（4）：38-46.
⑦ 杨保军.新闻的社会构成：民间新闻与职业新闻［J］.国际新闻界，2008（2）：30-34.
⑧ 曾庆香，陆佳怡，吴晓虹.两极与互补：新媒体语境下的新闻样态与图景［J］.新闻记者，2017（8）：43-51.
⑨ 申金霞.自媒体时代的公民新闻［M］.北京：中国广播电视出版社，2013.

总之，大多数的研究文献都对公民新闻持肯定态度，也有少部分文献对公民新闻提出了批评，认为公民新闻过于主观，严重缺乏客观性①，公民新闻只是公民参与社会、参与新闻生产的幻象，而且因为极端或无用而缺乏新闻价值②。

基于以上有关公民新闻的概念及其相关研究，笔者以为，公民新闻是普通公民个体或群体、组织机构而非专业记者与媒体自主生产，并借助一些专门网站、自媒体等渠道自主发布的新闻，在生产与发布过程中未受到专业媒体与记者的任何编辑。

（二）透明性

由于新闻生产的后台化，话语建构的选择性和新闻工作者的主观性，客观性作为维系新闻业专业权威的核心实践原则，从其诞生以来就受到了人们的质疑与批评。与此同时，互联网的开放架构与开放文化促使透明、开放的观念在各个领域得到回响，新闻领域也不例外。

新闻透明性最早由新闻业界倡导。20世纪90年代，美国公共新闻运动主张新闻业界开放编辑室进行透明性尝试，如邀请读者直接参加报道选题讨论，聘请普通民众审查和评判报纸内容，等等。1997年至1999年期间，为增强公信力，美国报纸编辑协会（The American Society of Newspaper Editors，ASNE）向新闻界提出一项重要倡议：报纸可以通过将公众纳入关于新闻业的对话中，向他们解释新闻价值标准以及决策制定过程。2004年，美国阿斯彭研究所（The Aspen Institute）第八届新闻与社会年会发表总结报告《新闻业：透明性与公众信任》（Journalism, Transparency and the Public Trust），呼吁新闻界应该在新闻实践中尽可能地透明（as transparent as practical），并提出增强透明性的四大举措。

在新闻学术界，比尔·科瓦奇（Bill Kovach）与汤姆·罗森斯蒂尔（Tom

---

① 姜欣.浅析公民新闻视阈下的新闻客观性[J].前沿，2012（15）：122-125；闫岩.公民新闻：参与的幻象[J].新闻与写作，2015（6）：57-62.
② 闫岩.公民新闻：参与的幻象[J].新闻与写作，2015（6）：57-62.

Rosenstiel）于 2001 年最早提出透明性原则。2005 年，新媒体学者丹·吉尔摩（Dan Gillmor）更是提出用透明性取代客观性。[1]

从现有的研究来看，有学者从透明性与客观性之间的关系、它对客观性原则的延续等视角进行论述，认为新闻的透明性是提高新闻客观性的方法，甚至认为透明性是客观性原则在新媒体语境下的新表现[2]。但是，大多数文献还是将透明性视为新闻实践操作方法，从新闻实践的操作步骤、具体做法等方面进行阐述。比如，迈克尔·卡尔森[3]、李·赫尔姆勒[4]就从具体操作入手对"透明性"这一概念进行界定，即"透明性"包括"公开的透明性"（discourse transparency）以及"参与的透明性"（participatory transparency），前者指新闻生产者是否公开新闻制作过程，后者指让公众参与到新闻生产之中。克劳斯·梅尔（Klaus Meier）从"过程—文本""单向—互动""对自身的覆盖—对新闻的覆盖"三个维度汇总了目前新闻组织常见的"透明性"实践形式，并指出透明性在互联网普及前后即"传统取向"和"数字化取向"的实践操作方法[5]。海基·海克拉（Heikki Heikkilä）等则从"新闻生产前的行动者的透明性""新闻生产中的过程透明性""新闻生产后的回应性"三个阶段的透明性具体操作步骤与方法进行了归纳[6]。

此外，还有文献从媒体的公信力视角来对透明性进行检视，认为透明性是提高媒体公信力的重要策略，如美国新闻学会（American Press Institute）

---

[1] GILLMOR D. We the media: Grass roots journalism by the people, for the people[M]. CA: O'Reilly Media, 2004.
[2] 夏倩芳，王艳. 从"客观性"到"透明性"：新闻专业权威演进的历史与逻辑[J]. 南京社会科学，2016（7）：97-109.
[3] KARLSSON M. Rituals of transparency: evaluating online online news outlets' uses of transparency rituals in the United States[J]. Journalism studies, 2010, 11（4）: 535-545.
[4] HELLMUELLER L, VOS T P, POEPSEL M A. Shifting journalistic capital? transparency and objectivity in the twenty-first century[J]. Journalism studies, 2013, 14（3）: 287-304.
[5] 夏倩芳，王艳. 从"客观性"到"透明性"：新闻专业权威演进的历史与逻辑[J]. 南京社会科学，2016（7）：97-109.
[6] 夏倩芳，王艳. 从"客观性"到"透明性"：新闻专业权威演进的历史与逻辑[J]. 南京社会科学，2016（7）：97-109.

的调查显示,"透明性"已经超过"平衡性"和"表达细致",而与"准确性"和"完整性"成为影响公众的新闻信任度的三大因素①。不过也有学者担心过分的透明反而会削弱媒体公信力②。还有少数研究从话语修辞视角分析专业新闻的话语的透明性判断与程度③。

综上所述,笔者认为,新闻透明性包括从生产前到生产中再到生产后四个方面:一是新闻媒体与生产者身份的透明;二是新闻生产过程的透明;三是新闻文本的透明,包括提供消息来源的信息,报道的附加材料、信源材料的链接等;四是受众评论的透明。

无论是将透明性作为新闻客观的实践操作方法,还是作为公信力的策略,透明性文献基本都是从专业媒体(包括传统媒体和社会化媒体)中的职业人员(即记者)的角度对透明性的操作进行阐释。

(三)新媒体语境下的新闻叙事

媒介的变迁导致新闻叙事的变革。历史上典型案例为电报的产生导致倒金字塔新闻叙事模式的产生。而在互联网、数字化等技术基础上形成的新媒体带来了新闻叙事显而易见的变革,引起了不少学者的论述。

有学者论述了新媒体语境下的新闻叙事的总体特征:互动式、互文式、超文本、非线性和沉浸式④。有学者阐释了叙事主体的变迁,即由单一的媒体

---

① American Press Institute. A new understanding: what makes people trust and relay on news [EB/OL].(2016-04-20)[2019-01-15]. https://www.American press institute.org/publications/reports/survey-research/trust-news/2016.4.20.
② SMOLKIN R. Too transparent? [J]. American journalism review, 2006, 28 (2): 17-23.
③ 范登姣汶. 批判修辞:一种新闻透明理论 [J]. 杨颖, 郭镇之, 译. 全球传媒学刊, 2016, 3 (4): 83-96.
④ 聂志腾. 刍议网络新闻的叙述模式 [J]. 新闻爱好者, 2012 (5): 35-36;王佳航. 叙事变迁:技术驱动下的新闻表达重构 [J]. 新闻与写作, 2016 (6): 9-12;姚静. 新闻游戏:新媒体环境下的互动性新闻叙事模式 [J]. 传媒, 2016 (15): 72-74;彭柳. 新媒体时代的新闻叙事及文本特征 [J]. 编辑之友, 2017 (11): 57-60;王强. "数码受众"与"数字叙述":新媒体叙述范式的建构 [J]. 当代文坛, 2017 (5): 47-51;朱瑞娟. 融媒体时代新闻叙事研究的路径衍变 [J]. 青年记者, 2017 (13): 45-46.

工作者（即记者、编辑）到多元的公众+媒体工作者[①]。有学者分析了叙事视角的变迁，即由全知叙事视角到多重式人物限知视角，由外视角到内视角[②]。有学者阐述了叙事手段的变迁，即由单一符号手段到多种符号手段，如由以前的或文字、或图片、或视频、或音频等表达手段到现在的文字、图片、视频、音频等表达手段的全覆盖[③]。

还有学者梳理了新的新闻叙事结构模式，即由倒金字塔型的新闻叙事模式到蜂巢型新闻叙事模式、菱形新闻叙事模式、钻石型新闻叙事模式、网状新闻叙事模式和橄榄型新闻叙事模式[④]，并且归纳了新的新闻叙事样态，包括背书式新闻、清单式新闻、图说式新闻、对话式新闻、注解式新闻、扫描式新闻、串式新闻、卡片式新闻、数据新闻、新闻游戏和VR新闻[⑤]。

综上所述，对公民新闻、透明性、新媒体语境下的新闻叙事三个方面进行研究的文献虽然不少，但却未有文献对公民新闻的透明性进行论述，更没有文献对公民新闻的叙事透明性进行论述。

[①] 俞晶晶.新媒体时代新闻叙事学下叙述的嬗变［J］.东南传播，2011（8）：76-77；刘凤园.微博新闻的叙事学研究［D］.广州：广州大学，2013.

[②] 黄雨水，顾良达.新媒体环境下的新闻叙事创新［J］.新闻传播，2012（6）：141-142；刘凤园.微博新闻的叙事学研究［D］.广州：广州大学，2013.

[③] 黄雨水，顾良达.新媒体环境下的新闻叙事创新［J］.新闻传播，2012（6）：141-142；刘凤园.微博新闻的叙事学研究［D］.广州：广州大学，2013.

[④] 曾庆香.新媒体语境下的新闻叙事模式［J］.新闻与传播研究，2014，21（11）：48-59，125-126；王蓓露.新媒体语境下的新闻叙事模式［J］.新闻研究导刊，2015，6（16）：78，85.

[⑤] 张建中.从信息流到信息库：卡片化新闻报道［J］.现代传播（中国传媒大学学报），2015，37（3）：47-51；曾庆香，侯雪琪.数据新闻：社会精英话语权的消解［J］.探索与争鸣，2015（3）：83-86；张超，丁园园.新闻业的沉浸偏向：VR新闻生产的变革、问题与思路［J］.中国出版，2016（17）：38-41；姚静.新闻游戏：新媒体环境下的互动性新闻叙事模式［J］.传媒，2016（15）：72-74；喻国明，谌椿，王佳宁.虚拟现实（VR）作为新媒介的新闻样态考察［J］.新疆师范大学学报（哲学社会科学版），2017，38（3）：15-21，2；毛湛文，李泓江."融合文化"如何影响和改造新闻业？——基于"新闻游戏"的分析及反思［J］.国际新闻界，2017，39（12）：53-73；曾庆香，陆佳怡，吴晓虹.两极与互补：新媒体语境下的新闻样态与图景［J］.新闻记者，2017（8）：43-51；曾庆香，陆佳怡，吴晓虹.数据新闻：一种社会科学研究的新闻论证［J］.新闻与传播研究，2017，24（12）：79-91，128.

二、叙述者的透明：{[（叙述者 = 聚焦者 = 行为者 – 事件）]}

任何符号叙事对于客观现实来说都是一道屏障。因此，一般来说，人们对事件的符号建构的人数与工序的多少，决定了受众对事件的符号解码节点的多少与烦琐程度，这会对新闻的透明性产生较大影响。

对事件的叙述，其中至少涉及三种角色：一是行为者［用（）表示］，即事件当事人，因为他们的言行，事件得以发展。因此行为者又可称为亲历者。二是聚焦者（用［］表示），即事件见证者。因为有了他们的见证，有的事件才不至于结束之时便烟消云散，才有可能被人们讲述；有的事件才得以被求证。三是叙述者（用{}表示），指讲述事件并形成文本的人，因为他的讲述，故事才能在受众中得以传播。根据这三种角色的功能，叙事文本的产生层次是：{叙述者［聚焦者（行为者 – 事件）］}。

在传统媒体的新闻实践中，除非记者碰巧在事发现场或者事件正巧发生在自己身上（如记者被打等），或是策划新闻，不然记者很难成为事件的见证者，更不用说亲历者（除记者被打、暗访之外）。一般情况之下，作为新闻生产者，记者充其量只能充当转述者（用【】表示），即转述"叙述者"的文本，甚至可能是二手、三手、四手转述者，如"美国一水兵南海失踪所属舰艇曾进中建岛12海里"①这则对失踪事件报道的新闻，行动者是失踪士兵，聚焦者是"斯特塞姆"军舰的人员，他们把失踪事件报告给美国海军，海军通过声明叙述事件。美国广播公司转述了美国海军的叙述，而中国环球网再转述美国广播公司的报道：【环球网 – 美国广播公司报道 – {美国海军方面称［"斯特塞姆"军舰人员汇报（失踪水兵 – 失踪）］}】

【环球网综合报道记者赵衍龙】美国广播公司8月1日报道称，

---

① 赵衍龙. 美国一水兵南海失踪所属舰艇曾进中建岛12海里［EB/OL］.（2017-08-02）［2019-01-15］. http://news.cyol.com/content/2017-08/02/content_16353476.htm.

美国海军方面称，美国和日本船只和飞机正在南海搜寻一名失踪的美国海军士兵。官方没有公布这名水兵的姓名。

报道称，这名水兵隶属美国海军"斯特塞姆"号驱逐舰，在当地时间星期二早晨9点左右被报告失踪。美国海军的声明说，这艘驱逐舰当时正在南海"执行例行任务"。"斯特塞姆"号军舰上的水兵对这艘军舰进行了多次搜索，试图找到失踪水兵。

美国海军说，夏威夷人员救援联合中心也在协助搜寻工作。

众所周知，每个人都会带有语言文化、价值观念等各个方面的烙印，这些烙印就像一面面变形程度不一的镜子，每个人都是通过这些镜子来对事件进行观察、审视和叙述。因此，在新闻报道中，在受众与事件之间，插入的角色越多，意味着在事件与受众之间插入的镜子越多，模糊、变形的程度可能也就越大，透明程度也就越低。正是由于对事件的叙述，多一个人转述，便多一层障碍，因此法院要求证人必须是"对案件事实有亲身感受"①。"知道部分或全部案件情况。知道案情是指证人直接凭借自己的眼、耳、鼻舌等感觉器官感知案情的人，这里的感知是直接感知，而不是听说、据说等的间接感知"②，即法庭证言必须是陈述自己的所见所闻，而不是转述别人的所见所闻。

互联网、社交媒体和手机移动端的结合使得全民变成记者。人们随时随地在微博、微信等平台便捷地叙述自己所经历或所见证的事件。因为不需借助专业媒体这一中介发布新闻，公民作为亲历者（即行为者）与见证者（即聚焦者）便可直接对受众发布新闻，也就成了叙述者，因此出现了众多的叙述者、聚焦者与行为者三者合一的新闻，即 {[（叙述者＝聚焦者＝行为者－事件）]}，如微博网友@郑一诺er所发表的微博"用我血的教训说说杭州、

---

① 江伟.中国证据法草案（建议稿）及立法理由书［M］.北京：中国人民大学出版社，2004.
② 中华人民共和国民事诉讼法［S］.（2012-11-13）［2019-01-15］.http://www.npc.gov.cn/wxzl/gongbao/2012-11/12/content_1745518.htm.

云南、绵阳等地泛滥的福寿螺"①，这篇微博的博主既是行为者，也是聚焦者，还是叙述者。又如图1微博"'丽江打人抢劫事件'的@琳哒是我"也是三合一：

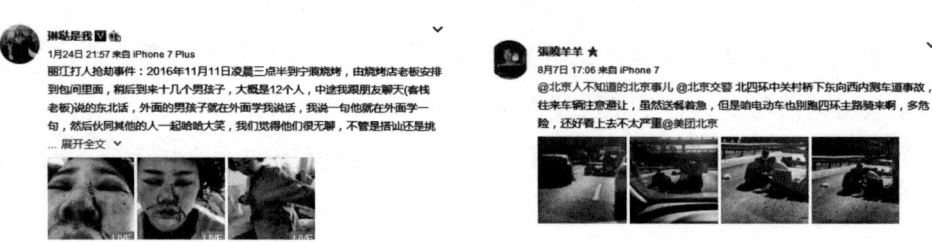

图1 @琳哒是我　　　　　图2 @张晓羊羊

这种三种身份集于一身的新闻让受众直接抵达和触摸行为者，听他们直接讲述事件。当然，公民新闻还有不少见证者即聚焦者与叙述者二合一的新闻，即 {[叙述者＝聚焦者（行为者–事件）]}，如图2的博主@张晓羊羊便既是聚焦者又是叙述者。

因为叙述者是行为者或见证者，因此，公民新闻的叙事视角一般采取第一人称内视角和第一人称外视角。

综上，读者对专业新闻叙事的解码层次与过程图示如下：

读者 解读【记者 转述 {[叙述者 叙述、见证（行为者 经历 事件）]}】

读者对公民新闻叙事的解码层次与过程图示如下：

读者 解读 {[（行为者 叙述、见证、经历 事件）]}

读者 解读 {[聚焦者 叙述、见证（行为者 经历 事件）]}

这说明，阅读专业新闻，受众至少需要通过"记者、叙述者/聚焦者和行为者"三重角色、三道屏障，有时甚至经过五、六道屏障才能抵达事件本

---

① 海峡都市报.姑娘蜜月旅行时误食福寿螺半年后被迫流产［EB/OL］.（2017-08-04）［2019-01-15］.http://society.firefox.sina.com/17/0804/12/SFR42HLZ86JQ5AI7.html.

身。而阅读公民新闻，受众只需通过行为者一道屏障，最多通过见证者和行为者两道屏障便能抵达事件。因此，公民新闻叙事与专业新闻叙事相比，受众与事件之间屏障更少，距离更短。

不过，专业新闻叙事，记者往往会掩饰自己只是转述者或叙述者的身份，而把自己呈现为聚焦者，如大河报新闻"女子用凉水冲奶粉？郑州铁警凭一细节破获贩婴大案"①，这篇报道显然只是记者转述乘警刘瑞国对事件的叙述，但文本却把自己呈现为目击者即聚焦者和叙述者。

三、叙事声音的透明：零度控制

叙事声音是叙述者在事件叙述中所传达的价值观念与意识形态，意在引导或影响受众对人物和事件的理解和反应。叙事声音通常由两部分组成：一是叙述者自己的声音，二是文本中其他人物的声音。

在追求客观的专业新闻实践中，由于叙述者一般不是行为者，也不一定是目击者，因此，新闻常会转述包括行为者、目击者以及相关方，甚至其他媒体的话语。在这些话语引用中，有的是自由直接引语、直接引语，有的是自由间接引语、间接引语，还有的是言语行为的叙述体，即被遮覆的引语。引语的形式不同，叙述者的干涉程度也不一样，具体如下②：

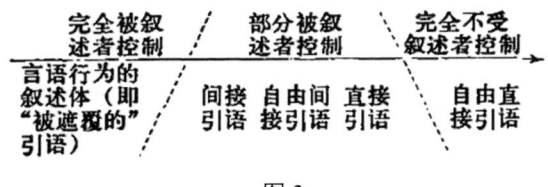

图 3

---

① 大河报. 女子用凉水冲奶粉？郑州铁警凭一细节破获贩婴大案[EB/OL].（2017-08-24）[2019-01-15]. http://news.dahe.cn/2017/08-24/108512766.html.
② LEECH N G, SHORT H M. Style in fiction: alinguistic introduction to English fictional prose[M]. London: Longman, 1981: 324；申丹. 小说中人物话语的不同表达方式[J]. 外语教学与研究, 1991（1）: 13-18, 79.

叙述者对相关人物话语不同程度的干涉，意味着不同程度的透明度。在所有形式的引语中，自由直接引语透明度最高，言语行为的叙述体透明度最低。当然，这里引语干涉与透明程度的高低，都只是就被引用的语句即呈现的引语而言。

事实上，在专业新闻中还有两种形式的引语，未在图3得到呈现：一是叙述组织机构的全部文件与组织机构领导人的全部讲话，如习近平"在深度贫困地区脱贫攻坚座谈会上的讲话"[①]。这种形式的话语可认为完全未受到转发者的控制（除了决定是否转发这一点之外），是完全的透明。二是一些人物话语因为过滤与筛选等控制策略而消失于新闻文本之中。相比言语行为的叙述体即"被遮覆的引语"而言，被过滤掉与被筛选的话语，即"消失的话语"，所受到的干涉与控制程度更深，因为它完全被投入黑暗之中，毫无透明性可言。

总之，就整个专业新闻的文本生产过程与语境来说，首先通过"隐没"与"呈现"两种策略来控制新闻人物的话语是否出现在文本中，即导致两种结果的引语：消失的引语和呈现的引语。其次通过引导词、时态变化、言语特色改变这些显在策略来控制"呈现的引语"的不同形式。最后通过位置安排、引语长短与引用次数等潜在策略来达到调节人物声音大小的目的，通过话轮转换来达到撑回某些人物话语并进而达到消弭某些声音的效果，如3·14事件中，《华盛顿邮报》3月18日的报道"中国总理谴责达赖怂恿骚乱"和3月19日的报道"达赖声明将要辞职"，仅从标题来看，前者传达了中国总理的声音，后者则传达了达赖的声音。这两篇报道看似维持了客观、公正、平衡的专业理念，但细读文章发现，前者中，引用温家宝的话语仅占17%，即便加上支持他意见的引语也仅占47%；而反对他意见的引语则占了33%。后者中，引用达赖话语占29%，加上支持他意见的引语共占92%。因此，前文通过话轮的频繁转换展示了针锋相对、旗鼓相当的反对意见，质疑、淹没和消解了中国总理的声音。而后文则通过压倒性优势的引语来呈现达赖的意

---

① 习近平.在深度贫困地区脱贫攻坚座谈会上的讲话（2017年6月23日）[N].人民日报，2017-09-01（2）.

见无可质疑①。总之，专业新闻叙事受到了作为叙述者或转述者的记者的控制，新闻文本是结构化后的结果。正是这份控制导致常出现新闻人物抱怨或声讨媒体歪曲、误解、断章取义甚至无中生有他们的话语的现象。因此，即便最透明的自由直接引语也被人为干涉，存在不透明的因素。

然而，公民新闻（包括各组织机构通过自媒体直接发布的官方新闻），因为没有中介的作用，他们的声音既未被转述，也未被过滤（敏感话题除外），受众看到的便是相关人物未被编辑的原汁原味的话语，文本近乎透明。因此，更准确更完全的新闻事件的叙述的受控制程度与文本的透明程度可图示如下：

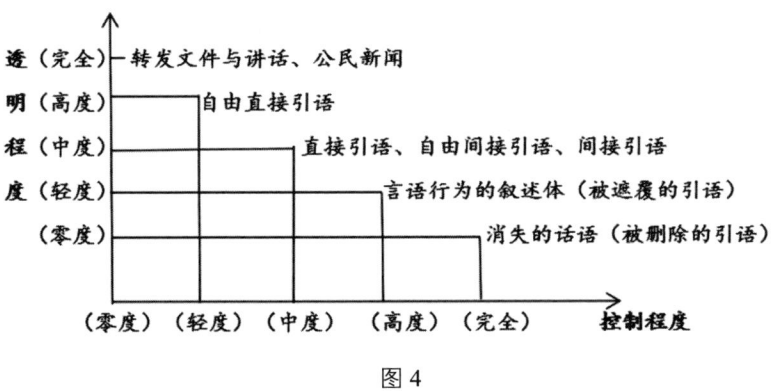

图4

四、叙事时空的透明：镜像化场景

无论是在公民新闻中，还是在专业新闻中，人们总是更青睐于以视频形式呈现新闻。互联网及智能手机的普及促进了移动视频的爆发式增长，也使视频新闻由传统电视新闻主导发展到现在移动互联网上百花齐放的局面，视频成为公民表达"我在现场"的有力手段。据《2016微博短视频行业报告》显示：微博短视频的每天发布量达到32万条，播放量峰值达到23亿次，人

---

① 曾庆香. 西方某些媒体"3·14"报道的话语分析 [J]. 国际新闻界，2008（5）：25-31.

均播放时常15.2分钟①。另外，公民新闻即便不采纳视频新闻，但一般也会采取多幅图片主导或辅助报道。相比文字符号，视频或图片中的视觉符号更为透明，更能让人真切地触摸到新闻事件。视频或图片新闻的高透明性源于以下几点。

第一，从符号来说，视觉符号具有较强的象似性。

美国著名符号学家查尔斯·桑德斯·皮尔斯（Charles Sanders Peirce）根据符号与所指对象之间的关系，将符号分为象似符号（icon，有的翻译为肖似符号，符号与所指对象具有相似性）、指示符号（index，符号与所指对象具有存在性关系）、象征符号（symbol，符号与所指对象具有任意性）三种。学者根据相似性的大小，又将象似符号分为映象象似、拟象象似、隐喻象似、转喻象似四种符号，图示如下：

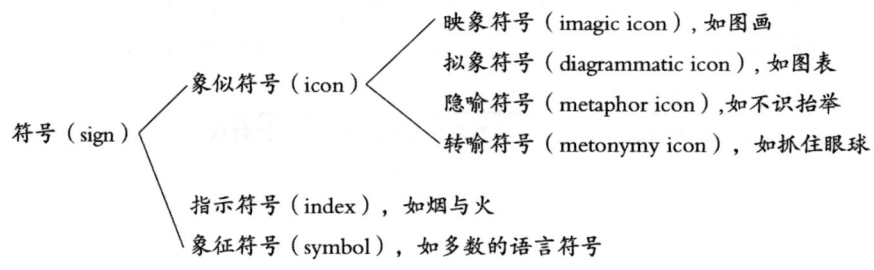

图5

显然，从相似性的强弱来说，象似符号的视频与所指对象具有极强的相似，其次依次是照片、图画、图表、隐喻与转喻符号。

视频和照片之所以具有极强象似性，是因为照相机具有与眼睛一样的成像原理。因此未被人为删除或处理的视频与人类自身所看到的场景一模一样，基本与事实相同。因此，以完整视频的形式呈现的新闻具有最强的透明性。

第二，从事件来说，视频、图片使得新闻叙事时空场景化。

---

① 新浪微博数据中心. 2016微博短视频行业报告［R］.（2016-12-19）［2019-01-15］. http://data.weibo.com/report/reportDetail?id=342.

大多数新闻是对事件的叙述。因此新闻叙事存在着两个时间：故事时间和叙事时间。故事时间与叙事时间之间的关系存在着四种情况①：

省略：与故事时间相比，叙事时间为零。

概要：故事时间长于叙事时间。

场景：故事时间等于叙事时间。

停顿：叙事时间长于故事时间。

一般来说，只有当事件发展本身只表现为对话时，并且用文字对对话进行实录时，这时叙事时间才会等于故事时间。事件其他类型的发展阶段用文字叙述很难真正做到场景，它们在叙事里或被省略，或被概括。如在2017年8月31日的"产妇跳楼事件"中，榆林市第一医院绥德院区的声明是：

> 2017年08月31日上午10时许，产妇进入待产室。生产期间，产妇因疼痛烦躁不安，多次强行离开待产室，向家属要求剖宫产，主管医生、助产士、科主任也向家属提出剖宫产建议，均被家属拒绝。最终产妇因难忍疼痛，导致情绪失控跳楼。医护人员及时予以抢救，但因伤势过重，抢救无效。②

这段短短的话语概述了将近30个小时的事件，叙事时空大大被压缩。省略或概括无疑消除了一些信息。

而未被删除或未被处理的视频、图片展现的都是当时真实时空场景。这种既未加快又未放慢的场景，相比省略、概要来说，无疑更接近事件本身，如"产妇跳楼事件"，当整个视频被发布之后，有不少受众对医院的下跪解读提出了质疑，认可家属的"因疼痛难忍而蹲跪"的解释框架。

第三，从意义来说，原生态的视频与图片所呈现的场景的解释框架未被锚定。

当认知事件场景时，人们倾向于根据自身立场、生活经历、文化原型等

---

① 罗钢.叙事学导论[M].昆明：云南人民出版社，1994.
② 榆林一院.关于产妇马××跳楼事件有关情况的说明[EB/OL].(2017-09-03)[2019-01-15].
https://m.weibo.cn/5708110926/4147846653826793.

因素对事件场景进行辨认与分门别类，形成自认为正确、合理的解释框架，进而进行叙述，即文字叙述锚定了事件场景的意义，因而往往具有一定的立场与倾向，如上述"产妇跳楼事件"，在医院的第二次声明中虽然公布了"孕妇两次下跪"的场景截图，但由于医院的文字叙述把这一场景锚定为"孕妇向家属跪求剖宫产"的解释框架，从而让许多受众信以为真。事实上，孕妇跪在地上的场景，家属讲述的是因疼痛难忍而跪下休息、缓解，而医院叙述的是跪求家属同意剖宫产。

若非故意做假，与文字叙述相比，视频、图片叙述因其呈现的事件场景的含义未被解释框架固化，受众认知不会被引导，故而这种未被框架化的事件场景更接近现实事件本身，也就更具透明性。

综上所述，若非故意做假，视频与图片比文字具有更高的透明性。因此在有争议的事件中，人们往往最倾向于视频、其次是图片来作为具有说服力的证据。

不过，虽然公民新闻和专业媒体都有视频新闻，但专业媒体的视频新闻（包括电视新闻）的透明度同样难如公民新闻，因为专业记者除了碰巧，或策划（譬如奥运会、各种政治会议），或因预测而守株待兔（譬如战争、灾难），很少有机会录制事发当时的现场视频。除了上述三种情况之外，其视频来源于两种途径：事件发生之后对目击者或行为者的采访，即用文字叙述事件；用稿酬收编公民的新闻视频进行报道。虽然如此，无论哪种形式的视频新闻，包括现场直播，专业媒体的视频新闻往往存在叙述者与叙述声音的解读，因此它的视频新闻的透明性增加了"画外音"，就像在视频外增加了一层膜。但大多数公布的公民视频新闻是没有叙述者这层膜，如 2017 年 8 月 31 日的"产妇跳楼事件"的未经解读的原生态的监控录像。

五、叙述的不可靠和受众的理性判断

"新闻客观性"的基本思想是对事实进行准确、中立的报道。因为人、财、物等原因，记者在报道大多数事件时很难身处事发现场，又没时间且不具备专业的侦察能力，只能事后报道事件当事人、目击者、相关部门的叙述，正因如此，在 2017 年 12 月 20 日日本法庭审判书还原事件真相之前，尽管媒体对"江歌案"进行了众多报道，也无法还原事件真相。因此，在专业新闻一统天下的时代，客观性实质上变成了让受众抵达事件相关人物及其叙述的策略。受众只能通过记者对各种叙述的叙述去抵达事件本身。这一追寻事件的过程可图示如下：

受众→记者的叙述→各种人物的叙述→事件

但在新媒体语境里，各个层次、各种类型的人物完全可隔空对话，已不需通过记者来传达话语。基于此，有学者指出，新闻越来越不像是精心准备的演讲，而是更接近于任何人都能自由发言的对话[①]。

这种人与人之间无障碍对话，对于专业新闻来说，客观性便发展出补救与自证措施：把各种人物的叙述进行截图和给予链接。这便成了专业新闻的透明性技巧。因此，专业新闻的透明性不过是提供"这是人物的话语""我们是诚实的"的证据而已。

而对于公民新闻来说，透明性是与生俱来的，因为受众听到的是各种人物的直接叙述，而不是受到记者控制的叙述，甚至直接看到事发场景的镜像。从而真正做到了：将事实叙述出来，结论由读者来做[②]。受众通过各种人物的直接叙述或事件镜像直抵事件，这一过程可图示如下：

受众→各种人物的叙述→事件
受众→事件镜像→事件

[①] 科瓦齐，罗森斯蒂尔. 新闻的十大基本原则 [M]. 刘海龙，连晓东，译. 北京：北京大学出版社，2001/2014：21.

[②] 陈力丹，王亦高. 深刻理解"新闻客观性"：读《维系民主？西方政治与新闻客观性》一书 [J]. 新闻大学，2006（1）：8-10，16.

但公民新闻的透明性促成了其必然采取第一人称故事内叙事视角与第一人称故事外叙事视角,即行为者或见证者作为聚焦者和叙述者。这种叙述视角无疑导致了叙述的不可靠:一是叙述话语具有强烈的感情色彩、立场偏向,二是只报道己方的一面之词。这种不可靠源于两点原因:第一,作为事件利益方,公民新闻的生产者自然会无意或有意地遮蔽一些事实,突出一些事实,甚至歪曲一些事实,如"产妇跳楼事件"中榆林一院的情况说明,正如"江歌案"中陈世峰和刘鑫的证词。第二,作为没有采访权的公民记者,他们只能报道他们目力所及,视野的有限难免会遮蔽一些事实,从而做出不客观的解释,得出不公正的结论。不少舆论反转事件的出现便源于此,如"大妈'碰瓷'玩具车事件",2016年3月23日,微博主@最抽风的视频发布了一则标题为"一个小女孩开玩具汽车不小心撞倒了大妈"的短视频。17秒的视频只记录了老人坐地手扶玩具车与孩子家长理论的场景,因此不少人认定老人为碰瓷,称其"碰瓷新高度"。然而经媒体调查后得知,女孩父母随后将老人送医检查,确诊桡骨骨折,且老人婉拒更多赔偿,并未敲诈①。

而专业新闻叙事,记者因为不涉及利益纠葛,且具有采访权,被认为能够做到真实、客观、公正、全面,能够采取具有可靠性的第三人称的全知叙事视角。但正如对客观性原则的批判,记者虽然能够跳脱事件之外,但不可能完全做到客观,因为正如曼罗夫所指出,没有人能在转述有关事件的事实时,能够全然公平且客观地看待这些事实②。

2015年5月3日"成都男子暴打女司机"事件,在完全了解事件的经过和对比专业新闻与公民新闻的报道可发现,《华西都市报》的客观报道实质上具有明显偏向女司机的立场,其原因在于:一是《华西都市报》主要引用了事件当事人即女司机的讲述,而女司机在讲述中进行了有意隐瞒和撒谎,如

---

① 成都商报. 大妈被#玩具车撞后坐地不起#后续:大妈确诊骨折没有碰瓷[EB/OL].(2016-03-24)[2019-01-15]. https://m.weibo.cn/1700648435/3956508028869902.
② 彭家发. 新闻客观性原理[M]. 台湾:三民书局,1994:72.

"成都男子暴打女司机数万网友谴责"①报道直接引用了女司机对被打原因的解释:"可能转弯的时候有点挡住后头车子的路"。二是记者的价值判断导致不自觉站队,从而不自觉地过滤掉与自己价值判断有矛盾的事实,突显支持自己的价值判断的事实,如"女司机变道男司机超车'2分钟'斗气车升级矛盾"②报道根据行车记录仪所制作的事件过程图解,便隐没了女方一再的挑衅行为,其话语转述也未提及男方所遭受的危险。三是报道大量采用叙述体、直接引语、间接引语三种方式转述了女司机的话语,其后的几次微博也只是及时发布了女方声音;但却基本未对男司机一方进行采访,即便是其中男司机对"暴打女司机"原因的解释:她变道,让孩子受了惊吓,也是通过警察之口转述。

《华西都市报》的立场倾向更一目了然地体现在对"网友谴责"情节的报道之上:当大多数网友谴责男司机时,其报道标题特别提及"数万网友谴责",而当大多数网友谴责女司机且理解男司机打人心情时,即便有搜狐网的调查结果:21.9万名网友,逾66%的网友不再同情女司机,且理解男司机打人心情,其报道也只字未提③。

当然,专业新闻的确会因为记者是第三方和职业素养而使其思考与叙述更为平衡、客观,如《新京报》的《局面》对"江歌案"的报道,"我们必须保证25条片子……必须给江歌妈妈和刘鑫同样的说话机会。"④这种因平衡所带来的客观,是建立在记者生产新闻的目的之上,这种目的会影响新闻叙事,即通过删减、组合与强调等策略来对事件进行结构化。再如《局面》对江歌案的报道,之所以"给江歌妈妈和刘鑫同样的说话机会",是为了"避免节目

---

① 华西都市报. 成都男子暴打女司机数万网友谴责[EB/OL].(2015-05-04)[2019-01-15]. http://scnews.newssc.org/system/20150504/000560574.html.

② 华西都市报. 女司机变道男司机超车"2分钟"斗气车升级矛盾[EB/OL].(2015-05-05)[2019-01-15]. http://wccdaily.scol.com.cn/shtml/hxdsb/20150505/284387.shtml.

③ 搜狐民调. 女司机变道别车挨打66%网友:理解打人者窝火[EB/OL].(2015-05-05)[2019-01-15]. http://news.sohu.com/20150505/n412416128.shtml.

④ 王志安. 局面 | 被害300天后 江歌母亲与案件亲历者刘鑫第一次见面[EB/OL].(2017-11-09)[2019-01-15]. https://v.qq.com/x/cover/117n9nmjrwhk9zv/v0502hw5gdu.html.

的播出，给本就有着极大不信任的双方，制造额外的伤害"，从而使"这期节目的剪辑花了格外长的时间，期间还曾经彻底推翻最初的结构，另起炉灶。"① 因此，只要专业新闻的平衡与客观，是为了实现其主观动机，这便使事件的叙述戴上了有色眼镜。因此，专业新闻的平衡、客观，反而促成了又一重遮蔽准确事实的屏障，即在当事人叙述的有色眼镜之上又加上一层有色眼镜。

相比之下，在新媒体语境中，公民新闻的叙述的不可靠这一劣势反而转化为优势：第一，因为受众会本能地对公民新闻的真实性存有疑虑，他们会自动地根据叙述者对事件卷入程度而对所述事件的真假与偏颇进行判断。在这种存疑的情境下，受众往往会根据事件的相关信息，进行深入挖掘论证。正是这种对真相的挖掘论证，导致在"成都男司机暴打女司机"事件中录制了整个事件经过的行车记录仪视频被上传到网站，也导致了作为见证者的网民自发地在网上发帖控诉女司机的各种劣迹，如"疑似涉事女司机4年前不文明驾驶行为"和某微信公众号所搜集整理的女司机的劣迹。正是由于网民的参与，导致事件经过了从指责男方到指责女方的舆论反转过程。这一事件过程足以说明：只要事件足够透明（事件完整是透明应有之义），受众便有足够的智慧和理性进行合理的判断，正如网友对这一事件的总结：

有人总结成都女司机被打：

追了两天被打女司机的新闻，我的心理变化：1. 刚开始，觉得男人是人渣不应该打女人。2. 男的行车记录仪公布，我觉得女司机有错，但男的下手太重！3. 看到女的说那样变道没错，这么多年都这么开车。觉得男的下手轻了。4. 看到警察说女的行为罚一百扣三分。觉得把这女的打得对。5. 看完她爸妈哥的表演，我觉得有必要这家人都不能在开车上路了。②

---

① 王志安. 局面 | 被害300天后 江歌母亲与案件亲历者刘鑫第一次见面［EB/OL］.（2017-11-09）［2019-01-15］. https://v.qq.com/x/cover/117n9nmjrwhk9zv/v0502hw5gdu.html.
② 通信连的兵. 女司机变道男司机超车"2分钟"斗气车升级矛盾［EB/OL］.（2015-05-08）［2019-01-15］. http://coral.qq.com/1154652876.

试想"成都男司机暴打女司机"发生在互联网产生之前,由于报警和围观,警察把男司机带走,成都的《华西都市报》因公安局是固定采访线路而得到线索并采访发布"成都男子暴打女司机数万网友(改为"现场群众")谴责"报道。报道引用女司机的话语:"可能转弯的时候有点挡住后头车子的路",再引用警察的话语:她变道,让孩子受了惊吓。其他媒体如果报道,或是直接转发《华西都市报》报道,或者是对其进行改编。于是女司机冤枉、无辜的形象被树立,舆论也不可能反转。

第二,在自媒体时代,透明的公民新闻虽然会导致叙述的不可靠,但在存在双方对峙的事件中,如果一方在互联网上因偏向自己而歪曲事实时,另一方或不赞成的一方一般都会及时进行回应以澄清事实,甚至会有受众对事件进行背景式材料挖掘,以帮助人们对事件进行判断。这足以弥补公民新闻的视线局限和消除其立场倾向的不利影响。

透明性引导受众进行理性判断的机理与客观性原则是一致的。新闻的客观性原则之所以被人们视为职业伦理:一是相信记者能够对事件进行客观公正叙述。记者作为人,在面对当事人的具有情感或立场偏向的叙述之时,能够做到客观公正看待事件并进行转述,那么公众在面对同样具有情感热度与利益立场的公民新闻应该也能进行恰当的分辨;二是相信受众有足够的智慧,可根据记者提供的事实进行自主分析和判断,相信受众有独立思考的能力[①],那么作为行为者和目击者的叙事文本所具有的直接立场和情感偏向,受众应该更能拨开立场和情感这些"云雾",见到事实这个"太阳"。

何况随着新闻实践的发展,客观性原则最后使得"新闻就是权威新闻来源所告诉记者的(News is what an author it ative source tells a journalists)。"[②] 权威新闻来源包括事件当事者。如果说,事件当事人会选择在自媒体通过忽略、突显或歪曲来混淆视听,那么他们自然会选择通过同样的手段来蒙蔽记者以混淆视听。如果说记者作为中介可通过提问来逼迫当事人叙述真相,而不是

[①] 王晴川.自媒体时代对新闻专业主义的建构和反思[J].上海大学学报(社会科学版),2012,29(6):128-138.
[②] BELL A. The language of news media [M]. Oxford, UK: Blackwell, 1991: 191.

歪曲事实，显然记者的这份威力来源于其背后的舆论。但事实上，当事人在自媒体发布新闻时，直接面对的便是舆论。因此很难认为，当事人在自媒体发布新闻会歪曲事实，而在面对记者时却会叙述真相。也就是说，如果当事人打定主意要对外隐瞒并歪曲事实，那么无论通过专业媒体还是通过自媒体，他都会这么做。如果记者的提问能够撬开当事人的嘴巴，那么受众或另一方对峙者的提问同样能达到这个效果。因为当事人害怕的并非记者，而是记者背后的舆论以及随之而至的职能部门的处罚。正如"江歌案"，对于"刀具的来源"和"有无锁门"的问题，陈世峰和刘鑫在法庭面对法官都能说假话做假证，能指望他们在记者面前说真话吗？

因此，虽然更具透明性的公民新闻叙述具有不可靠性，但它并不比专业新闻更影响人们的理性判断。因为专业新闻不着痕迹地利用平衡而偏向另一方，且又素有"客观、真实"招牌，可能更容易让受众相信事实是经过多方核实，文本所呈现出来的就是真相，从而在消费事件的同时消费其中的价值观念。

总之，在新媒体语境下，新闻叙事及其声音越透明，便越能激发受众核实事实，订正错误，事情真相也便越发清晰。

六、讨论

当然，在现实社会中，公民新闻的透明性叙事的不可靠未必一定会被人认知，原因有：一、在现实社会的场域中，具有不同政治、文化资本的公民新闻因其裹挟的资本分量的不同，造成的影响也不同，如"产妇跳楼事件"，产妇丈夫与榆林一院因在现实中实力悬殊，导致各自的事件叙述得到的认可度不同。二、事件的见证者因利益、时间、麻烦等种种原因，造成未必有公正之心，如果其中的一个关键见证者不主动参与通过公民新闻叙述事件，准确的事实便难以昭白天下。相比之下，专业媒体可能拥有更多资源逼迫这些关键见证者面对和叙述事件，如"产妇跳楼事件"主治医生和相关护士在众声喧哗的公民新闻阶段一直未直面叙述，直至专业媒体介入。

不过，在互联网尤其是自媒体出现之后的现实社会，许多事件真相的最后揭露，的确是由公民新闻的透明性叙事所推动。

主流媒体的数字叙事创新*
——以《人民日报》微博"烈士回家"报道为例

一、问题的提出

2013年抗美援朝战争停战六十周年之际,中韩两国经过多次磋商,就在韩志愿军烈士遗骸归还中国达成协议。2014年至今,中韩连续九年移交在韩志愿军烈士遗骸并举行移交仪式。本文以2014至2022年《人民日报》微博"烈士回家"报道为研究对象,从媒介化仪式视角分析主流媒体在数字空间构建了怎样的叙事空间,采用了哪些叙事方式发挥媒介化仪式在数字空间唤醒情感、凝聚共识等功能。

二、文献综述

(一)数字新闻业的生态变革与叙事创新

数字技术推进新闻实践转型,进而引发新闻业生态的全面变革。数字时代的新闻生产从以往封闭的生产传播系统扩展为人类、智能技术和平台等多元行动者在内的关系场域,①多元行动者的介入突破了过去新闻现场需要以新

---

* 文章原载于《中国新闻传播研究》2023年第6期,与吴紫萱合作,收入本书时,略有删改。
① 《国际新闻界》新闻学年度课题组.2022年中国的新闻学研究[J].国际新闻界,2023,45(1):6-24.

闻从业者的"身体在场"为中心的认知，给予了多样主体参与现场呈现的机会，①从而形成多元协作局面。数字技术构建了新的行动者网络，数字时代新闻学研究的重心由聚焦数字技术叠加转向基于技术产生的新型新闻关系。②此外，数字技术的普及催生了网络平台的个体化趋势，新闻生产者以人类共通的情感需求完成报道，加强与新闻受众的情感联结，受众在面对与自身联结密切的报道更易情感唤起和参与行动，传播的目的由此达成。③④有研究认为数字新闻的传播依赖于生产者、传播者和接受者构成的情感网络（affective networks）。其中，作为多元行动者的新闻受众拥有更多主导权，不再被视为单一的新闻接受者，相关研究也由受众的认知与态度延伸至行为参与层面。⑤多元协作、情感网络和受众行动参与都表明数字新闻业所遵从的是人性价值逻辑而非技术逻辑，数字新闻业重视人类主体的重要性。⑥

数字新闻业态的变革为新闻实践提供了拓展空间，由此带来新闻生产的叙事创新。有研究指出，受众网络和社交平台成为数字新闻传播环境的重要组成部分，传播的个体化趋势催生了以数据新闻、Vlog 新闻为代表的数字新闻叙事形式。⑦⑧⑨有学者总结了（非）结构化数据新闻、提取视觉元素、互

---

① 王佳航. 记者缺席的"在场"："新闻现场"报道的变革及反思［J］. 当代传播，2022（6）：71–74.

② 申琦，关心怡，孙彤. 中国数字新闻研究：从自发的经验研究转向自觉的学科构建［J］. 传媒观察，2023（3）：64–69.

③ 常江. 数字新闻学：一种理论体系的想象与建构［J］. 新闻记者，2020（2）：12–20，31.

④ 沃尔-乔根森，田浩. 数字新闻学的情感转向：迈向新的研究议程［J］. 新闻界，2021（7）：25–32.

⑤《国际新闻界》新闻学年度课题组. 2022 年中国的新闻学研究［J］. 国际新闻界，2023，45（1）：6–24.

⑥《国际新闻界》新闻学年度课题组. 2021 年中国的新闻学研究［J］. 国际新闻界，2022，44（1）：6–21.

⑦ 梁君健，黄一洋，阳旭东. 数字新闻生产创新：一项关于记者 Vlog 的新闻社会学研究［J］. 新闻界，2022（2）：4–11，20.

⑧ 李艳红. 在开放与保守策略间游移："不确定性"逻辑下的新闻创新——对三家新闻组织采纳数据新闻的研究［J］. 新闻与传播研究，2017，24（9）：40–60，126–127.

⑨ 梁君健，杜珂. Vlog 新闻：社交媒体时代的新闻创新与观念挑战［J］. 中国出版，2022（4）：3–9.

动游戏等在内的九种新闻报道形式，归纳出可视化作为数字新闻核心叙事的中国经验。可视化新闻依托于触屏竖向的移动客户端，受众在滑动交互中能够调用视觉、触觉、听觉等多重感官，在参与的过程中激发情感体验。① 数字技术为情感的发生提供载体和场域，情感在数字新闻中的角色超越了情感与理性的二元对立结构，经由情感唤醒、情感表达、情感规制三个作用机制介入新闻接受行为，成为新闻业新的生产原则之一。② 尽管情感一向被看作与客观性等传统新闻价值相悖的因素，但数字新闻业迈入情感转向以及新闻报道采纳情感因素是不争的事实，③ 以主流媒体为代表的新闻生产者也将情感融入叙事之中，情感叙事的话语建构为研究者所关注。④ 数字时代多元行动者如何参与主流媒体的数字新闻叙事，情感如何融入数字新闻叙事以及其对传播效果带来何种影响值得思考。

（二）数字时代媒介化仪式的实践与功能

爱弥尔·涂尔干（Émile Durkheim）认为仪式是一些产生于集合群体中的、明确的行为方式或准则，会激发、维持或重塑群体中的某些心理状态。⑤ 任何社会都需要定期强化和确认集体情感和集体意识来塑造凝聚力，通过聚合、聚集和聚会等手段实现这种精神的重新锻造，进而加深个体的共同情感，仪典由此诞生。⑥ 后来的研究者在此基础上阐发了仪式的功能，认为仪式具有促进社会整合的功能，能够达成一种机械的团结。20世纪80年代中期以来，

---

① 李梦颖，陆晔. 虚拟可导航空间与情感体验：可视化作为数字新闻核心叙事的中国经验与理论前瞻［J］. 新闻界，2021（7）：33-42.
② 田浩. 反思性情感：数字新闻用户的情感实践机制研究［J］. 新闻大学，2021（7）：33-45，120.
③ 沃尔-乔根森，田浩. 数字新闻学的情感转向：迈向新的研究议程［J］. 新闻界，2021（7）：25-32.
④ 詹恂，祝丹文. 数字新闻学视域下主流媒体融合新闻的情感话语建构：基于第28—31届中国新闻奖媒体融合奖项的叙事研究［J］. 新闻界，2022（4）：15-22，41.
⑤ 涂尔干. 宗教生活的基本形式［M］. 渠东，汲喆，译. 上海：上海人民出版社，1999：11-42.
⑥ 涂尔干. 宗教生活的基本形式［M］. 渠东，汲喆，译. 上海：上海人民出版社，1999：514-562.

美国社会学家杰弗里·亚历山大（Jeffrey C. Alexander）等人基于文化与社会结构具有自主性的观点进一步发展了新涂尔干主义（neo-Durkheimian）的文化社会学形式。① 新涂尔干主义认为集体仪式在现代性的影响下走向式微，大众媒介替代集体性仪式承担社会整合功能。② 关于媒介与仪式之间的关系，有学者总结了三种关系，其一是媒介所报道的仪式性内容，其二是媒介报道该内容的仪式化方式，其三是媒介自身成为一种仪式或集体典礼。③ 本文所指涉的是第二种关系，即仪式的媒介化研究，指那些经由大众传播媒介记录并传达的仪式以及那些经由大众传媒"包装后"具有仪式意味的"新闻事件"，这是一种经由传媒记录并传达的仪式。④

媒介化仪式的实践主体和功能在数字技术的推动下得到了扩展和丰富，哀悼仪式作为典型研究内容出现。有学者研究了国家级英文媒体《中国日报》对"全国哀悼日"的媒介化仪式，通过符号的展演结构化地表达了中国在应对灾难时的国家权威、社会中心和民众自强。⑤ 在该研究中，媒体作为仪式的实践主体完成了国家话语的建构与传递。有学者研究了法国《查理周刊》遭袭后在数字和物理空间中的哀悼仪式。在数字空间，公众的仪式实践包括制作哀悼和纪念视频、拍摄和分享图片等；在物理空间，周刊总部外的街道成为自发"圣地"，人们进行无声抗议。⑥ 哀悼仪式连接起物理空间和数字空间，

---

① INGLIS D. Durkheimian and Neo-Durkheimian cultural [M]. London：Sage Publications，2016：71.

② 刘建明."仪式"视角下传播研究几个关键概念被误读现象研究：与郭建斌教授商榷[J].国际新闻界，2015，37（11）：64-74.

③ 石义彬，熊慧.媒介仪式，空间与文化认同：符号权力的批判性观照与诠释[J].湖北社会科学，2008，254（2）：171-174.

④ 郭建斌.如何理解"媒介事件"和"传播的仪式观"：兼评《媒介事件》和《作为文化的传播》[J].国际新闻界，2014，36（4）：6-19.

⑤ 陆佳怡.哀思与力量：作为媒介化仪式的"全国哀悼日"之国际传播[J].现代传播（中国传媒大学学报），2021，43（12）：68-73.

⑥ SUMIALA J."Je suis Charlie" and the digital mediascape：the politics of death in the Charlie Hebdo mourning rituals [J]. Journal of ethnology and folkloristics，2017，11（1）：111-126.

公众的具身经验与数字空间产生关联。还有学者研究了社交媒体平台上名人死亡的媒介化仪式，认为这种媒介化仪式将个人意义、集体哀悼以及新闻和纪念的公共话语汇集在一起，特定的公众围绕着共同关注的突发事件出现了情感联结，从而关系更加亲密。①综上所述，互联网技术带来基础设施和机构的革新，数字媒介"点对点传播的联结"构成了媒介化仪式更为广泛的传播空间。②媒介化仪式借由象征性元素作为符号构建起表征性空间，用户评论和亲历者视角报道等媒介文本完成情感展演，进而发挥建构性的实践功能，对公众和社会空间产生了实在影响，唤醒个体情感、凝聚群体共识。③

既往的媒介化仪式研究聚焦于电视节目、重大政治事件以及相关庆典活动，④⑤⑥数字空间的媒介化仪式研究较少，本文所关注的《人民日报》微博关于在韩志愿军烈士遗骸移交仪式的"烈士回家"报道是典型的数字传播语境下的媒介化仪式。本文旨在拓展既有研究，考察数字空间的媒介化仪式构建了怎样的叙事空间，带来了哪些数字叙事创新，进而引发情感共鸣，增强国家认同。

三、研究问题与研究方法

本文选取了 2014 至 2022 年《人民日报》微博有关抗美援朝烈士遗骸移

---

① BURGESS J，Mitchell P，Muench F V. A networked self and birth，life，death [M]. New York：Routledge，2019：224-239.
② 库尔德利. 媒介、社会与世界：社会理论与数字媒介实践 [M]. 何道宽，译. 上海：复旦大学出版社，2014：2.
③ 库尔德利. 媒介、社会与世界：社会理论与数字媒介实践 [M]. 何道宽，译. 上海：复旦大学出版社，2014：81.
④ 周勇，黄雅兰.《新闻联播》：从信息媒介到政治仪式的回归 [J]. 国际新闻界，2015，37（11）：105-124.
⑤ 曹培鑫，宋启明，薛毅帆. 超越"媒介事件"：重访开国大典实况转播 [J]. 新闻界，2021（8）：28-37.
⑥ 金梦玉，何蓉. 政治庆典仪式的集体记忆与国家认同强化：庆祝中国共产党成立100周年大会直播"高燃"片段分析 [J]. 当代电视，2021（8）：9-15.

交的博文和用户评论作为研究对象，共获得相关文本166条，旨在回答以下研究问题：作为媒介化仪式的"烈士回家"报道构建了怎样的叙事空间？《人民日报》微博在"烈士回家"报道中的数字叙事具有哪些特征？

在方法上，本文采用内容分析法和文本分析法。针对报道样本采用内容分析法，以微博样本中的仪式要素作为基本的分析单位构建相关变量，包括时间语境、地理空间、涉及的人物和器物（见表1）。为保证编码质量及数据的科学性，从样本中以等距抽样法抽取了33条报道样本（166*20%≈33），由两位编码员各自独立编码，所得信度系数为93.9%。针对评论样本采用文本分析法，对用户评论进行数据搜集和清洗，借助微词云工具完成文本分析，制作情感词汇表和网络关系图（见图1、2、3）。

四、研究发现

（一）叙事空间：媒介化仪式勾连起物理空间与数字空间

中韩两国在物理空间举行的在韩志愿军烈士遗骸移交仪式是媒介化仪式的先决条件和基础，作为数字空间的媒介化仪式，"烈士回家"报道通过地点、人物和器物等符号表征，在数字空间构筑了叙事空间（见表1）。地理方位体现了物理空间经验，装殓仪式在韩国的江原道、京畿道等地举行，这是志愿军烈士遗骸的挖掘地点；交接仪式在韩国仁川机场完成，双方代表签署官方文件后，棺椁由中方礼兵护送上机；中国的沈阳抗美援朝烈士陵园是安葬仪式的举行地。仪式中不同身份人物的出现有其隐含意义，礼兵和飞行员等人物与烈士是不同时代的"守望者"；中韩政府人员是国家权力的代表，其中最为典型的是中国退役军人事务部与韩国国防部等政府机构人员，"2019年……退役军人事务部与韩国国防部在北京就第六批在韩中国人民志愿军烈士遗骸交接事宜进行了磋商……"[①] 前者是中国国务院的组成部门，后者是韩

---

① 人民日报.致敬！第六批在韩中国人民志愿军烈士遗骸将于清明节前接回国［EB/OL］.
（2019-01-23）［2023-02-03］. https://weibo.com/2803301701/Hdja2gjep.

国国家行政机关，象征着移交仪式是国家行为；烈士亲属是"家"的代名词，烈士亲属多次出现在"寻亲"主题的报道中和安葬仪式现场，"回国意即回家"折射出一种国与家在结构上同源的传统观念。

表1 "烈士回家"报道主题与符号元素的交互表

		报道主题				
		仪式流程	战争记忆	烈士寻亲	活动	其他
时间	历史语境	24	26	5	1	9
	当下语境	75	16	16	3	11
	未来语境	28	1	0	1	4
地点	桃园机场	19	1	0	0	0
	沈阳烈士陵园	23	2	0	1	3
	韩国装敛地点	17	1	0	0	0
	仁川机场	11	0	0	0	0
人物	韩方政府人员	42	3	0	0	2
	中方政府人员	6	0	0	0	1
	礼兵	64	11	1	0	3
	飞行员	6	0	0	0	0
	烈士亲属	3	0	3	0	0
	在世参战老兵	10	21	1	1	2
器物	飞机	48	5	0	0	1
	遗物	13	2	18	0	3
	棺椁	59	10	1	0	0
	官方交接文件	4	0	0	0	2
	国旗	36	8	0	0	2

《人民日报》微博在2013年中韩两国达成协议之际发文称"以虔敬的心情，迎接战死异国的忠魂回家"[1]，此后每年在移交仪式开始前都会进行预告，预告信息将"烈士回家"报道与日常新闻报道相剥离，体现了周期性、连续

---

[1] 人民日报.以虔敬的心情，迎接战死异国的忠魂回家[EB/OL].(2013-07-29)[2023-02-03]. https://weibo.com/2803301701/A2gGe9XZ3.

性等仪式特征。物理空间的遗骸移交仪式包含装殓、交接和安葬三个主要环节。首先，装殓仪式由韩方主导，韩方在韩国京畿道、仁川等地进行遗骸的挖掘、清理等工作，在特定地点举行装殓仪式："……每具遗骸都用韩国传统纸张韩纸和棉花包裹，放在中国提供的棺木中，钢笔、印章、水壶等遗物也单独包装，与遗骸一同返回祖国"。①中国驻韩使馆、韩国防部等中韩两国官方机构通常出现在装殓仪式的报道中，这表明"烈士回家"是政府行为，在政治上具有相当的规格和权威性。其次，交接仪式具有严格的规范："……中韩签署交接书……中方为烈士遗骸覆盖国旗，简短祭奠，礼兵护送登上运送遗骸专机……以庄严的礼仪迎接烈士英灵回家。"②中韩双方代表在现场签署交接书后方才进行交接仪式，交接书作为国家权力许可象征着中韩两国合作的达成。飞机抵达沈阳机场之后的"过水门"仪式，寓意为接风洗尘，交接仪式由此从现实转入历史回溯，直播画面中穿插进历史资料片段，从而将历史与现实串联。最后，安葬仪式在沈阳抗美援朝烈士陵园举行，礼兵在安葬现场鸣枪三响以表敬畏，烈士遗骸在军人、烈士亲属、参战老兵等人的见证下安葬。从装殓、交接到安葬，物理空间的仪式流程层层推进、井然有序，作为媒介化仪式的"烈士回家"报道将物理空间与数字空间连接起来，通过象征物理空间要素的符号在新闻现场以外创设了一个可供受众深度参与、互动的叙事空间。

（二）叙述者：战争亲历者、烈士亲属、执飞飞行员和受众

在"烈士回家"报道中，作为战争亲历者的在世参战老兵多次以叙述者身份出现。以第八批烈士遗骸移交仪式报道为例，曾是志愿军中的救护员、炮手、侦察员、话务员、军医、通信员、警卫员、宣传员、政治处干事等在世参战老兵成为叙述者，他们从个人视角讲述自己走向战场、参战的心路历

---

① 人民日报. 回家之路［EB/OL］.（2014-03-27）［2023-02-03］. https://weibo.com/2803301701/AD32qujpQ.
② 人民日报. 中韩今早交接烈士遗骸［EB/OL］.（2014-03-28）［2023-02-03］. https://weibo.com/2803301701/AD1M8pbHx.

程，在新闻现场与历史资料编织的数字场景中讲述战争现场的作战细节以及与牺牲战友的可贵情谊。[①②③④⑤] 烈士亲属也是主要叙述者。2019年国内首个志愿军烈士DNA数据库建成后，"烈士寻亲"主题出现在报道中。在第九批志愿军烈士遗骸移交仪式中，遗物中一枚刻有姓名"陈淑彬"的印章引发了关注，《人民日报》微博随即援引了齐鲁电视台采访烈士陈淑彬亲属的视频，陈家"一门两忠烈"的故事由此为世人所知晓。[⑥] 在烈士遗骸移交仪式中，志愿军烈士遗骸均由空军运输机接迎回国，执飞飞行员也成为叙述者，他们讲述了空军为确保英烈顺利回国做出的精密部署。[⑦] 通过战争亲历者、烈士亲属和执飞飞行员的叙述，历史素材与现实素材跨越时空聚合于《人民日报》微博平台，时空距离得以弥合，个人话语嵌入主流媒体的宏大叙事当中，生成多维开放的感知空间。

在主流媒体的传统叙事中，受众主要作为新闻事件的旁观者观看媒介文本的再现事实，数字技术赋予了受众参与叙事文本生产的条件，在"烈士回家"报道中，受众主要以评论者身份出现。在早期的评论中，抗美援朝战争以及地缘政治要素被反复提及。随着时间的推移，受众评论的主题就战争历史延展开来，参战老兵群体、在世老兵的待遇问题成为他们关注的重点。有

---

① 人民日报.盼英雄归故乡！老志愿军回忆牺牲战友掩面落泪［EB/OL］.（2021-08-28）［2023-02-03］.https://weibo.com/2803301701/KvwOPyGxk.

② 人民日报.泪目！那兔特别版不能忘却的1950［EB/OL］.（2021-08-28）［2023-02-03］.https://weibo.com/2803301701/Kvzlb9Etv.

③ 人民日报.致敬英雄！那时他们正青春［EB/OL］.（2021-08-29）［2023-02-03］.https://weibo.com/2803301701/KvGeX8yo8.

④ 人民日报.这是真正的战场［EB/OL］.（2021-08-30）［2023-02-03］.https://weibo.com/2803301701/KvO9g9QBZ.

⑤ 人民日报.我就是普通一个兵［EB/OL］.（2021-08-31）［2023-02-03］.https://weibo.com/2803301701/Kw1u9rBwO.

⑥ 人民日报.英雄回家！亲人收到归国志愿军烈士陈淑彬画像#［EB/OL］.（2022-09-24）［2023-02-03］.https://weibo.com/2803301701/M7bKgpiUk.

⑦ 人民日报.报告志愿军先烈：山河已无恙，我们迎你们回家！［EB/OL］.（2018-03-27）［2023-02-03］.https://weibo.com/2803301701/G9lTkntRP.

人在评论区提道："什么时候也让远征军的英魂回家呢？"①"希望国家也能关注抗战老兵和入缅作战的远征军"，关注对象由"烈士回家"报道中的抗美援朝烈士延伸至参战老兵群体。此外，还有人提道："中方战俘回国挨没挨整，退役、伤残老兵有生活保障吗？有医疗、养老吗？上访了有官老爷接待吗？"②"我有个姨爷爷，从朝鲜打仗回来，至今无子女，希望政府多多关怀"③"先辈用身躯撑起了中国的脊梁，还有一些老兵在等待民族良知和微薄之力，给予他们应有的尊严，搀扶抗战老兵走完夕阳人生"④，将话题拓展至维护军人权益问题。受众在"烈士回家"报道构建的叙事空间通过嵌入个人的观察、经验与观点，在补充新闻事实的同时构建了新的公共议题，巧合的是，2018年4月，退役军人事务部在北京正式挂牌，国家在制度层面保障了退役军人的合法权益，叙事空间的公共议题得以在物理空间得到官方回应。

（三）叙述方式：空间串联与并置

"烈士回家"报道聚焦于实时的在韩烈士遗骸移交仪式现场和历史回溯中的抗美援朝战争及抗美援朝志愿军，《人民日报》微博在由媒介化仪式构筑的叙事空间中，通过调用各类符号，还原现场、铺设历史语境，从社会文化维度解读媒介化仪式，展现了跨越数十载、历经曲折的"回家"旅程。

数字技术的应用改变了主流媒体依据时间轴展开的线性叙事特征，空间成为生成、组织和铺陈信息，推动叙事发展的重要维度，空间串联与并置是

---

① 人民日报.回家！68具志愿军遗骸将回国［EB/OL］.（2015-03-17）［2023-02-03］.https://weibo.com/2803301701/C8WTu9HW8.

② 人民日报.转发！战机护航，接36位志愿军英魂，回家！［EB/OL］.（2016-03-30）［2023-02-03］.https://weibo.com/2803301701/DoFihgqKw.

③ 人民日报.泪奔！中国志愿军英魂即将回家［EB/OL］.（2017-02-21）［2023-02-03］.https://weibo.com/2803301701/EwxELBuR8.

④ 人民日报.437名老兵，要回家了［EB/OL］.（2014-03-17）［2023-02-03］.https://weibo.com/2803301701/ABpvWBhIc.

其重要方式。①《人民日报》微博将仪式现场的直播场景、历史资料视频、历史资料图片、在世参战老兵采访视频等多媒介信息串联起来，在空间切换的过程中，将现实与历史连接。比如，礼兵与飞行员是物理空间移交仪式的"守护者"，他们负责看护和移交棺椁、完成空中飞行任务，曾经守护和平的志愿军烈士遗骸与当代中国军人在物理空间相遇，志愿军烈士的黑白照片、朝鲜战场的历史影像资料在数字空间与直播场景组接，连续记录并生成穿越时空的叙事文本，两代军人完成不同的时代使命。此外，《人民日报》微博还以空间并置的方式实现特定符号和主题的信息聚合。在抗美援朝战争的战场上，飞机是作战工具；在烈士遗骸移交仪式中，飞机是运输工具。在抗美援朝战争开始时，中国空军刚刚起步建设，在战争结束时已成为当时世界上最强大的空中力量之一，朝鲜战场的空中作战奠定了未来中国空军使用的基本战略和战术原则。②《人民日报》微博通过将抗美援朝战场上的中国空军、烈士遗骸移交仪式中的中国空军与当代中国空军以图片和视频形式并置的方式，回溯了中国空军发展之路，凸显了当代中国的军事实力和国家综合实力。

《人民日报》微博构筑的数字叙事空间为公众提供了沉浸式场景，以直播形式呈现的移交仪式中，直播弹幕令公众拥有了"在场"参与感，在感知新闻事件及其背后的历史事实的同时，公众对于抗美援朝战争和志愿军历史的记忆与情感被唤醒。产生于20世纪50年代初国际局势变动的抗美援朝战争对新中国具有深远意义。彼时新中国成立不久，抗美援朝战争的胜利为新中国建设赢得了和平的环境，有效维护了区域与世界和平。历经时代变迁，中韩两国在2013年抗美援朝战争停战六十周年之际，经过多次磋商，就在韩志愿军烈士遗骸归还中国达成协议，并就此举行庄重的移交仪式。当时，中韩两国面临着复杂的外部环境：朝鲜第三次核试验加剧了半岛的紧张形势，美

---

① 刘涛，黄婷.融合新闻的空间叙事形式及语言：基于数字叙事学的视角[J].新闻与写作，2023（2）：61.
② 蒋建雄.中国与1950—1953年在朝鲜的空中战争[J].军事历史，1999（4）：60-62.

国"亚太再平衡"战略下的中美竞争越发激烈,日韩由于历史领土争端而矛盾激化。① 在关键时间节点,中韩两国就历史遗留问题达成合作协议,在韩志愿军烈士遗骸归还中国既符合两国的国家利益,更彰显了东亚两国间的合作意图,意在缓和紧张的地区局势。

值得注意的是,九年间,公众对于在韩志愿军烈士遗骸归还中国的态度发生了明显变化(见图1)。在公众评论中,尊敬、缅怀、感激等词语属于正面情绪,愤怒、批评、对逝者的伤怀等词语属于负面情绪,九年间,公众的正面情绪持续上涨,负面情绪逐年下降。历时来看,公众话语和《人民日报》微博的媒介话语总体上趋同,两种话语聚焦于在韩中国人民志愿军"回家"事件,以"英雄""烈士""先烈"尊称志愿军,强调了志愿军群体为祖国和人民所作的贡献,两种话语都表露了"铭记"的态度(见图2和图3),公众话语与主流媒体的媒介话语在情感态度层面不断贴近。

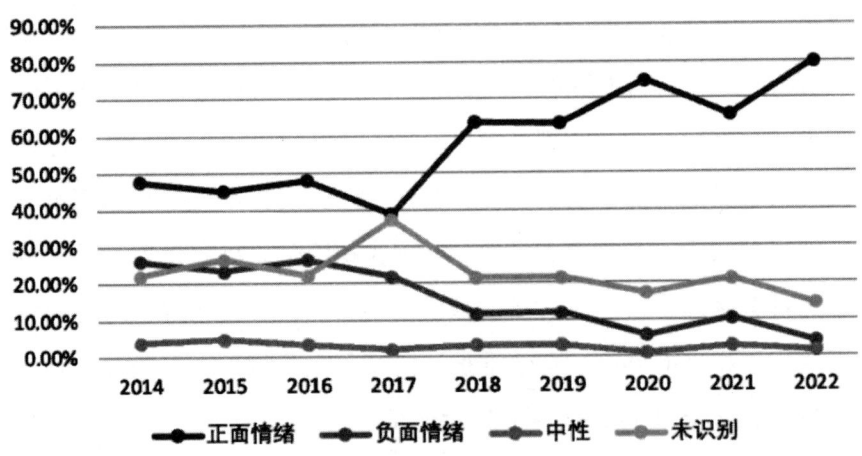

图1 "烈士回家"报道中公众话语的情感特征变化趋势(2014—2022)

---

① 张慧智,于艇.朴槿惠政府的东北亚外交政策新课题[J].东北亚论坛,2014,23(1):39-46,126.

主流媒体的数字叙事创新

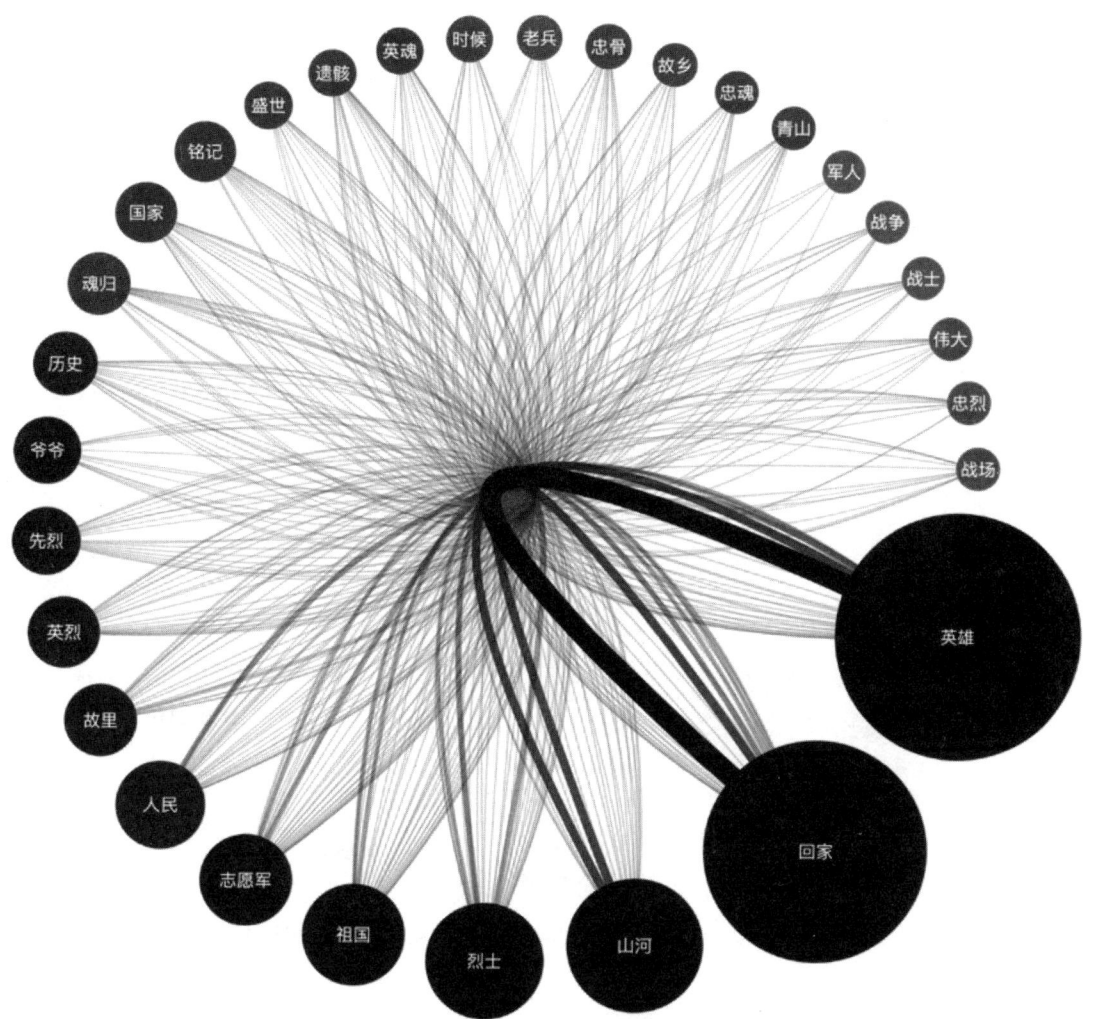

图 2 "烈士回家"报道的公众话语主题（2014—2022）

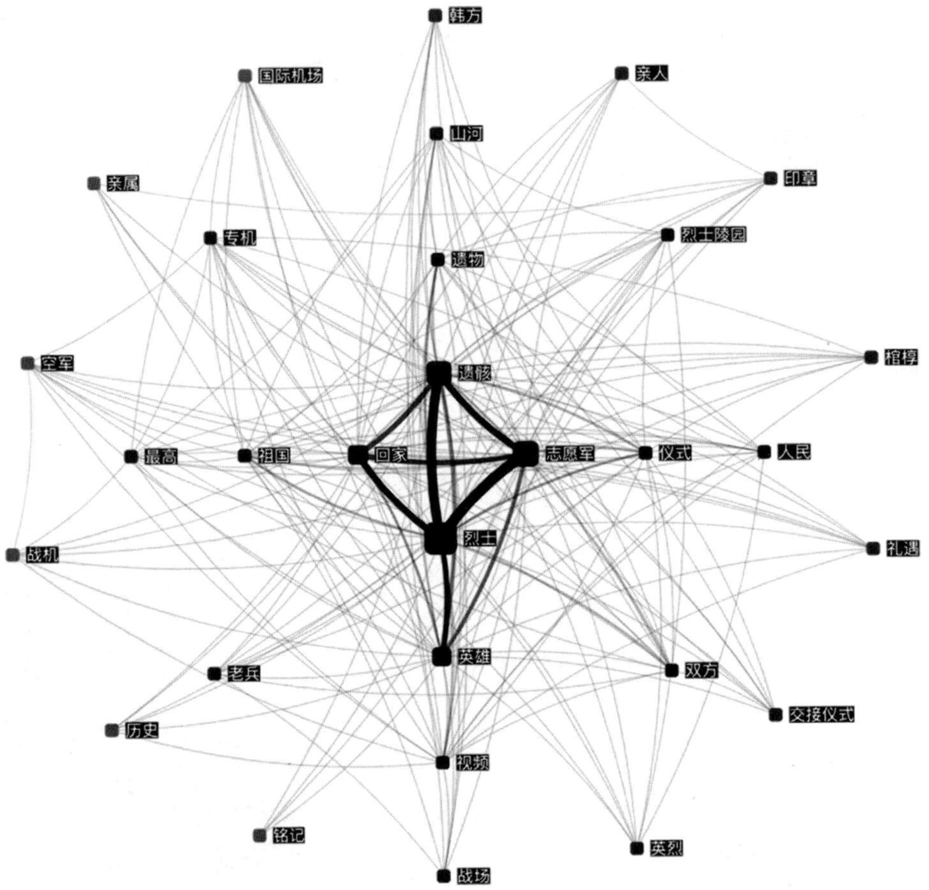

图3 "烈士回家"报道的媒介话语主题（2014—2022）

五、结论与讨论

当下，数字技术深刻影响媒体实践，传统新闻生态悄然发生改变。本文以《人民日报》微博的"烈士回家"系列报道为研究对象，从媒介化仪式视角分析数字时代主流媒体在重大政治主题的数字新闻生产实践。研究发现，首先，作为媒介化仪式的"烈士回家"报道勾连起物理空间和数字空间，通过调用物理空间的物质元素作为符号，在新闻现场以外创设了一个符号表征空间。其次，在数字叙事空间，个人话语纳入主流媒体的宏大叙事，曾作为观看者的受众参与叙事文本生产，通过个人观察、经验与观点的植入，在数字空间构建新的公共议题，并在物理空间得到了官方回应。再次，《人民日报》微博采用空间串联和并置方式，借助人物和器物符号连接历史与现实，公众的记忆与情感在沉浸式场景中被唤醒，公众话语与主流媒体的媒介话语在情感态度上不断贴近并达成共识，增强了国家认同。

值得一提的是，数字记忆是本文所引发的另一议题，数字新闻实践在公众话语与主流媒体媒介话语趋同贴近的过程中打捞个体记忆文本，修正和更新了公众对于重大历史事件的记忆，同样促成认同与共识的达成。数字时代的记忆研究在历经革新，灾难、创伤、死亡与哀悼是研究的重点面向，①②③④记忆生态变化对记忆个体产生的影响不容忽视。记忆活动场景的数字化促使个体的记忆网络节点身份得以凸显，不同时空、代际和身份的记忆主体所产生的记忆书写弥合了集体记忆和个体记忆的断裂。⑤个人可以通过各种数字平台参与和分享社会记忆，来自不同家庭、国别的个体在数字实践中与他者产生联系，这种数字实践可以被视为记忆的累积形式，从而在数字空间中构成平台化的记忆社区。在此背景下，数字媒介时代的技术赋权让公众有机会拥有抗美援朝战争历史记忆的书写权。在本文的研究中，笔者发现，由于个体记忆缺乏统一性、个体的代际差异和社会语境的变迁，公众记忆的传递和塑造存在差异，抗美援朝战争的记忆书写在这个过程中面临更新和重构。例如，在"烈士回家"早期报道的公众评论中曾出现过对抗美援朝战争意义的质疑。2014年《人民日报》微博发布仪式预告后，有公众评论道："保护了一个流氓

---

① 杨琴.灾难记忆的媒介建构研究述评［J］.西南交通大学学报（社会科学版），2018，19（1）：57-63.
② 黄顺铭，李红涛.在线集体记忆的协作性书写：中文维基百科"南京大屠杀"条目（2004—2014）的个案研究［J］.新闻与传播研究，2015，22（1）：5-23，126.
③ 周葆华，钟媛."春天的花开秋天的风"：社交媒体、集体悼念与延展性情感空间——以李文亮微博评论（2020—2021）为例的计算传播分析［J］.国际新闻界，2021，43（3）：79-106.
④ 闫岩，张皖疆.数字化记忆的双重书写：百度贴吧中"克拉玛依大火"的记忆结构之变迁［J］.新闻与传播研究，2020，27（5）：73-93，127-128.
⑤ 李红涛，杨蕊馨.把个人带回来：数字媒介、社会实践与记忆研究的想象力［J］.新闻与写作，2022，452（2）：5-15.

国家，不值啊！""为了一个不知道答案的目的打仗，死的太不值了"①，随即，有公众自发更正这些观点："……不要为了喷而喷，好的事情就是要一直纪念，错误的事情我们也有认知……"② 纵观历年评论，这类质疑和争论逐年减少，公众关于抗美援朝战争的记忆得到了修正、更新和重构，《人民日报》微博在数字空间构建的媒介化仪式发挥了凝聚共识、增进情感认同的作用。

---

① 人民日报. 437名老兵，要回家了［EB/OL］.（2014-03-17）［2023-02-03］. https://weibo.com/2803301701/ABpvWBhIc.

② 人民日报. 泪奔！中国志愿军英魂即将回家［EB/OL］.（2017-02-21）［2023-02-03］. https://weibo.com/2803301701/EwxELBuR8.